A HANDBOOK ON

THE WTO

CUSTOMS VALUATION

AGREEMENT

WTO
估价协定指南

[美] 雪莉·罗斯诺　　[美] 布莱恩·乔·奥谢　著
　　（Sheri Rosenow）　　　（Brian J. O'Shea）

于　茜　　谢天波　译

中国海南出版社有限公司
·北京·

图书在版编目（CIP）数据

WTO 估价协定指南 /（美）雪莉·罗斯诺（Sheri Rosenow），（美）布莱恩·乔·奥谢（Brian J. O'Shea）著；于茜，谢天波译．—北京：中国海关出版社有限公司，2022.4

ISBN 978-7-5175-0578-5

Ⅰ. ①W… Ⅱ. ①雪… ②布… ③于… ④谢… Ⅲ. ①世界贸易组织 – 海关估值 – 贸易协定 – 指南 Ⅳ. ①F744 – 62

中国版本图书馆 CIP 数据核字（2022）第 051835 号

WTO 估价协定指南
WTO GUJIA XIEDING ZHINAN

著　　者：［美］雪莉·罗斯诺（Sheri Rosenow）　　［美］布莱恩·乔·奥谢（Brian J. O'Shea）
译　　者：于　茜　谢天波
策划编辑：史　娜
责任编辑：吴　婷　刘白雪
助理编辑：李　萌

出版发行：中国海关出版社有限公司

社　　址：北京市朝阳区东四环南路甲 1 号　　　　邮政编码：100023
网　　址：www. hgcbs. com. cn
编 辑 部：01065194242 – 7521（电话）
发 行 部：01065194221/25/38/46/54/51275616/4242 – 7543（电话）
社办书店：01065195616（电话）
　　　　　http：//weidian. com/? userid = 319526934
印　　刷：北京鑫益晖印刷有限公司　　　　　　　经　　销：新华书店
开　　本：710mm×1000mm　1/16
印　　张：21.75　　　　　　　　　　　　　　　　字　　数：240 千字
版　　次：2022 年 4 月第 1 版
印　　次：2022 年 4 月第 1 次印刷
书　　号：ISBN 978-7-5175-0578-5
定　　价：78.00 元

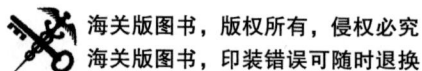

译者序

20多年来，中国全面履行入世承诺，始终遵守世界贸易组织（WTO）规则，坚定维护多边贸易体制，不断扩大开放，推进合作共赢，为全球经济发展做出重要贡献。每个海关人不仅是外贸发展的历史见证者，也是世贸规则的坚定履行者。国际上，关税领域的估价、归类、原产地技术有着复杂、晦涩的规则要求，其中作为估价规则之母的《WTO估价协定》更是堪称之最。为此，中国海关的估价人一直致力于《WTO估价协定》的普及应用和创新应用，这不仅推动中国海关走上世界海关估价领域的"第一方阵"，也推动中国企业主动到国际市场上经风雨见世面。在当前以国内大循环为主体、国内国际双循环相互促进的新发展格局下，广大进出口企业特别要更加精准地把握估价规则，更加精准地把控贸易可预期性。我们一致认为，《WTO估价协定指南》以通俗易懂的表述、简单明了的案例分析，帮助企业快速入门，掌握国际估价规则，无论对于商业价格谈判还是纳税筹划都能做到了然于胸；它从历史维度和实践角度出发，剖析了估价规则的演变历程和具体应用，可以帮助海关和纳税义务人在价格质疑和磋商过程中迅速形成共识。

在翻译过程中，我们也结合实际情况，做了以下几方面的修正：一是对书名做了处理。遵照翻译惯例，没有直译为《WTO海关估价协定指南》，而是译为《WTO估价协定指南》。二是对原书中的疏漏和错误做了更正。如，第195页关于《WTO估价协定》的文本，原书是"第18条"，正确的应为"第19条"。三是对一些需要更新的信息及其他情况，我们用"译者注"的方式进行说明，力求保留原书的风格。四是在保证原书风格和翻译准确性的同时，我们也结合中国读者的习惯对图书的体例做了一定的调整。比如，把测试题答案调整到测试题后面而不是每个章节的后面，便于读者快速查阅。

此外，有两点说明：一是翻译过程中的规则表述参照了海关总署关税征管司编译的《海关估价纲要》，在此向《海关估价纲要》的译者表示感谢。二是《关于实施GATT第7条的协定》和《关于实施GATT1994第7条的协定》都是关于估价的协定，后者是乌拉圭回合谈判达成的修订后文本。

囿于译者水平，疏漏之处在所难免，敬请指正。同时，感谢海关总署对我们两位译者成为英语高级翻译的教育和培养，感谢关税司及黄埔海关相关领导对我们翻译工作的鼓励和支持，感谢海关估价专家罗嘉宾、林倩余等同志的专业指导和帮助。

译者　于　茜　谢天波

2022年3月

出版说明

　　《WTO估价协定》(以下简称《协定》)的这本指南是作者基于对世界各地的海关关员和决策者开展精细化培训经验编写的。该书涵盖了估价方法、实施规定、执行和争端解决,作者通过实际案例诠释了国家和国际海关机构的解释性决定,并分析了其谈判协商的历程。作为一本学习工具书,本书可以帮助履新的人士、经验丰富的决策者、海关关员及进出口商更为深入地理解《协定》的作用和目标。

　　雪莉·罗斯诺和布莱恩·乔·奥谢两位作者是在海关和国际贸易法领域深耕20年的资深律师。

　　雪莉·罗斯诺是WTO的高级顾问,专长于海关估价、贸易便利化和其他海关相关事务,并代表WTO对世界各地的政府官员和商界成员进行培训。

　　布莱恩·乔·奥谢是一位经验丰富的海关顾问,致力于在南非和欧洲推动实施包括风险分析和估价应用在内的自动化系统。

序 言

　　非常高兴在WTO秘书处和剑桥大学出版社的指南系列中增加了这本关于海关估价的书。海关估价协定是确定进口货物价格以评估税款的共同制度，因此对于进口商、海关官员和其他国际贸易从业者的日常工作来说是非常重要的。然而，鉴于《协定》的技术性及贸易活动的复杂性，对《协定》条款进行指导和解释，将有助于《协定》的正确实施。

　　海关估价长期以来一直在关税与贸易总协定（以下简称GATT）的框架内运作。正如作者所指出的那样，各国政府早就认识到，如果可以通过对货物估价来操控征税金额，那么就可能颠覆谈判达成的关税减让效果。此外，大家也认识到，制定具有公平透明规则的共同估价制度，则可以产生积极的贸易便利化好处。

　　基于《GATT估价守则》（1979年东京回合谈判结果）建立的WTO估价制度已经确立30周年，最近在纪念这一制度的确立。这是一个回顾它的目标是否已经实现的合适机会。过去的实践证明，《协定》的起草者们成功地建立了一个全面而又足够灵活的估价制度，能够适应贸易运行的多种变化。此外，这种灵活的结构又必然允许对如何实施条款做出各种不同的解释。

　　作者在与世界各地的海关和其他WTO成员的政府官员打交道的过程中，萌发了写作该书的想法。他们认识到，需要有一个途径，对《协定》条款的含义和意图给予简洁明了的解释，深入解析各国、争端解决小组及估价委员会如何对《协定》条款进行解释或拓展。

此外，在WTO秘书处努力协助各成员进行能力建设、履行义务和实现WTO成员利益方面，该书及指南系列的其他书籍都会有所帮助。

我很高兴向贸易界推荐此书，希望读者开卷有益。

帕斯卡尔·拉米

世界贸易组织总干事

前　言

本书旨在详细说明《协定》及其相关法律文本，如WTO海关估价委员会的解释性决定的发展历程、原则和法律条款。其目的是为那些初次接触《协定》或对《协定》认识有限的人提供指导和参考。专业人士或许也会认为本书具有参考价值。

本书包含了测试问题，演示如何适用《协定》来处理进口中遇到的具体问题。这些问题的建议答案都是根据WTO和世界海关组织（以下简称WCO）的解释性文件及各国海关裁定做出的。

此外，本书附录收录了最重要的WTO估价法律文本。更多关于《协定》及相关机构发布的现行的和历史的估价文件信息，也可通过WTO官方网站（https://www.wto.org/）获取。附录8中指出了如何在WTO官方网站获取海关估价的相关文件，并对用于WTO官方文件分类的标号做出说明。

雪莉·罗斯诺

布莱恩·乔·奥谢

致　谢

我们要感谢英国税务和海关署估价政策专家伊恩·克雷默先生及来自世界贸易组织秘书处的金埃基先生、珍妮特·查卡里安·雷诺夫女士和布鲁斯·威尔逊先生，感谢他们审稿并提出宝贵意见。

章节3.1中出现的相同和类似货物的黑白照片由彼得·里特琳先生供稿。

免责声明

虽然已尽一切努力来确保准确性，本书可能仍然存在错误，作者对此负有责任。《WTO估价协定指南》不能作为《协定》的官方法律解释文本，因为只有WTO成员集体行动，才具备法律授权，对世界贸易组织相关法律文件做出权威的法律解释。

缩略词

BDV：布鲁塞尔估价定义

CCC：海关合作理事会

CIF：成本、保险费加运费（国际贸易术语解释通则）

FOB：船上交货（国际贸易术语解释通则）

GATT：关税与贸易总协定

注释：《关于实施1994年关税与贸易总协定第7条的协定》附件1

《京都公约》：关于简化和协调海关制度的国际公约（修订）

技术委员会：海关估价技术委员会，在海关合作理事会（CCC）支
持下建立

WCO：世界海关组织（在1952年以海关合作理事会名义成立）

《海关估价纲要》：世界海关组织，海关估价纲要世界贸易协定和海
关估价技术委员会文件（1997年第2版）

WTO：世界贸易组织

《WTO协定》:《建立世界贸易组织的马拉喀什协定》

《WTO估价协定》或《协定》:《关于实施1994年关税与贸易总协
定第7条的协定》

第 1 章
海关估价简介

§ 1.1　海关估价的目的

1.1.1　什么是海关估价

自从国际贸易开展以来，各国政府均征收海关关税。据载，雅典对谷物和其他货物征收20%的进口关税，而罗马早在朱利叶斯·恺撒时代，就依赖海关关税来支撑帝国的扩张和生存。而且，一个税种的开征，势必会就税率和征税方法产生争议，例如，罗马海关征税官被指控对罗马商人操作不公且程序苛刻，但就公平来说，那时的罗马商人普遍从事走私活动来逃避关税。[①]

当进口关税是以从价税为基础计算时，海关估价就成了一个问题，这也是本书的主题。从价税率是以进口货物价格的百分比来表示的。关税也可以基于"从量"来评估，即根据进口货物数量来征收固定的金额，例如，对进口酒每升征收0.2美分。或者，某一特定进口货物的关税税率可能是从价和从量税率的组合体（"复合税率"）。两者中，从价税率是国际贸易大量使用的，因为WTO成员对其税则目录中除一小部分货物之外的其他所有货物均适用从价税率。[②]

对某一特定进口货物，从价税额是进口货物的完税价格乘以从价税率来确定的（见图1-1，进口巧克力奶从价税率为17%）。因此，对进口商而言，海关关员如何确定完税价格与税则目录中对货物设定的关税税率两者同等重要，因为它们都是征税的基础，完税价格和税率共同决定了进口商必须支付的关税税额。

---

① W.史密斯（编辑），《古希腊和罗马词典》（波士顿：小布朗公司，1859年出版），P44—45；J.R.麦卡洛克，《关于税收和公债制度的原则和实践影响的专著》，第3版（爱丁堡：亚当和查尔斯·布莱克出版社，1863），第240页。

② 平均而言，WTO成员税则目录中97%以上的条目适用从价税率。瑞士是个典型例外，其税则条目中80%适用从量税率。参见WTO《世界贸易概况2007》。

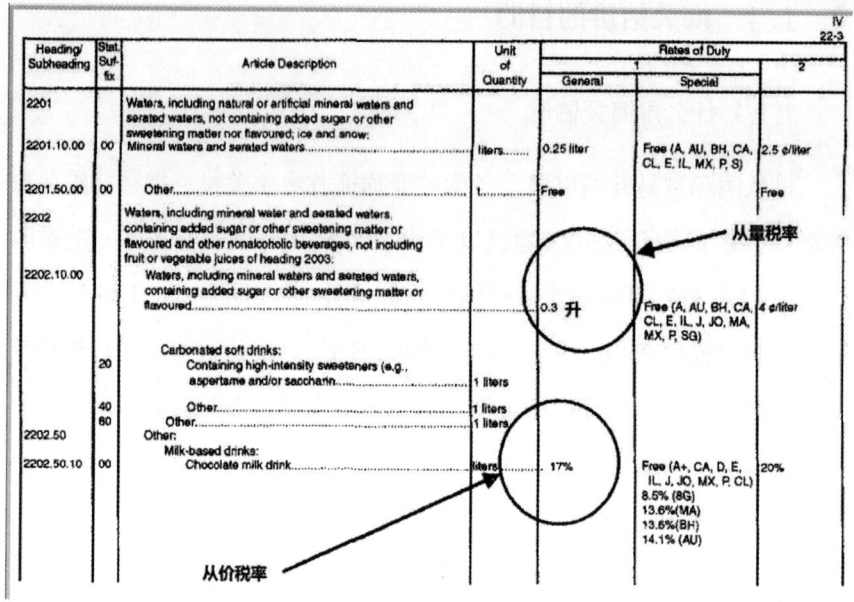

图1-1　美国协调关税目录（2007）：从价税率和从量税率

现在，为评估关税而对进口货物进行估价的规则已经妥善制定，见《WTO估价协定》，其正式名称为《关于实施1994年关税与贸易总协定第7条的协定》（以下简称《协定》）。《协定》旨在促进关税评估的公平、中性和统一，并为全球150多个WTO成员所采用。[1]

1.1.2　海关估价的重要性

1947年，GATT建立之前，工业化国家适用的平均关税率在20%~30%之间[2]。经过50年和8轮GATT回合的关税谈判后，工业化国家对非农产品适用的平均关税率已降至约5.5%。[3]例如，1994年乌拉圭回合谈判实施后，美国非农产品的平均关税率仅为3.2%，且几乎一半

---

① 译者注：最新WTO成员数量以WTO官方网站信息为准。
② 参见WTO《世界贸易报告2007》，第207页。
③ WTO《世界贸易概况2008》：现行最惠国税率的简单平均。

适用此类货物的税则条目是0税率。[1] 既然关税率下降，人们可能会问，海关估价还有多重要呢？如果进口关税降至微不足道的水平，甚至全部为0，那么用来计算关税的这些规则还有什么保留价值？

尽管GATT同合谈判取得成功，但国际贸易中进口关税始终存在。对于发展中国家就更是如此，例如，2008年时其所有货物的平均关税率为16.9%。[2] 即使是平均关税率较低的工业化国家，一些工业产品和许多农产品及特定产品等仍然受到保护，关税率为20%或更高。[3] 此外，一些发展中国家持续依赖进口关税作为其国家预算的重要组成部分（见图1-2）。

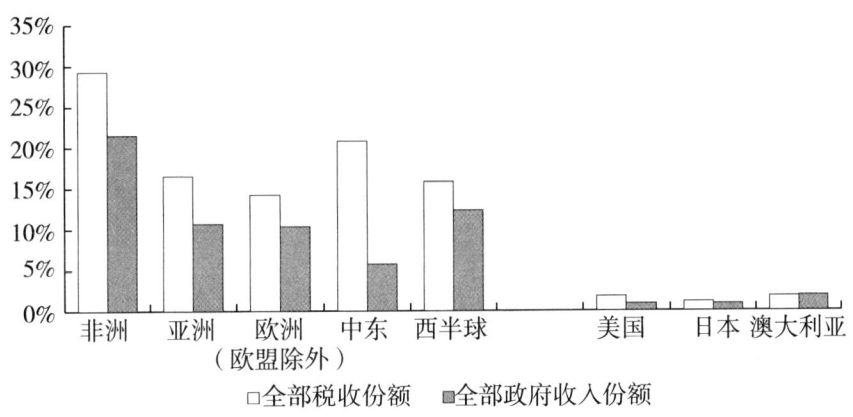

图1-2　国际贸易税负（国际货币基金组织《政府财政统计年鉴2007》）：
非工业化国家与美国、澳大利亚、日本

即使进口关税完全取消，海关估价规则可能仍有存在的必要。一个重要的原因就是，一些国家对进口货物征收增值税（VAT）、消费税或营业税。这些税种，不像海关关税，无须进行GATT/WTO项下的关

---

① WTO《世界贸易概况2008》：现行最惠国税率的简单平均。

② 同①。

③ 欧洲联盟（以下简称"欧盟"）适用的简单平均关税率仅为5%以上，在WTO成员中最低。然而，特定产品适用的平均关税率超过20%（例如，乳制品62.4%；糖和糖果29.8%；动物产品25.4%）。

税减让[①]。海关在计算此类进口货物税负时，通常按照计算关税的做法，同样适用海关估价规则，虽然GATT规则并未对此进行强制。[②]

除了税收和关税评估外，海关在非税措施管理中也会使用海关估价规则，例如：①以完税价格为基础的进口配额。②原产地规则。如果一国进口货物完税价格的50%在特定国家进行的经营中产生，则一国允许来自这一特定国家的该货物免税进口。③贸易统计数据采集。

GATT第2条第3款规定："任何缔约方不得变更完税价格的确定方法，从而损害……本协定各方谈判而取得的任何关税减让成果。"

根据该禁止规定，一国不得用变更其"完税价格的确定方法"来逃避关税约束，但这并不能防止其维护一种本身就可以武断估价的估价方法。在共同规则缺失的情况下，估价就会被（错误）应用于贸易保护。

"当一些国家采用一个自由的'估价'制度，而另一些国家则继续采用可能在名义关税（税则中的法定税率）的基础上增加实际税负的制度，这似乎很不公平，而且第三国的相关出口商认为这些武断的因素带来很多的不确定性。确实，这样可能严重损害关税减让中实现的全球互惠。"

例如，一项进口商品的发票价格是100美元，该国同意的约束性关税率为10%，那么贸易商预计关税壁垒等同于10美元（100美元×10%=10美元）。但是，海关关员采用允许武断

提价的估价方法，将商品价格估定为原来的两倍。在这种情况下，实际的关税壁垒为 20 美元（200 美元 × 10%=20 美元）。其实际效果相当于进口国将其关税税率从 GATT 关税谈判所达成的最高 10% 提高至 20%。

此类不确定的或武断的估价方法，使得出口国寄希望于通过关税约束性谈判而形成的贸易优惠受到严重损害。

*TN.64/NTB/26，1964 年 7 月 7 日（欧共体声明）（重点标记）。

§ 1.2　发展历史

《WTO 估价协定》是 1986—1994 年乌拉圭回合谈判的成果，但是其很多条款重复了 1979 年《GATT 估价守则》的条款[①]。因此，为理解《协定》条款的意图，有必要对 1979 年之前的贸易环境进行回顾（见图 1-3）。从回顾中可以明显地看出，这段历史也证明了，今天所探讨的许多海关估价难题——旧货估价、有疑问的发票、（错误）使用其他估价方法等，并不是新的或独有的。

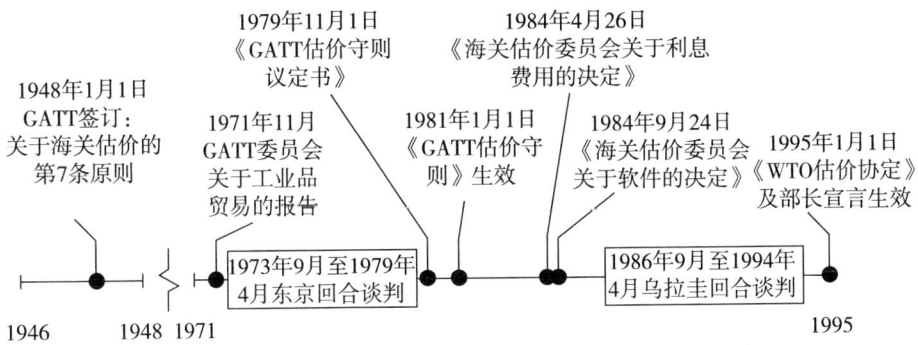

图 1-3　GATT/WTO 关于海关估价制度的时间表

---

① 译者注：这一守则即《关于实施 GATT 第 7 条的协定》，也称《东京回合海关估价守则》。

1.2.1 共同估价规则之前

GATT第7条确立了各国海关估价制度的一般性原则。但是，它并没有规定一个具体的估价方法，而是允许各国根据这些原则制定本国制度。

GATT第7条规定的估价原则

①完税价格应以被估的进口货物或类似货物的"实际价格"为基础，"实际价格"是在正常贸易过程中和充分竞争条件下所达成的销售价格。

②如果"实际价格"不能确定，海关应当使用最为接近的可确定的同等价格。

③完税价格不得基于进口国原产商品价格，或者武断的、虚构的价格。

④完税价格不得包括该产品在原产国或出口国退还或免除的任何国内税。

⑤货币换算应当有效反映商业交易中货币的现值。

⑥如果进口商品的价格是基于购买数量确定的，完税价格应当以可比数量的价格为基础，或者基于进出口国之间贸易中较大销售数量所对应的价格，只要其结果不会对进口商不利。

⑦各国政府应当公布其估价方法。

⑧应其他GATT缔约方的要求，各国政府应当报告其实施第7条，以及对估价方法的适用进行审查所采取的步骤措施。

事实上，在1979年以前，各国海关估价实践中存在很大的差异和不协调。海关估价制度通常遵循两种不同理念：基于"名义"价格概念

的方法和基于"实际"价格概念的方法。

1.布鲁塞尔估价定义

1950年《海关货物估价公约》体现的是"名义"概念，通常称为布鲁塞尔估价定义（BDV）。[①] 布鲁塞尔估价定义由欧洲关税联盟研究小组的海关专家起草后，呈交海关合作理事会（现称为世界海关组织，WCO）进行管理。[②] 比起其他估价制度，布鲁塞尔估价定义有较多的支持者。在其顶峰时期，有100个国家采用了该制度，包括(当时的)欧共体（EEC）成员和其他西欧大多数国家，以及日本和一些发展中国家。

根据布鲁塞尔估价定义，货物以"正常价格"为基础进行估价：

也就是说，"进口货物"的完税价格是彼此独立的买卖双方之间在公开市场上的交易价格。[③]

海关官员可能会考虑买方为货物支付的实际发票价格，但是他们可以以同类货物名义上的"公开市场"价格为由随意拒绝发票价格。

2.实际价格制度

美国和澳大利亚等国采用实际价格制度。根据这些制度，完税价格通常以为货物支付的实际价格为基础，而不是在良好竞争条件下可能支付的抽象的或名义的价格。通常这些制度规定，如果无法找到或使用实际发票价格（例如，货物是租赁进口，其销售价格不存在）的估价方法，则依次使用第2位估价方法。

---

① 1950年12月15日，《联合国条约汇编》第171卷，第307页（171 U.N.T.S.307），1953年7月28日生效。

② 《建立海关合作理事会公约》，1950年12月12日，《联合国条约汇编》第157卷，第130页（157 U.N.T.S.130）；GATT国际商会决议第1工作组，欧洲关税联盟研究小组代表F.雷德蒙德–史密斯先生发言，W.7/8（1952年10月7日）。

《海关合作理事会公约》也是由欧洲关税联盟研究小组起草的，该机构成立于1947年，致力于研究二战后复苏的欧洲各国间货物和服务更加自由流动的问题。

③ 附件1,《海关货物估价公约》，注释10，见①。

例如，对《WTO估价协定》结构产生重大影响的美国制度，一般规定海关首先以"出口价格"或货物对美出口销售的价格或为向美国出口销售而提供的货物的价格为基础评估的价格；其次，再以"美国价格"即美国市场上的进口货物售价为基础；最后，如果不能使用上述方法，则以"结构化价格"或进口货物的生产成本为基础。[①]

上述两种制度在实施中都存在差异。不同国家（地区）对BDV的解释各有不同。实际价格制度也同样存在差异，例如，美国的首位估价方法是基于"出口价格"（货物向美国出口时的价格），而澳大利亚则使用进口商支付的价格或相同货物在出口国市场价格两者之中较高的价格。此外，正如在美国销售价格估价方法项下讨论中所述，这些国家所采用的第2位估价方法中，有些只能说非常复杂，而且糟糕的地方是具有明显的保护主义色彩。

3.GATT 关于共同估价规则的早期方案

在GATT早期，曾几次尝试建立共同的估价制度。虽然最终没有成形，但是这些尝试推动了各缔约方开始评估不同估价制度之间的共同性，然后用到了GATT第7条的原则中。[②]这些早期的估价工作成果为GATT后来的估价新方案做了铺垫并产生了影响。现行的《WTO估价协定》与这段早期的历史还有一个直接的关联：《协定》第7条（合理方法）所列的"禁止的方法"也参考了这些早期的估价制度。（更多关于《协定》下禁止的估价方法见章节3.4）

缔约方在GATT框架内尝试建立统一的估价制度最早始于1951年，当时国际商会提议GATT各缔约方制定世界通行的估价规则。国际商

---

① 参见GATT贸易和发展委员会《海关估价领域出现的贸易壁垒：发展中国家有待批准的解决办法的含义说明》，COM.TD/W/195（1973年8月2日）。

② 由于GATT是国家之间的协定而非合法成立的组织（对比WTO），GATT签字方被称为"缔约方"。参见WTO《了解WTO》（2007），第3页。

会的这项提议是对 BDV 的回应，当时 BDV 刚刚完成并开放签署。国际商会作为商界代表，是反对 BDV 的，因为 BDV 以海关确定的"正常价格"为基础。相反，国际商会倾向于更为简单的"拇指法则"，在没有理由怀疑涉嫌欺诈的情况下要求海关使用贸易商提交的货物发票价格。①

国际商会的提议由于超前而被拒绝了。由于对各国政府使用的估价方法所知有限，GATT 缔约方显然不愿意打破现状。此外，有人认为，在给予 BDV 合理的时间去运作之前，GATT 不应按照国际商会建议的思路去建立另外一种国际制度从而对 BDV "做出判决"。②

但是，国际商会的提议确实产生了积极的效果。他们推动了 GATT 缔约方去获取各国政府用来确定价格的方法及这些方法与第 7 条原则相符程度的详细信息。③3 年后 GATT 公布了该研究结果，表明各缔约方之间的估价实践确实存在巨大的差异。④尤其值得注意的是，各国政府通常在以下 3 种不同的标准中选择其一去估价：

（1）出口货物的可比货物在出口国国内市场的销售价格（"国内现价"）。

---

① GATT 执行秘书，国际商会提交的关于估价的决议《制成品国别和与数量限制相关的手续》，GATT/CP/123,G/22(1952 年 8 月 29 日)。除国际估价规则外，国际商会还建议 GATT 缔约方根据以下 4 个原则向各国政府提出"一般性建议"："（i）估价制度不得作为提高保护程度的方法；（ii）在确定货物完税价格时，应当首先考虑商业发票价格；（iii）法规应明确和充分地说明完税价格的基础，并充分公开；并且（iv）出口货物免于征收的国内关税和其他税不得计入完税价格。"
GATT 缔约方没有接受该提案，很大程度是因为国际商会的这些原则已基本纳入 GATT 第 7 条。参见 GATT《第 1 工作组关于国际商会决议的报告》，G/28（1952 年 11 月 1 日。）

② G/28。

③ GATT《海关估价方法：信息需求》，L/81（1953 年 3 月 12 日）；GATT《海关估价方法：第 9 次会议调查表》，L/228（1954 年 9 月 20 日）。

④ 该研究发现，除了 9 个依据《布鲁塞尔公约》实施共同的估价定义的国家之外，各国估价实践差异繁多，即使是那些使用相同标准确定完税价格的国家之间也是如此。参见 GATT 缔约方第 9 次会议《海关估价方法的比较研究》，G/88（1955 年 3 月 2 日）。

（2）进口货物从出口国销往进口国的价格（"成交价格"）。

（3）进口货物的可比货物在进口国国内市场的售价（"进口国市场价格"）。

在1954年末和1955年初，各国提交了一些提案，建议结合全面审查GATT条约的运作来修订GATT第7条。这些关于GATT第7条的提案绝大多数是技术性的，或针对特定的估价问题。

其中一项提案视野确实比较宽广。北欧国家提议，GATT成员应"在切实可行的范围内，致力于价格定义和确定货物价格程序的标准化"。该提议认为，应该在研究并建议成立一个新的"贸易合作组织"——当时讨论成立一个永久性机构在管理GATT的基础上开展估价工作。[①]但是，由于这个新的贸易机构没有成立，所以北欧国家的提议也没能促成一个统一的估价制度。[②]

在GATT早期，最后一个主要的举措是在1964—1967年间的肯尼迪回合谈判中提出的。在该回合中，非关税壁垒议题首次进入谈判。[③]一些国家点名要求谈判的非关税壁垒之一就是"使用武断或过高的价

[①] "成员们应在切实可行的范围内，致力于价格定义和确定货物价格程序的标准化，包括确定应缴税费货物的价格和基于价格确定的受限货物的价格。为进一步加强合作达成目标，该组织应当研究并向成员们推荐确定完税价格的依据和方法，以尽量适应商业需求，并能够被广泛采用"。参见GATT缔约方第9次会议，审议第2工作组关于税则目录和海关管理事项《关于海关管理的提案》，W.9/46（1954年11月29日）。

[②] 北欧国家的提议已提交给负责制定《贸易合作组织（OTC）协定》的工作组。参见GATT缔约方第9次会议，审议第4工作组关于组织和职能问题《〈OTC协定〉的范围》（第2工作组转给第4工作组的提案），W.9/98(1954年12月14日)。

关于《OTC协定》草案中有一条授权OTC开展"国际贸易和商业政策研究，并视情况提出建议"。该条款意图明确地包括了北欧国家提案所预见的估价研究。参见GATT缔约方第9次会议《审议第4工作组关于组织和职能问题的报告》，L/327 Rev.1（1955年4月4日）。

《OTC协定》虽然于1955年3月10日在日内瓦签订，但从未生效。

[③] 1963年5月16日至21日，GATT部长级会议《关于关税和其他贸易壁垒减免及相关事项、农产品和其他初级产品的市场准入措施的协定》（1963年5月21日通过决议），MIN 63(9),1963年5月22日。

格进行海关估价"[1]。招致批评最多的"武断的"估价做法就是美国使用的"美国销售价格（ASP）"估价方法。[2]ASP在制定上带有明显的保护主义，要求一些进口商品——苯类化工产品、橡胶鞋类、罐装蛤蜊和针织羊毛手套——依据类似的美国原产品在美国市场的售价进行估价，而不是依据货物的实际发票价格。据称，使用这种方法导致进口关税远远高出货物价格本身。例如，黄色还原染料的进口关税就高达172%。[3]除了如此高税率的抑制性效果外，ASP方法也直接有悖于GATT第7条第2款，该条款禁止使用基于国产商品价格的海关估价方法。[4]

在肯尼迪回合谈判中，美国和欧洲国家达成了一项有条件的协定，如果美国停止使用ASP估价方法，欧洲国家就降低美国出口化学品的关税。[5]但是，该协定从未生效。美国使用ASP估价始终是影响缔约方贸易关系的主要问题，这一问题最终通过东京回合谈判达成的协定才得以解决。[6]

---

[1] GATT非关税壁垒分委会，秘书处的说明《非关税措施纳入谈判范畴》，TN.64/NTB/8（1963年11月15日）。

[2] GATT非关税壁垒分委会，英国代表团的说明《征收关税时使用武断或过高的价格（ASP)》，TN.64/NTB/21(1964年6月19日）；GATT非关税壁垒分委会，欧共体委员代表团的说明《海关估价》，TN.64/NTB/26(1964年7月7日）；GATT非关税壁垒分委会，日本代表团的说明《武断或过高的海关估价》，TN.64/NTB/32(1964年7月15日）；GATT非关税壁垒分委会，丹麦代表团的说明《征收关税时使用武断或过高的价格》，TN.64/NTB/34(1964年7月22日）。

[3] "朝着《协定》目标前进"，《时代周刊》，1967年5月19日。

[4] 既然ASP违反了GATT第7条，为什么仍能使用它？原因是ASP早于GATT实行。根据1947年《GATT暂行议定书》条款，美国接受了GATT条约，因此不得不"在最大限度不与现行立法相抵触"的情况下暂时适用GATT第2部分（包括第7条）。因此，虽然ASP违反了GATT第7条的原则，但是它依然可以根据"现行立法"例外使用该价格。参见GATT缔约方第22次会议，执行秘书处的说明《GATT的确定性实施》，L/2375/Add.1（1965年3月19日）。

[5] GATT《关于化学品日内瓦附加议定书（1967）的协定》，L12819（1967年7月17日）。

[6] 该协定没有实施，主要是因为美国国会未能颁布必要的国内立法来取消使用ASP。不仅美国橡胶鞋业反对取消，强势的美国化工行业也是如此，据称其"几乎完全反对取消ASP保护，并质疑进口商品较低的价格"。参见国务卿罗杰斯在美国国务院向总统尼克松提交的备忘录（1969年3月24日）。

4.《协定》的前身

1967年11月，继当年肯尼迪回合谈判圆满落幕，各缔约方召开会议，对GATT前20年的情况进行评估，以制订工作规划，进一步扩大全球贸易。

本次回顾达成了一项共识，即应当更加关注非关税措施和贸易限制措施的使用，因为这些措施可能会抵消多年来通过GATT关税减让取得的成果。因此，各缔约方要求GATT秘书处，根据各国政府提供的信息，建立影响国际贸易的非关税壁垒措施"清单"。清单整理出来并分析后，就指派GATT委员会工业品贸易委员会下设的工作组"探索……具体行动的可能性，考虑减少或移除这些壁垒，以及制定可行的处置规则"。[①]

在这份非关税壁垒清单中，关于海关估价的问题非常突出：针对20多个国家提交了30多份估价投诉。[②]工作组对清单情况进行了分析，发现投诉的估价问题主要是一些国家不能以发票价格估价时，适用了不同的"特殊估价"或第2位估价方法所导致的：

当时绝大多数国家遵循《布鲁塞尔估价公约》的做法，该做法以CIF价格为基础（即将国际运输费用计入完税价格），而另外一小部分国家，包括一些重要的贸易国，虽然实行的制度各不相同，但都具有以FOB价格为基础的特点（即国际运输费用不计入完税价格）。两组国家在大多数情况下都使用发票价格。如果没有发票价格（例如，没有销售的情况），或发票价格看起来不可接受或不被接受，则两组国家分别采用大相径庭的方法确定海关完税价格。[③]

GATT清单中列举了以下一些重要的具体估价问题：

---

① GATT《审查近20年来缔约方的工作及确定未来工作规划》，L/2943（1967年11月28日）；GATT 工业品贸易委员会《向理事会的报告》，L/3298（1969年12月22日）。

② GATT秘书处的说明：《多边贸易谈判》《非关税措施清单第2部分》《海关和通关管理程序》MTN/3B/2（1974年2月12日）。

③ GATT工业品贸易委员会《向理事会的报告》，L/3496，第33页（1971年2月10日）。

（1）使用出口国国内价格作为估价基础。一些国家依据发票价格或类似货物在出口国的市场价格两者中较高的价格对进口货物估价。这种制度使得交易商很难预估其税负；尤其是如果其货物没有在出口国市场销售，则会出现问题；还有一个问题也可能出现，那就是在海关价格调查中，要求出口商披露商业秘密。

很显然，这种估价基础也不利于发展中国家的出口商，其诉称由于"结构失衡和供应短缺"以及"经济经常受制于通胀压力"，该价格可能会高于国际市场价格。①

（2）运用海关自由裁量权，使用武断价格。根据发票价格或出口国市场价格两者中较高的价格进行估价的制度，当出口国市场的行情不能确定时，海关或其他政府部门有权确定价格。诉求称，这样确定价格是武断的，或者至少是不透明的。

（3）依据进口国内类似的国产货物价格进行估价。此类问题的主要例子就是前面讨论过的ASP估价方法。

（4）使用"官方价格"或"最低限价"。某些国家通过裁定或法规，对特定商品或特定范围的商品设立最低限价。例如，有些国家对旧衣服进口依据重量设立最低限价。这些做法在发展中国家更为常见，他们解释的理由如下：有些发展中国家对部分产品继续适用"官方价格"，是因为他们认为有必要采取这种制度来遏制货物"低开发票价格"或类似的不公正做法。并指出，除此类情况外，对于价格大幅波动的商品，也可能有必要根据"进口货物平均价格"设定"官方价格"……关于"最低限价"，相关发展中国家解释说仅针对数量有限的商品设定此类价格，主要是出于保护其新兴产业免受其他国家成熟工业的竞争等目的。②

---

① GATT工业品贸易委员会《向理事会的报告》，L/3496，第33页（1971年2月10日）。
② GATT秘书处的说明：《影响发展中国家贸易的非关税措施》，MTN/3B/23，第24页（1974年12月31日）。

关税以"最低限价"或发票价格两者中较高的价格为基础征收。然而，出口商抱怨说，设定的最低限价超出了货物的实际市场价格，以致形成经济上的禁止性进口。

（5）海关估价用于反倾销。以澳大利亚为例，他们对一些化工品适用"支持价格"制度；如果进口货物的完税价格低于该价格，则征收相当于这两种价格之间差额90%的附加关税。出口国投诉称，这实际上就是实施了不履行反倾销程序的反倾销措施。

（6）估价方法和程序缺乏透明度。

（7）对海关决定提起上诉不够便利。①

如何消除这些障碍呢？一些国家提议，以当时大多数GATT缔约方所采用的BDV为基础建立统一的估价制度，但是提议遭到非BDV国家的反对，比如美国、加拿大、澳大利亚和新西兰，这些国家认为他们的估价制度与BDV一样是符合GATT第7条的。这些非BDV国家还反对允许海关关员使用名义价格而拒绝发票价格的"宽泛的自由裁量权"。此外，他们很关注"目前贸易伙伴之间竞争关系的普遍扭曲"，这将导致从以FOB价格为基础的制度转向BDV下以CIF价格为基础的制度，这意味着运输费用将计入完税价格。关于最后一点，据称，国际运输费用的计入会增加进口货物的税基，这对北美贸易商尤其有影响，因为进口口岸和市场中心之间陆路距离很长，与海外供应商的距离就更远。②

因此，工作组同意制订"原则草案"和"注释草案"，而不是基于BDV的统一的估价规则，来为各国政府提供指引。希望这样有助于推动现行估价制度趋向更加一致，从而解决清单中所列的具体问题。③这

---

① GATT非关税措施清单第2部分《海关和进口管理程序》，MTN/3B/2（1974年2月12日）。

② L/3496，第37~40页。

③ GATT工业品贸易委员会，估价第2小组《主席报告》，COM.IND/W/64（1971年11月5日）。

些"原则草案"和"注释草案"于1971年分发给各缔约方审议，后来成为东京回合谈判的起点。因此，其中一些原则又出现在《东京回合海关估价守则》的序言中（以及现在的《WTO估价协定》中）。

工业品贸易委员会
估价原则草案

①估价制度应当保持效果中立，且在任何情况下都不得将人为提高应税价格作为变相提供额外保护的手段。

②估价制度不得用于反倾销。

③估价制度应当保护贸易免受因低报价格而产生的不公平竞争。

④估价制度应当不区分供货来源而普遍适用。

⑤完税价格应当基于公平和简单的标准，不应与商业惯例相冲突。

⑥估价制度应当尽量简化手续，并最大可能地以商业单据为依据估价。

⑦估价制度不得阻碍货物快速通关。

⑧海关估价的法律和行政管理规定应当普遍公开并足够清晰和准确，以使贸易商可以有合理的确定性去预估货物的完税价格。

⑨估价制度和实践应当考虑保守商业秘密的需要。

1.2.2 东京回合谈判

在1973—1979年东京回合谈判中，GATT各缔约方就一个共同的海关估价制度进行谈判。虽然在BDV的基础上进行统一的建议被再次提出[①]，但是GATT各方开始以欧盟的提案文本为基础进行谈判，该文本结合了美国、加拿大和欧洲制度的"精华特色"，所提议的协定的基本结构是"实际"价格概念加上依次排序的估价方法，这种估价方法体现了"美国估价制度的优势"[②]。

最终的成果就是《GATT估价守则》。其条款在实质上与目前的《WTO估价协定》相一致。正如1979年东京回合谈判的其他"守则"一样，该守则仅对表决同意其条款的GATT成员具有约束力。该守则出台后，所有发达国家都签署了，而绝大部分发展中国家不倾向这么做。[③]

谈判中发达国家和发展中国家的分歧是很明显的。例如，发展中国家"强烈反对"根据提议的《GATT估价守则》处置关联交易，他们认为这样有利于发达国家的公司和企业。发展中国家希望海关有更大的授权，在发现关联方价格与相同货物的交易价格存在巨大差异且不能给出合理理由时可以拒绝该价格。同时，他们也预见到，在使用倒扣价格和

---

① GATT多边贸易谈判组，"非关税措施"分组"海关事务"，海关合作理事会函件《海关事务》，MTN/NTM/W/17(1975年8月26日)；GATT多边贸易谈判组，"非关税措施"分组"海关事务"，秘书处的背景说明《海关事务》，MTN/NTM/W/7(1975年4月29日)。

② GATT多边贸易谈判组，"非关税措施"分组"海关事务"《欧共体委员会在1977年11月15日分组会上的发言》，MTN/NTM/W/126(1977年11月21日)。
在下面的章节中，我们将阐述ASP法对《WTO估价协定》的影响，如关联方的定义，成交价格的使用限制（见章节2.3）及倒扣价格法（见章节3.2）。

③ 1981年1月1日《东京回合海关估价守则》生效时，共有17个GATT成员（那时欧共体为一个成员）签署或接受该协定。最初的签署方中有7个是发展中国家。参见GATT18国协商小组《多边贸易谈判协定（截至1981年3月2日的法律身份）》，CG.18/W/46/Supp.1（1981年3月6日）。
但是之后，更多的发展中国家陆续签署了《GATT估价守则》。

计算价格方法上会存在困难，而且对于由进口商而不是海关来选择适用倒扣价格或计算价格方法的理念，也表示完全反对。①

在 1979 年 4 月谈判结束时，这些分歧依然没有得到解决。因此，推出了估价守则的两个"竞争"版本供 GATT 缔约方审议——一个是发达国家代表团赞成的，一个是发展中国家提议的修订版本，内含"满足（其）贸易、财政和发展需求的特别条款"②。

但是，发展中国家和发达国家最终就分歧达成妥协，并于 1979 年 11 月通过了《关于实施 GATT 第 7 条的协定议定书》③（也称《GATT 估价守则议定书》，以下简称《议定书》）。在乌拉圭回合谈判，该《议定书》条款被纳入《协定》，目前列附件 3。

发展中国家提议的一些"特别条款"在某种形式上被纳入《议定书》，因此，《议定书》允许发展中国家可以推迟 5 年之后实施该守则（以便其向新估价规则过渡）④；它给予发展中国家在适用倒扣价格法和计算价格法时适当的灵活性，并且许可发展中国家在"有限和过渡的基础上"继续使用最低限价制度。

其他没有达成妥协纳入《议定书》的"特别条款"，原本想赋予发展中国家更大的回旋余地，在怀疑低报价格等各种情况时可以拒绝申报

---

① GATT 总干事报告《东京回合多边贸易谈判》，1979 年 4 月 20 日。

② GATT 多边贸易谈判组，"非关税措施"分组"海关事务"，《海关估价》，MTN/NTM/W/222/Rev.1(1979 年 3 月 27 日)，GATT 贸易谈判委员会《日内瓦国际劳动办公室会议记录（1979 年 4 月 11 和 12 日）》，MTN/P/5(1979 年 7 月 9 日)；GATT 多边贸易谈判委员会《官方记录》，MTN/28(1979 年 4 月 11 日)。

③ GATT 多边贸易谈判组，"非关税措施"分组"海关事务"，《海关估价：关于实施 GATT 第 7 条的协定》，MTN/NTM/W/229/Rev.1/Add.1(1979 年 10 月 22 日)。

④ 《协定》附件 3 第 1 点：《协定》第 20 条第 1 款关于发展中国家成员可以推迟 5 年适用本《协定》的规定，在实践中对某些发展中国家成员可能是不够的。在此情况下，发展中国家成员可以在《协定》第 20 条第 1 款规定的期限结束之前提出延长该期限的请求，如提出请求的发展中国家成员能够提出正当理由，各成员应给予充分考虑。

的成交价格。例如，将证明关联方价格有效性的举证责任转给进口商；当发现价格折扣不是同等条件下其他买方可以自由获取的情况时，不接受该价格折扣；将独家代理和经销商视为关联方；即使是非关联交易的情况，也允许海关在发现申报价格与此前相同货物的交易价格不一致时拒绝该申报价格。

可以看出，这些发展中国家非常关注海关在《GATT 估价守则》框架下处理低报价格问题的能力，该问题在乌拉圭回合谈判中再次被关注。

1.2.3 乌拉圭回合谈判

乌拉圭回合谈判与海关估价相关的目标是"酌情改善、明确或扩大"《东京回合海关估价守则》，从而赢得 GATT 成员更为广泛的接受[①]。在乌拉圭回合正式启动之时，只有不到 1/3 的 GATT 缔约方签署了《GATT 估价守则》。[②]

《东京回合海关估价守则》和其他守则的参与面并不广泛，尤其是发展中国家的参与度不高，这一直是 GATT 缔约方关注的问题，并且成为乌拉圭回合谈判之前的几年中 GATT 工作的一个重要焦点[③]。在 20 世纪

---

① GATT 多边贸易谈判《乌拉圭回合部长级宣言》，MIN,DEC(1986 年 9 月 20 日)。

② 报告称，26 个国家是《东京回合海关估价守则》缔约方，参见 GATT《海关估价委员会报告（1986）》，L/6094(1986 年 11 月 20 日)。91 个 GATT 缔约方，参见 GATT《截至 1986 年 6 月 1 日 GATT 成员》，GATT/1386。

③ 1982 年部长级宣言，确定了 20 世纪 80 年代 GATT 工作规划和优先事务，授权审查《东京回合海关估价守则》运作情况，重点是"充分性和有效性……以及相关方接受这些守则的困难所在"。参见 GATT 缔约方第 38 次会议《部长级宣言》(1982 年 11 月 29 日通过)，L/5424（1982 年 11 月 29 日)。两年后，GATT 缔约方"邀请"每一个负责管理《东京回合海关估价守则》的 GATT 海关估价委员会，在一次对非签约方开放的特别会议上对这些事项进行审查，并向一个专门成立的进行全面审查的工作组报告结果。参见 GATT 缔约方第 40 次会议，1984 年 11 月 30 日采取的行动《多边贸易谈判协定和安排》，L/5756（1984 年 12 月 20 日)。

80 年代早期，在 GATT 海关估价委员会和 WCO 海关估价技术委员会中，GATT 缔约方和观察员就已经协商召开特别会议，并就发展中国家在实施估价守则可能遇到的"障碍"开展调查[1]。因为这会影响非签约方的决定。

---

35 个《GATT 估价守则》签约方（1994）

阿根廷　中国香港　波兰　澳大利亚　匈牙利　罗马尼亚

奥地利　印度　斯洛伐克　玻利维亚　日本　斯洛文尼亚

博茨瓦纳　韩国　南非　巴西　莱索托　瑞典　加拿大

马拉维　瑞士　哥伦比亚　墨西哥　土耳其　塞浦路斯

摩洛哥　美国　捷克　新西兰　南斯拉夫　欧共体　挪威

津巴布韦　芬兰　秘鲁

译者注：目前签约方的数目已经发生变化，以 WTO 官方网站信息为准。其中一些签约方的情况也发生了变化，如 2009 年 12 月生效的《里斯本条约》废止了"欧洲共同体（欧共体）"，其地位和职权由欧洲联盟（以下简称"欧盟"）承接。

总的来说，主要是 3 个因素影响了估价守则非签约方的决定：

（1）需要集体决定或者在区域集团框架内以协调一致的方式做出决定。

（2）担心估价守则可能没有给予海关充分的可能去处置虚假发票行为和保护政府税收。

（3）签约方必须履行的法律和行政管理要求，例如，需要调整国内立法和程序，以及进行人员培训。[2]

---

[1] GATT 货物谈判组，多边贸易谈判协定和安排谈判组，秘书处的说明《多边贸易谈判协定和安排：对于发展中国家的特殊和差别待遇》，MTN.GNG/NG8/W/2(1986 年 5 月 4 日)。

[2] GATT 多边贸易谈判协定工作组整合委员会和理事会提出的意见和达成的决定《多边贸易谈判协定和安排的充分性和有效性及加入的障碍》，MDF/12(1985 年 6 月 11 日)。

虚开发票和政府税收成为乌拉圭回合谈判组在估价方面争论的另一个主要焦点。

很大程度上是发展中国家的关切推动了关于估价的谈判。谈判组的一些成员从一开始就明确表示，确定全新的海关估价制度或对现行的《东京回合海关估价守则》进行全面修订并不是此次谈判的内容。[①]相反，谈判的重点是要求各国说明他们在实施现行估价制度中遇到的具体困难（考虑到GATT海关估价委员会前几年所做的工作），然后对现行文本提出修改建议。[②]

最后，乌拉圭回合估价谈判的主题主要集中在两项提案上：一个是印度提出的关于进口商涉嫌欺诈的举证责任的提案[③]；另一个是肯尼亚代表东部和南部非洲国家优惠贸易区域（PTA）成员提出的希望允许发展中国家继续使用BDV制度下的一些估价做法的提案。[④]

1.举证责任

印度的提案是出于对《GATT估价守则》在应对估价欺诈时效力的关切而提出的，在早期的GATT海关估价委员会会议上，发展中国家已经多次表达了该项关切[⑤]。巴西及其他一些发展中国家对此提案表示支持，巴西表示其在应对进口商虚开、高开发票以逃避硬通货管制

---

① GATT 货物谈判组，多边贸易谈判协定和安排谈判组，秘书处的说明《1987年3月6日会议》，MTN.GNG/NG8/1(1987年3月23日)。

② GATT 货物谈判组第5次会议《决定的记录》，MTN.GNG/5(1987年2月9日)。

③ GATT 货物谈判组，多边贸易谈判协定和安排谈判组《来自印度的函件》，MTN.GNG/NG8/W/9(1987年9月30日)；GATT 货物谈判组，多边贸易谈判协定和安排谈判组《海关估价协定：印度关于举证责任提案的理由陈述》，MTN.GNG/NG8/W/54(1989年10月9日)。

④ GATT 货物谈判组，多边贸易谈判协定和安排谈判组《肯尼亚代表东部和南部非洲国家优惠贸易区域成员提交的提案》，MTN.GNG/NG8/W/73(1990年3月19日)。

⑤ GATT 海关估价委员会《技术委员会关于海关估价对虚开发票行为的效力问题的报告》，VAL/W/32(1985年11月7日)。

方面困难重重。①

早期对成交价格的实际关切

"相关价格可能是虚假的。所谓的应对海关的'两套发票'就是常见的例了。这种虚假价格如果申报为成交价格方法下的实际价格，不会被海关拒绝，除非海关能够确立真实的实际销售价格来证明其虚假性。没有海关能够接受这样的举证责任。"

海关合作理事会《不同的估价制度及它们的比较优势和劣势》第18页（1963）。

大家普遍的担心是《GATT估价守则》让海关承担太多的责任，要去证明申报价格是虚假的方可拒绝成交价格，尤其是在进口商和供应商串通来隐瞒欺诈的情况下。对于发展中国家而言，这个问题尤为尖锐，因为他们没有可比价格信息、自动化程序和数据库及甄别虚假申报所需的专业技能。因此，印度提议应当赋予海关在估价协定下更多的灵活性以拒绝可疑的申报价格。

章节4.3对印度提案和随后的乌拉圭回合谈判做了更为详细的阐述，介绍了依据《协定》开展海关审查的情况。虽然印度提案没能导致《GATT估价守则》本身条款的任何修改，但是它确实促成了重要的WTO部长级决定（即《关于海关有理由怀疑申报价格真实性或准确性的情况的决定》）的出台，明确了举证责任事项。

---

① GATT货物谈判组，多边贸易谈判协定和安排谈判组《关于实施GATT第7条的协议》（巴西提交），MTN.GNG/NG8/W/57(1989年11月22日)；GATT货物谈判组，多边贸易谈判协定和安排谈判组《1989年10月16日至18日会议纪要》，MTN.GNG/NG8/13(1989年11月15日)。

2.独家代理和最低限价

非洲优惠贸易区域国家主要担心的是实施该守则对其政府税收的影响，据称，其过半的政府收入来自海关关税。那时这些国家全部使用某种形式的BDV，当海关发现进口人申报的成交价格与公开市场价格不符时，该制度允许海关关员在确定或"提高"完税价格时拥有更大的灵活性，因此，相较于《GATT估价守则》，他们认为BDV制度对税收更具保护性。

因此，非洲优惠贸易区域国家提议，应当允许发展中国家将国外卖方给予"独家代理人/经销人/受让人"或其他特殊交易关系方的折扣计入完税价格，正如BDV规定的那样。

非洲优惠贸易区域国家还提议，延展《GATT估价守则》下发展中国家继续采用"最低限价"的权利，例如，针对特定货物的官方最低限价表。该估价守则的《议定书》允许发展中国家可以继续这样的做法，但只能在有限和过渡的基础上进行，并且应当符合估价守则其他签署方在特别谈判中达成的条款和条件。为确保这一减让对发展中国家的效用，非洲优惠贸易区域国家还提议，最低限价的保留"不应限定范围，也不能限制实施限制性条款和条件"。

乌拉圭回合谈判对非洲优惠贸易区域国家的提案做出回应，即WTO关于海关估价的两个部长级决定的第2个——《关于最低限价及独家代理人、独家经销人和独家受让人进口问题的决定》。实质上，该决定要求WTO海关估价委员会积极考虑发展中国家在限定时期内保留官方最低限价的请求，并且考虑"有关发展中国家的发展、财政和贸易需求"。

关于独家代理人或经销人折扣的处理，WTO部长级决定没有对估价守则文本做任何修改。① 相反，决定要求 WTO 海关估价委员会向海关合作理事会（现称为"世界海关组织"）建议，"协助发展中国家成员去制定相关政策及在认为有潜在关注的领域开展研究，包括与独家代理人、独家经销人和独家受让人进口相关的事项"。

章节 2.3.4 进一步讨论了"独家代理人"问题及根据《协定》如何处理"关联方"的问题。

3. 单一承诺

发展中国家是用什么换取了发达国家同意以上两个决定呢？如果说有交换条件，那就只能是——谈判组清楚地认识到，达成这些决定有助于推动更多的国家加入《GATT 估价守则》，② 对于这一点谈判组认识非常清楚。

事实上，估价谈判组所寻求的"更多地加入"海关估价协定的目标，最终是通过乌拉圭回合谈判的圆满落幕而实现的。这是 GATT 谈判方从乌拉圭回合谈判一开始就商定将"单一承诺"原则作为货物谈判基础的意义所在。③ 鉴于东京回合谈判允许 GATT 谈判方按照他们的意愿去选择签署多边协定，乌拉圭回合谈判的"单一承诺"原则要求 WTO 成员整体接受或拒绝谈判结果，包括所有的多边协定。④

乌拉圭回合谈判达成的海关估价协定作为《建立世界贸易组织的马拉喀什协定》的附件，于 1994 年 4 月 15 日由参与谈判的 123 个政府正式通过商

---

① "关于独家受让人和折扣，虽然理解其对税收的担心及那些一直使用 BDV 的国家不熟悉《守则》（即《GATT 估价守则》）中的估价方法，其中一个代表团还是坚持认为这两种根本不同的制度是不可能结合起来的。其他一些代表团对此表示赞同。"参见 GATT 货物谈判组，多边贸易谈判协定和安排谈判组《1990 年 6 月 1 日会议》, MTN.GNG/NG8/18(1990 年 6 月 14 日)。

② GATT 货物谈判组，多边贸易谈判协定和安排谈判组《1990 年 10 月 29 日至 30 日会议》, MTN.GNG/NG8/22(1990 年 11 月 1 日)。

③ "谈判的发起、进行和成果实施应被视为单一承诺的组成部分。"参见 GATT《乌拉圭回合谈判部长级宣言〈12 月会议纪要〉》, 1986 年 9 月 20 日。

④ 《建立世界贸易组织的马拉喀什协定》第 2 条："海关估价和其他多边协定……是本《协定》不可分割的组成部分，对所有成员具有约束力。"

定，并于1995年1月1日生效，因此对每一个WTO成员均具有约束力（当然，需遵循他们根据估价协定条款可能做出的保留；见章节4.4。）

4.争端解决

乌拉圭回合谈判中，之前的《GATT估价守则》文本没有任何实质性的改变，除了争端解决条款这个重要的例外。

《GATT估价守则》拥有一套独立完备的机制以解决签署方之间就估价事务产生的争端。它授权GATT海关估价委员会开展调查，成立专家小组，来裁定各方争议，在出现技术性问题时，征求技术委员会意见，以及执行专家组的建议。这套程序的效力从未受到检验，因为在《GATT估价守则》有效期内，GATT签约方没有向GATT海关估价委员会提交任何争议。[①]

《GATT估价守则》确定的这套争端解决程序，在很大程度上被乌拉圭回合谈判的《关于管理争端解决的规则和程序的谅解》（以下简称《谅解》）所取代，WTO成员一致同意该《谅解》应适用于所有WTO协定，包括《WTO估价协定》。一些专门针对估价争端处理的附加条款，仍然是乌拉圭回合谈判达成的《WTO估价协定》的组成部分，主要涉及在争端解决程序中技术委员会及WTO专家组对该委员会的使用。

章节5.3对WTO争端解决程序做了进一步的论述。

§ 1.3 《协定》概述

1.3.1 WTO标准——成交价格

《协定》是基于"实际"而非"正常"的经济原则：正确的完税价格

[①] 根据GATT秘书处对自1981年至1996年东京回合谈判守则终止期间海关估价守则实施情况记录的年度审议。

应该是货物的价格事实是多少，而非货物的价格应该是多少。因此，《协定》估价的首要基础是"成交价格"，即买方为进口货物而"实付、应付的价格"。如果销售是自由协商的（《协定》也规定了对非自由协商的销售估价的规则），那么买方向卖方支付的价格就最好地体现了商品的实际市场价格，应当用于海关估价。换言之，就是买卖双方均按照他们自身的利益去获取他们的最大化收益，确定进口货物完税价格的是买卖双方。

除了经济原则外，以买卖双方商定的价格为基础进行海关估价，对贸易商和海关两者而言都具有实际益处：

（1）它的适用是透明的，是可预期的，它可以减少自由裁量权；

（2）它与实际的商业惯例高度一致；

（3）它可以根据在进口国获取的一般商业记录来进行管理，无须要求进出口商仅为海关建立和保存额外的记录。

1.3.2《协定》框架

《协定》共有24个条款及3个附件。

第1～8条规定了海关估价的技术性规则，协定的其他条款主要涉及《协定》在国内立法和实践中的实施（例如，上诉和要求公开的权利，进口商获告知及待估价货物获放行的权利等），WTO成员间估价争端的解决，以及WTO海关估价委员会和技术委员会对《协定》的管理和审查。

《协定》目录

第1~8条　估价方法

第9条　货币换算规则

第10条　估价信息保密

第11条　进口商不服海关决定上诉的权利

第12条　要求公布

第13条　进口商要求在海关最终决定之前放行进口货物的权利

第14条　注释（附件1）及其他附件的法律效力

第15条　定义

第16条　进口商要求海关说明的权利

第17条　海关质疑进口商价格的权利

第18条　成立WTO海关估价委员会和WCO海关估价技术委员会

第19条　争端解决

第20条　给予发展中国家的特殊/差别待遇

第21条　未经成员同意不得做出保留

第22条　国内立法应与《协定》相符

第23条　WTO海关估价委员会年度审议

第24条　指定WTO秘书处

附件1　注释

附件2　海关估价技术委员会的职责和程序

附件3　给予发展中国家的保留和减让

　　《协定》附件1包含重要的注释。这些注释以及一般介绍性说明阐述了《协定》主要条款的含义（例如，"实付、应付价格""相同货物""类似货物"），并举例说明针对具体情况应当如何适用估价方法，并对《协定》的总体目标做出一般性说明。

该说明和注释是在东京回合谈判期间与《协定》条款本身同时商定的，因此可以说表明了起草者当时的目的。[①]根据《协定》第14条，注释也被视为《协定》不可分割的组成部分，《协定》条款应与这些注释一并理解与适用。

相较于《协定》的管理，《协定》附件2明确了技术委员会的作用、职责和工作程序。附件3明确了发展中国家成员延迟或保留实施《协定》的特定条款的权利。如上所述，附件3重申了东京回合谈判达成的《议定书》。

1.3.3　成交价格的首要地位

《协定》的一般介绍性说明指出，完税价格的首要基础是《协定》第1条所定义的"成交价格"。《协定》的序言进一步指出，成员们应当认识到"海关确定货物完税价格的基础应尽可能采用被估价货物的成交价格"。事实上，许多海关对超过90%的进口货物适用了成交价格方法[②]。

1.3.4　其他估价方法

除成交价格外，《WTO估价协定》规定了其他5种估价方法：

• 相同货物的成交价格（第2条）

• 类似货物的成交价格（第3条）

• 倒扣价格（第5条）

• 计算价格（第6条）

---

① GATT多边贸易谈判组，"非关税措施"分组"海关事务"《海关估价修订》，MTN/NTM/W/175/Rev.1（1978年11月6日）（代表团分发的守则草案）。

② 1981年11月17日，GATT海关估价委员会对《守则》（《GATT估价守则》）实施和运作的第1次年度审议《秘书处的背景文件》，VAL/W/4/Rev.1。7个GATT成员使用不同的估价方法，包括欧共体国家；GATT海关估价委员会附录（挪威）《各方使用不同的估价方法》，VAL/W/5/Add.8(1982年3月25日)；GATT海关估价委员会《1983年11月10~11日会议纪要》(第49点)，VAL/M/8(1984年1月18日)。

• 合理方法（第7条）

由于成交价格是"首位的"，这些方法仅在根据《协定》第1条不能确定完税价格的情况下适用。

不同于以往的一些估价制度，《协定》的6种估价方法是严格依次适用的，并非平行关系，即海关必须首先尝试使用成交价格方法来评估进口货物。如果且仅在依据《协定》第1条规定不能确定成交价格的情况下，必须尝试根据《协定》第2条规定——相同货物的成交价格进行估价。如果仍不能确定，则必须尝试根据《协定》第3条规定进行估价，以此类推，直到第7条。

依次适用有一个例外情况：根据《协定》第4条，进口商可以向海关申请在适用第5条规定（倒扣价格法）之前适用第6条规定（见章节3.2）。

1.3.5《协定》的限制

虽然《协定》所执行的《GATT 1994》第7条中表述的一般性原则对进出口货物均适用，但《协定》所规定的估价方法却仅适用于进口货物。

《GATT 1994》第7条

各缔约方承认本条各款所列确定完税价格原则的有效性，并承诺：对于所有按价值计征关税或其他税费以及按价值进行管制的商品，严格实行上述原则。

《协定》第1条

进口货物的完税价格应为成交价格……

还有一种情况，如果《协定》条款和《GATT 1994》第 7 条之间存在冲突的话，应该怎么办？哪一个优先？1994 年通过的《WTO 协定》的注释指出，《协定》"应当在发生冲突时优先"[①]。但是，这个问题尚未经 WTO 小组或上诉机构的决定加以审查。

最后，如《协定》序言所述，海关不得使用 WTO 估价规则去"打击倾销行为"。当一公司以低于其国内市场的价格出口货物且导致进口国国内的竞争行业受到损害时，进口货物存在倾销。

此外，一个独立的 WTO 协定——《关于实施 GATT 第 6 条的协定》（又称《反倾销协定》）规定了希望采取行动打击倾销货物的 WTO 成员的权利和义务。一国（地区）应当遵循 WTO《反倾销协定》中规定的具体程序，而不应错误地使用《协定》（例如，通过拒绝申报价格）来应对倾销行为。尽管这样有些奇怪，但对于海关估价而言，倾销的进口商品的价格事实上可能是一个可接受的成交价格。

---

① 《建立世界贸易组织的马拉喀什协定》附件 1 的一般性注释。

第 2 章
成交价格法

§ 2.1　成交价格的定义

《WTO 估价协定》第 1 条关于成交价格的定义是："该货物出口销售至进口国时依照第 8 条的规定进行调整后的实付、应付价格"（见图 2-1）。我们将在下面的章节中比较详细地研究该重要定义所涵盖的相关要素。

图 2-1　成交价格定义的要素

2.1.1 实付、应付价格

成交价格是买方为获得货物而同意向卖方支付的全部价款，但需符合某些重要的条件。换言之，进口货物的完税价格由买卖双方自行确定。根据该定义，海关不得基于以下理由拒绝进口商的申报价格：

- 低于当前市场价格
- 低于其他交易中相同货物价格
- 折扣销售

基于不同买卖双方之间的交易，完全相同种类货物的完税价格可以有所不同，甚至相同的买卖双方在不同交易中的完税价格也会随着时间而变化。

常见折扣

现金折扣：卖方可以较低价格销售，因为买方同意以现金而非信用来支付货款。

数量折扣：卖方可以较低价格销售，如果买方购买数量很大。

交易折扣：买方可能为一长期客户或大客户，卖方希望鼓励其持续交易。

购买折扣：卖方提供1%的价格折扣，如果买方在到期日之前付款。

成交价格是买方为进口货物实际支付的价款（既不能多，也不能少），因此该折扣价格即为完税价格。

上述对折扣的处理说明了《协定》与BDV中"名义概念"的根本性不同。新使用《协定》的国家（尤其是从前使用过BDV的国家）往往期望可以允许一些可接受的折扣或价格的最大限度的折扣，而对于卖方仅给予一个或有限数量的买方的折扣，则不应视为有效。虽然根据BDV，进口货物的"正常价格"是合理的，[①]但根据《协定》，此类想法却是不恰当的。《协定》指出，折扣的多少及其对其他买方获得折扣的限制本身并不是拒绝成交价格的理由；折扣之后的实付、应付价格，可用于海关估价目的。（关于该原则的实践例证，见下文【案例研究】印度海关案例）。

关于折扣的说明需符合一个重要的条件。如章节2.3.4"关联交易"所述，如发现存在特殊关系的买卖双方之间的成交价格受到该特殊关系

---

① BDV规定，如果发票价格中含有折扣，而该折扣不是任一买方可以在公开市场上自由获取的，则海关应调整发票价格。BDV，1970年12月15日，《联合国条约汇编》第171卷，307页，附件2，第1条附录，注释5（"对于给予独家代理人或独家受让人的价格折扣或其他价格减让，或者对正常竞争价格做出的任何折扣或减让，尤其应当进行调整……"）。

影响，则海关可拒绝该成交价格。在买卖双方存在特殊关系的情况下，卖方给予的"非正常"折扣（相比于卖方给予非关联买方的折扣），或者给予关联买方的独家折扣，可以成为海关质疑特殊关系影响价格的理由。

【案例研究】印度海关案例

（1）事实

印度有一家生产拖拉机和拖拉机发动机的进口商，我们简称为 A。30 多年来，A 从日本供应商处进口特殊尺寸的轴承。1989 年，A 发现可以以更低的价格从本地生产商处获取该轴承，于是中断与日本供应商的交易。

但是日本公司库存了大量的专门为 A 持续经营而制造的轴承，他们找不到其他任何一家这种特殊尺寸轴承的买家。于是，在 1993 年 2 月，日本公司联系 A，提出以每件 826 日元的价格销售 3579 件剩余库存。A 同意该报价，并于 1993 年 4 月下订单。这批货物于 1993 年 12 月出口至印度，并向印度海关申报。

（2）印度海关估价

由于申报价格与类似进口轴承的价格存在巨大差异，印度海关对申报价格进行审查。

印度海关要求 A 的报关代理人给予解释。代理人联系了 A，A 提供了支持其申报价格的证明文件，包括显示轴承正常销售价格的价格清单，以及提供"超级折扣"的价格函件。印度海关审查 A 提供的材料后，决定拒绝其申报价格。

印度海关拒绝的理由是基于申报价格仅为价格清单显示价格的 23% 的事实。该折扣高达 77%，而价格清单上的正常折扣仅为30%。

印度海关通知A其仍有理由怀疑，并且给予A回应的机会。印度海关使用合理方法，按照2507日元进行估价。该估价是在清单价格基础上给予30%的折扣后得出的。

（3）行政复议

A向印度海关受理复议的机构提出申诉。印度海关受理复议的机构维持了印度海关的决定，认为"相比供应商价目表中所列的相关轴承的正常价格，特殊报价是不可接受的"。

（4）司法诉讼

A向印度最高法院提起上诉并辩称，商品应当按照成交价格进行估价，印度海关不应使用合理方法。A表示，提供折扣是正常的商业现象，考虑到本案例的特殊情况，77%的折扣是合理的。根据A的说法，印度海关不接受为轴承实际支付的价格作为交易的真实价格是错误的，特别是在没有关于欺诈或虚假估价的指控情况下。

（5）司法判定

印度最高法院认为，没有关于A错误申报实际支付价格或者是错误描述货物的指控。除供应商的价目表外，印度海关没有给出拒绝成交价格的其他理由。在此过程中，印度海关不仅忽视估价的规定，而且是基于供应商的价目表进行估价，好像一张价目表就是成交价格的证据一样，这种做法是错误的。价目表本身不能作为拒绝成交价格的理由。最后，印度最高法院认为：

折扣是一种商业上可接受的手段，供应商可出于各种理由诉诸该手段，包括清理库存的需要。价目表其实就是一个常规报价，且不排除对所列价格给予折扣。事实上，卖方提供的折扣就是在价目表的基础上计算的。诚然，在本案例中，通常情况下可以给予30%的折扣，但是这里有一个更加复杂的情况，即相关货物的库存时间已经很长了，而且是一次性出清5年陈货。

资料来源：摘自艾彻拖拉机有限公司，哈里亚纳邦海关专员，孟买，（2000）4补编第597号法律公告（2000年11月14日）。

1. 推导价格

在大多数交易中，进口货物的"实付、应付价格"是明确的，即买卖双方的合同或发票中规定的价款金额。

不过在另外一些交易中，买卖双方在进口前，并没有确定货物的最终价格。价格条款可能没有确定，比如在距交货时点很长时间以前进行的货物交易，或者卖方的成本在交易时无法预知，又或者所购买的商品市场价格波动较大，等等。

但是，买卖双方如果在协议中确定了一个公式或方法，可以推导出货物的价格，那么是存在成交价格的。

例如，买方可能同意进口货物的单价是基于国际商品交易所（比如伦敦商品交易所）出口日的有效价格来确定。或者，买方可能同意支付卖方生产进口货物并附加特殊标记的成本。或者，在进口铁矿石的特定案例中，买方可能同意根据交货时矿石中的实际铁含量来确定价格。在此类案例中，双方协议中有"实付、应付价格"的，应当使用成交价格进行估价。

【测试】可以使用成交价格吗

公式定价

问题1：货物基于"成本加成"公式购买，货物成本在进口时并不确定。进口商在货物抵达时向海关申报了定价公式，但是成本将在货物进口后一段时间才能确定。

你如何评估该批货物价格？成交价格法在此案中可以适用吗？

一揽子交易（一个价格涵盖多项商品）

问题2：一批货物包括5种不同的商品，归入不同的税则目录。该批货物并不拆分销售，而是以一个价格成交。

你如何评估该批货物价格？

易货贸易

问题3：卖方向买方运输一柜大麦，作为交换，买方向卖方运输一柜化肥。

你如何评估进口大麦的价格？

【答案】

公式定价

问题1：成交价格方法是《协定》中最主要的估价方法，应当尽可能使用。在本案中，成交价格在进口时无法确定。然而，海关可以依据《协定》第13条，允许货物放行（必要时凭保提离海关），事后待获得所有必须信息后再确定最终价格。当然，如果无法获取客观和可量化的数据，则不得使用成交价格方法，而应考虑下一个估价方法。

一揽子交易（一个价格包含几种物品）

问题2：如果存在实付、应付价格，则可以适用成交价格。海关将对可归入不同税则号列的货物进行价格分摊。技术委员会评论8.1提供了对此类情况进行分摊的方法指引[①]。

---

① "一揽子交易的处置"，参见《海关估价纲要》（译者注：《海关估价纲要》的中文版本由海关总署关税征管司翻译，WCO授权中国海关出版社出版，出版时间为2019年11月）。

易货贸易

问题 3：在严格的 X 货物与 Y 货物的易货交换中，没有实付、应付价格，因此不能使用成交价格。海关必须考虑下一个估价方法。其他可能使用成交价格的易货贸易情况，见技术委员会咨询性意见 6.1 的论述[①]。

2.直接和间接支付

成交价格是买方实际支付的货物价款总额。买方为获得进口货物所支付的所有款项均应计入，以得出价款总额，无论这些款项是已经支付还是将要支付，是直接支付给卖方还是为卖方利益支付给其他方。

法律定义

"实付、应付价格指买方为进口货物向卖方或为卖方的利益已经支付或将要支付的价款总额。"（《协定》第 1 条的注释）

"实付、应付价格是指作为卖方销售进口货物的条件、由买方向卖方或者为履行卖方的义务而向第三方已支付或将支付的全部款项。"（《协定》附件 3 第 7 点）

在很多情况下，进口商向海关提交的进口货物发票上会反映货物的全部价款总额。但是，也有另外一些情况，通常出于合法的商业目的，发票价格并没有反映全部的已付款项或欠款。例如，在货物抵达前，买方可能已经支付部分货款，或者将分期付款。

其他间接支付的情况可能包括：

（1）买方同意取消卖方的债务以换取货物。这可能也会涉及买方支付。例如，卖方同意进口货物降价，以补偿之前交付给买方的受损货物。

---

① "依据《协定》对易货或补偿贸易的处置"，参见《海关估价纲要》。

（2）价格中可能包括买方为履行卖方义务而向第三方支付的价款（即债务）。

任何此类作为货物销售条件的买方向卖方的间接支付，在确定成交价格时均应予以考虑。

2.1.2 "……为了货物……"

如上所述，"实付、应付价格"是买方为进口货物而向卖方或者为了卖方利益支付的全部价款，无论直接或间接支付，它包括作为进口货物销售条件的所有支付款项。

然而，在某些交易中，买方可以向卖方支付货物自身价格之外的、与货物价格相分离的其他服务或对价款项，例如，向卖方支付对买方雇员进行进口机器使用的培训费用。

如果能够证明买方是因为卖方提供了此类独立的协助服务或其他对价而进行支付，并不是为了进口货物支付或作为进口货物销售条件支付，那么此类支付价款应当从成交价格中剔除。

然而，需要注意的是，《协定》第8条列举了必须计入完税价格的特定支付项目，即使并非"为了货物"本身（见章节2.2的论述）。

《协定》注释和WTO海关估价委员会决定已经明确下列特定类型的支付应当从完税价格中扣除：

1. 利息支付

买方以信用方式向卖方购买货物，并同意支付货款加融资费用；或者，买方以从银行或第三方获得的贷款购买货物，并向其支付融资费用。

该融资费用可以被视为资金占用—贷款—产生的利息，并非对货物本身价款的支付。此类支付应当计入成交价格吗？

在《东京回合海关估价守则》的早期，各国对买方支付的利息费用的处置存在差异。有些国家规定，如果利息费用可以确定或者在货物的发票价格中单独列明，则利息费用不计入完税价格。另外一些国家认为，如果利息费用支付给卖方，则应视为货物实付、应付价格的一部分。[1]一些国家担心，如果利息费用从完税价格中扣除，可能会给不诚信的进口商钻空子，通过高报利息费用来降低完税价格。[2]

为解决上述差异，对相关问题做出回应，GATT 海关估价委员会允许买方支付的融资费用在下列条件下从完税价格中扣除：

（1）利息费用与实付、应付价格相区分（例如，利息费用在发票中单独列明或独立开票）；

（2）有书面形式的相关融资安排，且

（3）如有需要，买方可以证明：

①进口货物确以申报价格销售，且

②利息费用不高于融资所在国当时此类交易的一般利率水平。[3]此决定的完整文本于 1995 年获得 WTO 海关估价委员会通过，并无更改。

2. 股息支付

买方向卖方支付的股息不计入成交价格。股息是企业投资的回报，与具体货物销售无关（见《协定》第 1 条的注释"实付、应付价格"）。

3. 进口后服务和费用的支付

买方可与卖方商定，为货物进口后的服务支付价款，例如，建筑、安装、装配、维修及技术援助等。卖方可能根据一个"交钥匙"型合同来安装进口后的工业装置、机器或设备。这些是为卖方的服务所支付的款项，而非进口货物本身的对价。因此，不是成交价格的适当组成部分。

---

① 延期付款的利息处理。参见 GATT 海关估价委员会《技术委员会关于各国海关估价实践的报告》，VAL/W/10(1982 年 10 月 7 日)

② GATT 海关估价委员会《1983 年 3 月 3 日会议纪要》，VAL/M/6（1983 年 4 月 19 日）

③ WTO 海关估价委员会《进口货物完税价格利息费用的处理决定》，VAL/6/Rev.1（1984 年 10 月 1 日）。

当然，要从成交价格中排除上述任一价款，其必须能与货物的购买价格相区分。例如，独立开票或在发票中单独列明。

同样，货物进口后的运输费用、进口关税和进口国征收的其他税，如果可与货物的实付、应付价格相区分，也应从完税价格中扣除。[①]（见《协定》第1条的注释"实付、应付价格"。）

4.广告和营销费用

为在本国市场推销进口货物，买方可能会发生市场研究、广告或市场测试费用。买方甚至可能应卖方要求，根据双方销售协议，自行承担此类活动费用。

广告费用

一进口商与某公司达成销售协议。该销售协议规定了买方在国内市场的最低广告投入。虽然这会使卖方间接受益，但该广告费用也不是实付、应付价格的组成部分。

根据《协定》，买方发生的与进口货物销售和分销相关的费用应当从完税价格中扣除。该扣除项由欧共体在东京回合谈判中首次提出，理由如下：

我们将进口国国内的广告费用从完税价格中扣除。这样做部分原因是因为在许多情况下，广告费用由卖方直接或间接承担，这个交易可被合理地视为无形出口，而且部分是出于简化的考虑。[②]

[①] 销售条款要求卖方支付进口税，比如"完税后交货"，仅凭该销售条款，已经足以将关税和其他税从货物的实付、应付价格中"区分"出来。在这些情况下，由于进口关税税率是已知的（因此海关可以确定该价格中所含税款），且销售条款规定的是价内税，因此不应要求进口商去申请该项扣减或在发票中单独列明相关金额。参见《海关估价纲要》技术委员会咨询性意见3.1。

[②] GATT多边贸易谈判组，"非关税措施"组"海关事务"分组《欧共体在1977年11月15日分组会上的发言》，MTN/NTM/W/126，1977年11月21日。

虽然欧共体的提案遭到部分国家反对（其实这些国家也反对《协定》特别计入此类成本），最终，增加了《协定》第 1 条的注释，基本反映了欧共体的观点：[①]

对于买方自行从事的与进口货物有关的市场营销活动，即使根据与卖方的协议开展，该活动的价款并不是完税价格的组成部分，不得计入实付、应付价格。

5. 软件

根据 GATT 海关估价委员会 1984 年的一项决定，对于进口载于光盘、磁带或其他介质上的特定的计算机程序或数据，WTO 成员可以选择实施一项不同于成交价格法的独特的估价方法。

在《GATT 估价守则》出台之前，BDV 曾被广泛应用。根据 BDV 进口软件或数据的估价仅仅基于载有数据的光盘或磁带的价格，加上将信息录制到光盘或磁带上的成本和利润。该应税价格并不包括软件内容的价值。[②]

然而，根据《协定》规定，成交价格是进口货物的实付、应付价格。在光盘载有进口软件的情况下，进口货物包括软件内容——刻录的数据或指令——及载有软件的光盘或其他物理介质。正常来说，介质的成本或价值相比软件内容来说是微不足道的，软件内容才是买方想要获取的。因此，要严格执行《协定》，就要求海关在对进口光盘估价时应包含其所载的软件内容。相比之前 BDV 的实践，该变化可能产生巨大的税收影响。

在《GATT 估价守则》生效后不久，当该变化在实践中影响日益明

[①]　"根据 BDV，买方为'在进口国寻找、建立和维护市场'而发生的费用应当计入完税价格，其理论依据是，在公开市场销售中，这些费用通常由卖方承担"。参见 WCO《BDV 和 GATT 估价守则的对比》（1985）。相比 BDV，估价实践所发生的变化，也可能是针对该问题出台注释的原因。

[②]　GATT 海关估价委员会《1982 年 5 月 4 日至 5 日会议纪要》，VAL/M/4（1982 年 7 月 19 日）。

显时，有国家提议延续BDV规定的对进口软件的估价做法。[①]但是，也有一些国家反对该提案，认为有悖成交价格定义，而且可能对进口税收产生负面影响[②]。

最后，GATT各方就进口软件估价达成共识，允许两种做法在估价协定制度下继续实行——成交价格法（软件内容计入完税价格）和之前的BDV的方法（软件内容不计入完税价格）。[③]WTO海关估价委员会于1995年5月12日通过《关于载有供数据处理设备用软件的介质的估价决定》[④]（以下简称《决定》），说明基于以下两种方法对进口软件估价符合《协定》规定：

（1）软件和介质的成本或价值，或

（2）仅载体介质的成本或价值，不包括软件内容的成本或价值，只要其可与载体介质的成本或价值相区分。

该《决定》的适用范围是有限定的。它仅适用载于进口光盘或其他类似介质上的数据或指令，用通常的"成交价格"方法对此类货物进行估价，它不包括声音、电影或录像，也不适用于集成电路、半导体和类似器件及包含有此类电路或器件的设备等进口货物，诸如进口包含软件的计算器、计算机或通信设备等。

《决定》要求，如果WTO成员选择仅基于介质的成本或价值对进口

① GATT海关估价委员会，美国海关关于计算机软件估价的来函《对〈协定〉的可能性修正》，VAL/W/7(1982年4月23日)；GATT海关估价委员会，美国海关提案《计算机软件估价》，VAL/W/14(1982年11月4日)。

② GATT海关估价委员会《1983年3月3日会议纪要》，VAL/M/6(1983年4月19日)（第19～32点）；GATT海关估价委员会《1983年5月10日会议纪要》，VAL/M/7(1983年7月7日)（第22～38点）。

③ GATT海关估价委员会《1983年11月10日至11日会议纪要》，VAL/M/8(1984年1月18日)（第66点）。

④ WTO海关估价委员会《〈关于实施GATT 1994第7条的协定〉的解释和执行》，G/VAL/5(1995年10月13日)。

软件估价（即不计入软件内容价值），则应告知海关估价委员会。[①]截至2008年4月，共有25个成员方提交告知。

6.受损货物/与合同不符货物的价款支付

买方同意为特定标准或品质的货物向国外生产商支付价款。有时候，买方可能发现进口货物受损、有缺陷或与合同规定不符。是否可以按照货物进口状态估价，还是只能同意符合合同规定的货物的价格？

一方面，如果在海关通关前发现全部或部分货物已经被完全毁坏，没有商业价值或在进口时灭失，海关通常规定将被毁货物视同未运抵，即未进口。这样，由于被毁或灭失货物没有进口，也就不存在海关估价问题。

关于进口时完全无价值商品的国内法规

（a）非易腐商品。当一批或部分非易腐商品在进口时由于受损或变质被认为毫无商业价值，需要在海关监管下与其他货物分离，买方承担相关费用时，则应以货物未进口为由，免于征收关税，办结相关手续。

美国海关法规 19C.F.R.158.11（2007）。

另一方面，如果货物部分受损或有缺陷，进口商可能选择提货。如果这样，进口受损或有缺陷货物是否有实付、应付价格呢？

对此问题，技术委员会的注释给出了常识性的回应[②]：

（1）如果进口货物受损，则不能将其视为与买方同意向卖方购买的货物相同。因此不能适用成交价格即货物出口销售价格，不得使用成交

---

① WTO海关估价委员会，秘书处的说明《关于实施进口货物完税价格中利息费用处理和载有供数据处理设备用软件的介质的估价决定》，G/VAL/W/5/Rev.19(2008年4月25日)。
　该决定的完整文本可参阅附录3。
② 《海关估价纲要》技术委员会解释性说明3.1：与合同不符货物。

价格估价方法，而应考虑依次适用其他估价方法。

（2）技术委员会注意到，此类情况下，《协定》第7条项下的合理方法可能是采用的主要方法。应用该方法，海关可以将买卖双方之间重新协商的价格视为完税价格，或者是将原来的实付、应付价格，减去修理费用、保险赔款，或者由独立检测机构进行评估。

（3）如果是发错货的情况（买方下单苹果，卖方发货橙子），同样不得适用成交价格。

（4）如果进口货物没有发错货，也没有受损，仅仅是与合同规定不符（诸如性能或其他技术规格），则可适用成交价格。

最后，必须指出的是，受损货物的估价问题往往会因为海关的其他通关流程而免于考虑。特别是《京都公约》一般要求，如果货物有缺陷或与合同规定不符，并在合理期限内退回、销毁或放弃，则所征关税应予退还。[①]

作为复运进口或出口之外的另一个选择，货物也可以按照海关的决定，放弃后给税务当局或者在海关监管下被销毁或失去商业价值。不过这种放弃或销毁不应由税收当局承担费用。

【测试】下述价款是否应计入成交价格？

1.在购买电器设备的合同中，由于在设备进口并安装于买方工厂后，卖方需派遣工程师检查设备是否符合规定要求并对买方雇员进行管

[①]《京都公约》标准：4.19。进出口货物在进出口时存在缺陷或与协议规定不符，且退回给供货人或供货人指定的另一人，如符合下列条件，所征关税应予退还：

·货物未在进口国工作、修理或使用过，且在合理时限内复运出口

·货物未在出口目的国工作、修理或使用过，且在合理时限内复运进口

然而，如果使用货物时，发现货物有缺陷或有其他导致复运进口或出口所规定的情况，则货物的使用不妨碍税款的退还。

作为复运进口或出口之外的另一个选择，货物也可以按照海关的决定，放弃给税务当局，或者在海关监管下被销毁或失去商业价值。这种放弃或销毁不应由税收当局承担费用。

理、操作和维修等培训，买方同意为此向卖方支付价款。在确定进口设备成交价格时，这些成本是否应计入呢？

2.买方同意在一年时间内进口最少10 000个单位的货物，如果没达到购货数量底线，则买方需向卖方支付罚款，那么这个罚款应当计入买方进口货物的成交价格中吗？

3.卖方向买方开具两张发票：一张是货物的发票，另一张是保修发票。卖方保证如果在进口后发现货物有缺陷，卖方承诺修理或更换货物。则保修发票的金额应当计入进口货物的成交价格中吗？又或者，卖方在将来发送替换货物，如果有的话，则该保修价款是否计入进口货物的成交价格呢？

【答案】

1.不应计入。这些被认为是为进口后的服务所支付的价款，因此需从成交价格中排除。

2.是的。也许有意见认为，该"罚款"金额不是为进口货物支付的价款，而是为进口商没有进口的几种商品以达到最小数量所做的支付，因此不应计入成交价格。然而，如果买卖双方同意约定进口货物的暂定价格，并基于进口后确定的因素来进行上下调整，海关认为这是"公式定价"的一种形式。因为成交价格的定义包括实付、应付价格，所以公式定价可作为成交价格。①

3.保修是为进口货物提供的担保。因此，技术委员会和一些海关认为，买方向卖方支付的保修费用即使单独开具发票，也是进口货物成交价格的一部分。

如果买卖双方为保修签订独立的法律协议（与货物的销售协议分

---

① 如果希望了解更多关于成交价格公式定价的内容，可参阅《海关估价纲要》技术委员会评论4.1：价格复审条款。

离），且保修协议被证明是可选的，即不是卖方作为货物的销售条件强加给买方的，则可能出现不同的结果[1]。

2.1.3 "……出口销售……"

成交价格要求发生销售，且为出口至进口国的销售。很多情况下，不难确认出口销售。

出口销售

韩国A公司向肯尼亚B公司销售并交付洗衣机。这是出口销售，B公司同意支付的价款是该机器完税价格的基础。B公司可能打算将这些机器再销售给肯尼亚的客户。这些后续销售并不影响完税价格，因为它们不是导致货物从韩国出口的出口销售，而是国内销售。

成交价格并不要求销售发生在出口国。卖方可设在任何国家，甚至与买方在同一国家。成交价格要求的是发生货物的国际转移。因此，卖方可以从第三国或不从任何国家（即公海上的渔船，或领海之外的石油钻井平台）将货物运往进口国。

【测试】向专业人士提两个问题

这里有两个真实的案例，其出口销售可能不那么明显。你如何确定其出口销售？

1.连续销售

进口商向国外中间商下单。中间商就此与别国工厂签订合同，并直接向进口商发货。

---

[1] 如果希望了解更多关于保修费用的海关估价问题，可参阅《海关估价纲要》技术委员会案例研究6.1（"因保修产生的保险费"）和评论20.1（"保修费用"）。

哪一个销售可以被视为出口销售呢？是进口商与中间商之间的销售？还是中间商与别国工厂的销售呢？还是两个销售均可被视为"出口销售"？

2.旅游者身份的商人

进口商可能是个旅游者或"水客"，旅行至另一国，在国外市场匿名购买并提货（比如旧车）。他带货回国，或者他也许将货物发送给自己。

进口商在国外市场购买货物是"出口销售"吗？或者国外购货纯粹是其本国销售，是否应作为成交价格的基础呢？

【答案】

1.连续销售

如果货物进口前有连续的交易，大多数海关认为根据《协定》第1条仅考虑最后一次的交易。

在2007年的一篇评论中，技术委员会确定了这一个解释：如果有一系列的销售，"进口货物出口销售到进口国的实付、应付价格是货物进入进口国之前发生的最后一次销售所支付的价格"。[①] 在评论所勾勒的场景中，早一点的交易或首个交易不得作为完税价格的基础。

技术委员会的解释是基于对《协定》文本的字斟句酌，即《协定》起草人的意图是，用于估价目的的销售中的买方应是位于进口国国内的进口人。例如，某些注释将"进口商"一词转换成"买方"。还有，《协定》第1款（a）项所说的限制指的是由"进口国"施加给"买方"的。最后，除非将最后一次交易用于估价目的，否则可以无须按照《协定》第8条进行调整，而该调整对于在成交价格中反映整个进口商业交易的实质确实是必要的，例如，应当加入申报价格中的由进口国国内的购买商免费或折价提供给国外生产商的货物和服务。

---

① 参见《海关估价纲要》技术委员会评论22.1：在系列销售中"出口销售至进口国"的含义。

有些海关当局对此持不同观点，他们会接受更早一点的销售价格（通常价格会更低一些），如果申报人能够证明是更早一点的销售导致货物出口至特定的进口国。

例如，欧盟法律规定导致货物进入关境的最后一次销售（或货物被放行可以自由流通之前发生在关境内的最后一次销售）应当被视为出口销售，除非申报人可以向海关证明前一次销售才符合出口销售的要求［欧盟法典（EEC）第2454/93号，第147条，1993年7月2日］。欧盟法典规定支持该诉求的证据包括：

（1）货物根据欧盟规格生产，或被识别（通过其所附标记等）无其他用途或目的地。

（2）相关货物是专门为欧盟境内的买方生产或制造的。

（3）从中间商处专门定制的货物，该中间商从一生产商处采购货物并从生产商处直接运往欧盟。［海关法典委员会（海关估价章节）评论第7号，转载于欧盟、税务总局和关税联盟，海关估价纲要文本（2007年1月）见欧盟海关网址：http://ec.europa.eu/taxation_customs/customs/customs/_duties/declared_goods/european/index_en.htm］。

与此类似，美国海关"设想"成交价格是基于进口商支付的价格。希望使用更早一点销售的进口商必须提供所有相关交易的完整细节和文件依据（包括订货单、发票、支付凭证、合同和其他文件）。［参见《一般性——多重交易成交价格的确定》，T.D.96—87，VO1.30/31，NO.52/1Cust.B.&Dec.1997年1月2日］这对于非前一次交易当事方的进口人而言是一个难题。

2.旅游者身份的商人

根据技术委员会的咨询性意见14.1，进口人在国外市场上购买的货物，如旧车等，可以被认为是"出口销售"。该意见说明：

将货物呈报给海关估价这一事实本身就证明了货物的进口行为，反过来也就证明了货物出口的事实。那么剩下的唯一要求就是找到与此相关的交易事实……如果进口人能够证明时间最为接近的相关销售是以出口货物至进口国为目的而发生的，则可适用《协定》第1条。

关于"出口销售至进口国"表述的含义见《海关估价纲要》技术委员会发布的咨询性意见14.1。在国外市场购买汽车出口的案例可参见《海关估价纲要》研究1.1——旧汽车的审价问题。如这些规定中所述，如果该车在购买后进口前被使用，那么结果可能会不同。

对该问题，欧盟在其海关法中，给出了一个相似的答案："就法典第29条（成交价格估价方法而言），申报某一交易的标的货物进入自由流通的事实足以说明他们出口销售至欧盟关境。"①

如果成交价格必须基于"出口销售时"的实付、应付价格，那么买卖双方在货物出口后重新协商价格，完税价格会受到影响吗？例如：

（1）未在合同规定日期前发货，卖方会返还部分购买价款以补偿买方；

（2）进口时买方发现货物与合同规定不符，卖方降价；

（3）卖方降低进口货物价格，因为买方随后大批量购买相同货物（"数量回溯折扣"）。

通常情况下，"出口销售时"的实付、应付价格确立了货物的成交价格；因此，货物出口后的重新议价不予考虑。但是，要注意区分出口后的重新议价与通过事先商定的价格公式在出口后确定价格这两者的不同。例如，如果买卖双方在合同中约定一个基于实际交货日的计算价格方法（例

---

① 《欧盟法典》（EEC）第2454/93号，第147条，1993年7月2日。

如，如果延期交货，每延迟一周，则扣减货物合同总价的0.5%……），该定价公式可用来推导成交价格，参见上文"推导价格"部分。

2.1.4 "……依照第8条规定进行调整"

货物的成交价格通常反映在卖方开具的发票上，根据一国法律，进口人通常需要将其提交给海关。

为什么需要第8条？（谈判代表的观点）

《协定》第1条已经明确，如果买卖双方之间没有特殊关系，以进口货物的实付、应付价格为基础确定完税价格。这里，我们做个假设，如果买卖双方之间没有特殊关系，那么他们之间达成的价格是由市场力量决定的，可用于估价目的。当然，我们考虑到，买卖双方可能试图去操控交易，因此价格本身可能只反映出货物价值的一小部分，剩余部分价款通过间接方式在他们中流转。因此，我们在《协定》第8条规定，特定的额外项目如果未包括在基础价格中，则应调整计入实付、应付价格。也就是说，只要实付、应付价格完整反映了买方为获得货物而支付的每一笔价款，那么该价格可以作为完税价格的基础。

欧共体声明，MTN/NTM/W/126（1977年11月21日）。

然而，在更加复杂的交易中，发票价格可能没有涵盖买方为获得货物所支付的全部款项或发生的所有成本。例如，发票可能没有反映买方为进口专利产品需向第三方支付的特许权使用费，或者买方免费向卖方

提供生产用原材料或生产所需的服务，抑或买方在进口后转售货物时需向卖方支付额外的款项。

《协定》第 8 条的规定是为确保无论交易双方如何规划他们的特殊交易，生产并向买方支付进口货物的特定类型的成本都应在完税价格中得以体现。

§ 2.2 规定的价格调整项目

2.2.1 一般性考量要素

《协定》第 8 条规定了具体规则，以界定需计入成交价格的调整款项和成本及需要符合的条件（见图 2-2）。

第 8 条的每一个调整项目都有其特定内涵，海关和企业应予充分了解，下面也还会谈到。其中，有两个应用第 8 条时的普适性限制。

第一，如果卖方已经将第 8 条项下要素计入货物价格，则海关不应再次计入发票价格（并重复征税）。例如，如果卖方已经将其代理人佣金和进口货价捆绑计入销售发票金额的情况。申报价格是否涵盖第 8 条项下要素，主要是一个证据问题：如果海关有怀疑，可能会要求进口商证明销售价格包括上述费用。

第二，第 8 条项下的任何调整项目都必须基于客观和可量化的数据。

第 8 条第 3 款

3. 根据本条规定计入实付、应付价格的费用应以客观和可量化的数据为依据。

```
SR存储卡生产公司                                        发票
勿忘我路555                                     发票#MMMC55553
瑞士 日内瓦                                     日期：2007年5月12日
电话：555-777-555传真：555-777-555
运往：
WTO工作间公司
瑞士日内瓦
第一街
```

内容或专题指导：
  如何计算成交价格——第8条规定的价格调整项

数量	品名	单价	总额
	实付、应付价格	×	××
	加		
	+佣金和经纪费，买方佣金除外	×	××
	+运输进口货物的容器费用	×	××
	+协助的成本或价值	×	××
	+特许权使用费	×	××
	+任何收益的价值	×	××
	+进口货物的国际运输费用（如果成员方选择计入的话）	×	××
		×	××
	减		
	-进口后费用		
		合计	=成交价格

多谢惠顾

图2-2 《协定》第8条示例

如果海关无法从进口商或通过其他途径获取足够的信息来量化这些成本的话，则不能进行调整。在这种情况下，不能适用成交价格，必须考虑下一个估价方法。

条款8.3的注释给出一个可能无法准确确定第8条要素价格的例子：

某项特许权使用费是以某特定产品在进口国以升为单位的销售价格为基础支付的，而该产品是按千克进口的，并在进口后被制成溶液。如特许权使用费部分针对进口货物，部分针对与进口货物无关的其他因素

（例如，进口货物与国产成分混合而无法单独区分，或特许权使用费无法与买卖双方之间的特殊财务安排区分开来），则试图将特许权使用费计入完税价格是不适当的。但是如该项特许权使用费的金额仅针对进口货物，且可量化，则可计入实付、应付价格。

第 8 条规定调整必须基于客观和可量化的数据，这也可以解读为是对海关自由裁量权进行的限制。例如，如果进口商提交单据证明其实际支付的包装费用，则应以该实际金额进行调整，无论海关认为包装费用应是多少。

【测试】客观和可量化的证据

如果买方同意支付"通常的特许权使用费"，但是无法告知海关特许权使用费支付金额，海关也没有该行业"通常的特许权使用费"是多少及如何计算的信息，该怎么办？海关可否将估算的特许权使用费计入完税价格呢？

【答案】

关于这一点，《协定》的规定是非常清晰的。如果没有数据，你就不能进行适当的调整以得出成交价格，因此也就不能使用成交价格作为完税价格的基础。

在特许权使用费的文本中，注释举了几个如果没有数据就不能使用成交价格的具体例子：

1. 如果特许权使用费的支付一部分是基于进口货物，另一部分基于其他与进口货物无关的要素，则试图将该特许权使用费调整计入成交价格是不适当的。

2. 如果进口货物与国内成分相混合且不能再单独区分（因此无法针对制成品中的进口要素对特许权使用费进行分摊）。

3. 特许权使用费无法与买卖双方之间的特殊财务安排相区分。

2.2.2 佣金和经纪费

第8条第1款（a）项（i）目

1.根据第1条的规定确定完税价格，应在进口货物的实付、应付价格中计入：

（a）下列各项，只要由买方负担且未含在货物实付、应付价格中：

（i）佣金和经纪费用，买方佣金除外；

国际贸易可涉及一个或多个中介机构来协助买方或卖方购销货物。这些中介被称为"代理人""中间人"或"经纪人"，可以提供各种服务来便利销售，如联系客户、产品营销，或辅助销售谈判等。

1.买方代理的典型职责

（1）为买方寻找货源；

（2）向卖方传达买方需求；

（3）获取样品供买方检验；

（4）协助买方谈判最佳价格；

（5）协助买方安排货物运输；

（6）整合不同卖家的货物；

（7）备齐所有购买货物的发票。

2.卖方代理的典型职责

（1）为卖方寻找客户；

（2）为卖方招揽并向潜在客户发送报价单；

（3）保存和展示卖方货物样品；

（4）为卖方安排货物运输、保险和存储；

（5）协助卖方准备出口单据；

（6）协助卖方准备出口发票。

一般来说，如果买方为购买进口货物而向中介机构支付佣金或经纪费，则该款项应计入货物价格。然而，这条规则有个重要的例外：买方向协助其交易的自己的代理支付的费用或买方佣金不予计入。

为什么《协定》将买方佣金排除在完税价格之外呢？首先，当买方向卖方的代理付费时，可能被认为是一种向卖方的间接支付：买方通过支付该笔款项，免除了卖方本来必须支付的一项债务。因此，由买方支付的卖方的代理费用被视为进口货物成交价格的组成部分。另一方面，当买方向自己的代理（或完全通过他自己的雇员自行完成交易），卖方没有获得直接或间接的金钱利益。

其次，将买方佣金排除在应税价格之外是为了平衡中小企业和大型企业之间的成本。例如，一家大型企业为购买货物，可以在出口国设立自己的办公室，而一家小企业可能被要求雇佣一个本地买方代理。通过排除付给上述代理的买方佣金，《协定》就不会使小企业因为业务运营的选择而处于不利地位。①

如何区分买方代理和卖方代理呢？从进口单据上很难判断代理究竟是哪一方的。通常，需要审查中介在交易中所发挥的实际作用。为证明代理在交易中的作用，海关可能需要进口人提交买方和其代理人之间的

---

① 美国代表指出，在他的国家几乎90%的涉及买方代理的案例都与纺织品出口相关，而且这些出口商绝大多数都是中小企业。参见WTO海关估价委员会《2002年3月27日会议纪要》，第18页，G/VAL/M/26(2002年5月21日)（日本声明）。

合同或代理协议，详细说明代理的职责。

你不是买方代理的标志

①买方不控制你的活动。

②你与卖方有特殊关系（与卖方有特殊关系的公司通常作为卖方代理）。

③你拥有进口货物所有权并承担货物灭失风险（你可能是一个独立的买方或转售商，而不是任何人的代理）。

④你与卖方签订销售合同不需要获得买方批准（你可能是一个独立的买方或转售商）。

⑤你向卖方开具佣金发票（你可能是卖方代理）。

买方代理代表买方行事，主要为买方利益，而非为卖方或自身独立行事。因此，第8条注释定义的买方佣金指"进口商向其代理人为代表其在国外购买被估货物过程中所提供的服务而支付的费用"。识别买方佣金的主要要素就是买方控制代理人活动的权利，尤其是在谈判和采购的过程中。

《协定》规定支付给卖方代理的佣金加项仅在由买方负担的情况下计入成交价格。换言之，给卖方代理的佣金仅当买方支付价款的情况下才计入成交价格。例如，卖方为达成交易同意负担部分或全部佣金成本（否则可能会转移给买方）。在这类情况下，如果买方不用向卖方偿还上述款项，则该金额不应计入完税价格。

2.2.3 容器和包装

第8条第1款（a）项（ⅱ）目和（ⅲ）口

1.根据第1条的规定确定完税价格，应在进口货物的实付、应付价格中计入：

（a）下列各项，只要由买方负担且未含在货物实付、应付价格中：

（ⅱ）海关监管方面认为与货物视为一体的容器的费用；

（ⅲ）包装费用，无论是人工费用还是材料费用。

通常情况下，包装成本是包含在进口货物发票价格中的，正如你在市场购物支付的是一个带包装的价格。然而，卖方有可能为运输进口货物的容器或货物包装成本单独向买方开具发票。

第8条规定，任何由买方负担的"海关监管方面认为与进口货物视为一体的容器的费用"及"包装费用，无论是人工费用还是材料费用"应当作为申报价格的加项（见图2-3）。

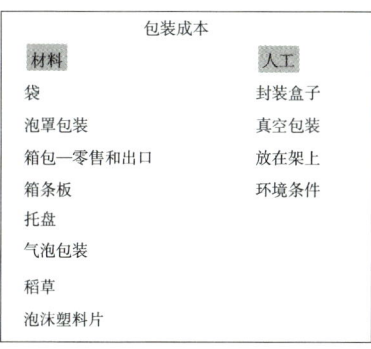

图2-3 包装成本

第8条规定，海关对容器的处理需要依照《商品名称及编码协调制度》（以下简称《协调制度》）的税则归类规则。《协调制度》规定，正常的、非重复使用的包装应与其所含的进口货物一并归入同一税则目录。

《协调制度》容器归类规则

除上述规定外，其中提到的货物应适用以下规则：

……与所装货物同时报验的包装物料和包装容器，如果通常是用于包装此类货品的，应与货品一并归类。但明显可重复使用的包装物料和包装容器不受本款限制。

资料来源：《协调制度》（GRI）归类总规则五（二）。

因此，如果《协调制度》要求包装应按照货物归入同一税则目录，那么买方单独支付的任何一笔包装费用都应加入货物价格以获得完税价格。相反，如果容器是可重复使用的，则应分开申报（例如，装运气体的可重复使用的金属钢瓶），它的成本不计入货价（但是它可能根据特定国家的规定，对其本身进行估价征税）。

当然，如果容器或包装费用已经包括在价格中，或者该费用不是买方负担，那么根据之前的讨论，无须增加计入。

2.2.4 协助

第 8 条第 1 款（b）项

1. 根据第 1 条的规定确定完税价格，应在进口货物的实付、应付价格中计入：

……

（b）由买方以免费或低于成本的方式直接或间接提供的、用于进口货物的生产和出口销售的、按适当比例分摊的下列货物和服务的价值，只要该价值未包含在实付、应付价格中：

（i）进口货物包含的材料、部件、零件和类似货物；

（ii）在生产进口货物过程中使用的工具、冲模、铸模和类似货物；

（iii）在生产进口货物过程中消耗的材料；

（iv）生产进口货物所必须的、在进口国以外的其他地方进行的工程、开发、工艺、设计以及规划和制图。

---

1. 协助的一般原则

如果卖方免费获得生产出口货物所需的原材料、工具或"专有技术"，那么相比他自行购买或生产这些投入品而言，他自然会接受一个较低的价格（并支付较低的关税）。

因此《协定》第 8 条规定，如果买方以免费或低于成本的价格提供了一定的生产投入品，海关术语通常称之为"协助"，则协助的价值应当计入完税价格。

有很多合法的商业理由可以解释买方为什么免费向卖方提供协助。例如：①买方向国外生产商提供零部件以确保制成品符合买方的质量标准；②买方向国外生产商提供零部件，因为买方可以更优的条款获得这些零部件；③买方向国外生产商提供设计，因为他想让生产商在生产服装或其他纺织物时使用；④买方向国外生产商提供内嵌于制成品（计算机）的专利产品（如计算机芯片）。

协助可能被认为是买方向卖方的间接支付，即买方可能向卖方提供生产进口货物所需的工具、模具、设计等，或者他可能向卖方单独支付为获得这些生产投入的价款。不管哪种情况，买方免除了卖方为生产进口货物而产生的费用或债务。因此，《协定》规定这些生产投入的费用或价值应当计入成交价格。

在处理进口货物涉及协助的情况时，通常必须回答两个问题：

（1）买方提供给生产商的服务或产品是否属于第8条协助的范围？

（2）如果上述情况属于第8条的协助，则该协助应在发票价格上增加多少金额，换言之，协助的费用或价值是多少？

2.协助的类型和条件

（1）第8条规定的4类协助

①进口货物中包含的材料、部件、零件和类似货物。例如，生产商生产进口货物中可能需要的原材料（纺织物、金属或塑料片、化工品等）、零部件（紧固件、电气元件、汽车组件等）或者半成品。

②在生产进口货物过程中使用的工具、冲模、铸模和类似货物。此项下包括由买方提供的各种类型的手动或电动工具及生产设备。

③在生产进口货物过程中消耗的材料。在生产过程中使用的，但是在最终产品中不确定能够被识别的各种产品或材料（相对零部件而言），

例如，生产半导体的过程中使用的化学催化剂、燃料、润滑剂或者氟利昂。

④生产进口货物所必需的、在进口国以外的其他地方进行的工程、开发、工艺、设计及规划和制图。

这其中涵盖了买方为生产进口货物而向卖方提供的某些种类的"专有技术"，包括制造说明、产品设计和测试说明、产品原版和模型建造、艺术设计、蓝图、示意图及其他用于生产过程的绘图。

本规定不涉及的是买方可能向卖方提供的基础研究费用。GATT谈判方特别想将"研究"与"开发"活动区分开来，在完税价格中扣除"研究"费用，而将"开发"费用计入完税价格[1]。如GATT秘书处所述：

秘书处还在《协定》谈判期间与参会者进行探讨，以期发掘起草者们关于本条规定的更多的想法。谈判者们对"研究"进行了较为具体的思考，并决定专门制定条款8.1（b）（iv），将其排除在调整清单之外，基于如下考虑：几乎不可能将研究费用分摊到具体的进口货物上；且研究费用通常是以一般支出的会计期间来入账，而非货物的实际生产周期。只有在研究费用未包含在实付、应付价格中及在特定情况下此类费用是否作为可允许的调整项目计入实付、应付价格时，才会出现此类考量，以便应用成交价格方法确定货物完税价格。当然，如果研究费用作为生产货物的一般费用之一，已经计入实付、应付价格，则根据成交价格法，研究费用是完税价格的组成部分。[2]

---

[1] 根据会计定义，"研究"是为获取新的科学技术知识或认知而开展的原创的、有计划的调查，而"开发"是在商业生产或使用开始之前，将研究成果或其他知识应用于新的或重大改进的材料、装置、产品、工艺、系统或服务的生产计划或设计。国际会计标准（IAS）第38条。

[2] GATT海关估价委员会，秘书处说明《〈关于实施GATT第7条的协定〉条款8.1（b）（iv）中的术语"开发"》，VAL/W/24/Rev（1985年1月10日）。在该议题既往协商的基础上，GATT海关估价委员会发布决定5.1，表明GATT各方对术语"开发"不包括"研究"的理解。

WTO 成员一致认为，工程、开发和艺术设计等的费用或价值如果发生在进口国，可以从完税价格中排除。由此将该协助与所有其他地域来源不重要的协助相区分。

为什么在进口国从事的工程和设计费用应当从完税价格中排除？

《协定》规定完税价格包括进口人提供给外国生产商的生产投入（工具、零部件或其他原材料）的成本或价值，但并不包含进口人在其国内从事的任何工程和设计工作。两者均为进口货物的生产成本，而且似乎同等重要，为什么在进口国从事的工程和设计费用应当从完税价格中排除？

其中一个原因是与关税政策有关。一些WTO成员的海关税法规定，进口货物中包含的国产原材料的成本或价值免于征收关税。为促进国内技术服务产业发展，WTO成员可能希望，通过将此类服务的成本或价值免于计入进口货物完税价格中，从而为本国工程或原创设计提供同等的关税待遇。

参见WTO海关估价委员会《2002年3月27日会议纪要》，G/VAL/M26（第1点），此项排除的经济原因可进一步探讨。

（2）价格增项的条件

假定买方向国外生产商提供这4种生产投入中的一种，协助的费用或价值仅在以下条件下必须计入：

①未包含在实付、应付价格中。如果进口商已经将该费用或价值加入向海关申报的价格中，则无须增加。

②买方以免费或低于成本的方式提供协助。如果以低于成本的方式提供，则价格加项仅限于低于成本的部分。

③协助由买方直接或间接提供。例如，一个意大利买主指示其设在加拿大的子公司向美国生产商提供螺钉和螺栓，用于生产运往意大利的拖拉机。这就是买方间接提供的协助。

④货物或服务必须用于进口货物的生产和出口销售。因此，未用于生产的通用的工厂或办公设备的成本或价值不应计入成交价格。例如，供暖和空调设备、办公设备（如计算器、复印机）、叉车和运输机。同样，进口后的技术服务或市场研究或为市场定价而进行的其他此类研究的费用或价值，并非生产进口货物所必需，则不应加入价格中。

这4项协助类型是排他的。也就是说，进口人提供给国外卖方的其他任何货物或服务，不应加入发票价格中（除非它满足《协定》第8条项下的其他条件）。

例如，一进口商向国外制造商提供建筑材料，供其建筑行政办公用房。由于这些建筑材料不是用于出口货物生产，不属于《协定》定义的第8条项下4种协助类型的任何一种，因此建筑材料的成本或价值不应计入制造商销售给进口人的货物的成交价格中。

3.协助的估值和分摊

一旦确定买方向生产商提供了协助，则协助价值必须加入货物价格中。这通常涉及两个方面：确定协助的正确的货币价值，以及将价值分摊到生产商使用协助生产的产品上。

（1）对协助估值

确定协助的价值完全取决于进口人是如何获得协助的：

①如果协助是从与买方没有特殊关系的卖方处获得，则协助的价值就是获得的成本（即售价）。

②如果协助是进口人或与其有特殊关系的人生产的，或是从关联方购买的，那么协助的价值就是其生产成本。

此外，协助的价值，不论是基于获得成本还是生产成本，都应包含将其运至出口货物生产地的运输成本及不予返还的任何关税和其他税。

这是个宽泛的指导，很多常见的问题还没有涉及，例如：

①如果买方向卖方提供其曾经在其他作业中使用过的设备，应如何处理？

答：如果买方向卖方提供用于生产的旧工具，则这些设备的价值是原始的获得或生产成本减去其曾经使用的成本之后的价值。

②如果买方租赁设备提供给生产商呢？

答：协助的价值就是租赁的成本。

③如果买方向卖方提供工具前进行了修理或改装，应如何处理？

答：如果曾经修理或改装，则协助的价值中应当反映修理或改装的成本。

④如果买方仅是提供一个可从公开渠道获取的设计图样的复制品，则应如何处理？

答：如果设计文本属于公共领域，则协助的价值就仅仅是获取复制品的成本。

⑤如果买方向卖方提供的设计作品中，部分在进口国内完成，部分在进口国外完成，应如何处理？

答：如果相关要素的生产涉及一段时期内的几个国家，那么价格调整应当仅限于进口国国外产生的相关要素的价值。

（2）分摊

生产商经常使用买方提供的工具、设备或其他协助来生产更多的进口产品。生产商可能在日后交货中交付其中部分产品，其余的留存下来或在本国市场销售，或者交付给其他国家的客户。

这就提出了"分摊"的问题。协助的价值必须在生产商的整个生产过程中合理分配。"合理"的分配可能包含：

①将协助的全部成本分配到第 1 批进口货物上。

②将协助的全部成本分配到截至第 1 批货物装运之前所生产的产品数量上。

③将协助的全部成本分配到预期生产数量上。一般来说，分配方法由进口商提出，只要：

a. 分配方法符合公认会计原则（GAAP）且

b. 进口商能够出示文件依据（如有必要）来证明该方法合理。

【测试】协助的分摊

一个意大利进口商向美国生产商发送生产跑车所需的特殊工具。该意大利进口商以 1000 美元价格从意大利专卖店购买该批工具，并免费提供给美国生产商。这批工具的使用期限为生产 40 辆车。

美国生产商使用这批工具生产了 40 辆车。他打算将 20 辆发往意大利，20 辆发往位于加拿大的意大利公司的子公司。

第 1 批货物（5 辆车）抵达意大利。进口商应向意大利海关申报什么价格作为完税价格呢？

【答案】

工具的全部成本（1000 美元）应当分摊到全部的产品数量（40 辆车）中，于是，进口商有以下选择：

1. 进口商可以将工具的全部成本分摊到预期的产品数量上。在本案中，第 1 批货物申报时，他将申报分摊费用 125 美元（25 美元 × 5 辆车）。

2. 进口商可以将工具的全部成本分摊到第 1 批货物上。协助的总成本为 1000 美元。然而，用此工具生产的汽车出口至意大利和加拿大两个国家。因此，允许进口商在分摊工具成本时仅考虑出口至意大利的产品部分。因此，如果进口商选择向意大利海关申报将全部成本分摊到第1批的5辆车上，他将申报500美元（1000美元×20÷40），这是与出口至意大利的汽车相关的全部工具成本。

4.特许权使用费

第8条第1款（c）项

1.估价第1条的规定确定完税价格，应在进口货物实付、应付价格中计入：

......

（c）作为被估货物销售的条件，买方必须直接或间接支付的、与被估货物有关的特许权使用费，只要此类费用未包括在实付、应付价格中。

第8条规定买方支付的作为进口货物销售条件的"特许权使用费"应当计入成交价格。

"特许权使用费"通常用于描述因为使用某种形式的知识产权，如专利、商业秘密、商标或版权而支付的补偿。[1]特许权使用费也可为支付的其他无形资产，诸如特许经营权或独家经销权。通常，特许权使用费的金额是基于被许可人生产、销售或使用含有专利（或商标或版权）产品的数量或根据被许可人在销售中实现的利润百分比来计

---

[1] 因此，第8条的注释明确："第8条第1款（c）项所指的特许权使用费，可包括对专利、商标和版权等所支付的费用。"

算，也可以是每一时间单位支付固定的费用。[①]

当特许权使用费的支付与进口交易相关时，就会产生海关估价问题。例如，买方为在特定区域独家经销进口货物权或在进口货物上使用商标而支付费用；或者买方为从卖方进口的一项发明使用权而支付特许权使用费。一个更具挑战性但不常见的例子是：买方全部或部分使用从权利人处进口的原材料或零件，并为生产或销售制成品所需的专利或专有技术支付许可费用。

知识产权许可安排

专利许可：一家医药公司可以许可一家外国公司使用一项专利程序去生产药品并在该外国市场销售。为此，该外国公司同意按照销售利润的3%支付特许权使用费。

商标许可：同样是这家医药公司，可以授权外国公司用该医药公司的知名商标去销售该药品，并因此获取一笔额外的特许权使用费。

版权许可：书籍、录音或电影的所有人可以授权一外国公司在该外国市场去复制和销售书籍、录音或电影。

根据《协定》附件3第7点，成交价格的定义是："作为卖方销售进口货物的条件、由买方向卖方或者为履行卖方的义务而向第三方已支付或将支付的全部款项。"成交价格被视为货物价格的组成部分。

---

① 关于知识产权的更多信息可参阅WTO官方网站知识产权门户网页。

因此，由特许权使用费引发的海关估价问题是，这些费用是否是买方为货物本身所支付的对价的组成部分，而不是与进口货物所有权相区分的在其之外的权利。

为解决这些问题，第8条规定了单独由买方支付的特许权使用费计入完税价格时，必须满足3个独立的条件：

条件1：支付必须是"与被估货物有关"。

特许权使用费必须与进口货物有关。

如果进口货物本身是许可标的，那么该支付显然"与被估货物有关"。例如，如果进口货物本身附有商标或使用许可专利或专有技术制造，则特许权使用费与被估货物有关。

更加复杂的情况是，当进口货物需要在进口国进一步制造、组装或混合时，支付应当在制成品销售时发生。

例如，使用从许可人处进口的含有专利的活性成分的药片在进口国生产或销售，特许权使用费可能根据药品的数量来支付。在这类情况下，需要对许可和销售协议进行仔细的审查，来确定特许权使用费与进口货物之间的关系。可能出现的情况是，如果加工工序改变了进口货物的属性，为制成品支付的特许权使用费，不再"与被估货物有关"，而是与一个新的不同的产品有关。

特许权使用费与被估货物有关吗?

是

买方为其在进口国生产的每一盒果汁向卖方支付特许权使用费。这种果汁是买方从卖方进口的浓缩物基础上用普通水简单稀释而成。

结论：特许权使用费与进口浓缩物有关。

参见《海关估价纲要》咨询性意见4.4。

否

审计中，海关发现买方使用国产和进口零件在进口国生产汽车发动机，并为生产所需的专有技术向卖方支付特许权使用费。海关考虑是否应将该特许权使用费计入从卖方进口的用于汽车生产的软管的价格中。

结论：特许权使用费与进口零件和材料无关，而与在进口国生产的制成品有关。

美国海关裁定函547761（2002年3月14日）。

条款8.1（c）注释明确了一种不计入成交价格的支付："在进口国复制进口货物的权利所需的费用不得计入进口货物的实付、应付价格"。这个规定适用于进口商为复制原件的权利而付费的情况。例如，进口录音录像母带的复制品，以及将原版的概念或想法运用到其他货物上（如

将进口样机用于国内货物生产）。①在这些情况下，可以说此类支付并不是为进口货物而是为其他货物（"复制"进口原件的货物）。

条件2：买方直接或间接支付，作为销售条件。

此处必须回答的问题是：买方不支付特许权使用费能否购买进口货物？如果不能，则特许权使用费金额是为货物而支付的，必须计入价格中。

销售或许可协议的条款可以直接回答这个问题。例如，明确规定不支付特许权使用费则终止卖方的交货义务。然而，并不能根据合同条款做出最终判断，还需要对所有交易事实和销售环境进行审查，以确定货物的销售是否取决于特许权使用费的支付。

问题的答案可能取决于所涉及的知识产权类型，以及支付是向卖方或向第三方。例如，如果特许权使用费是为生产进口货物所必需的专利权而支付，它可能构成销售条件，因为如果不支付专利费，货物就不可能被生产并向买方出口。

如果支付是为进口后市场营销或货物分销的权利，则支付价款可以从完税价格中排除。条款8.1（c）的注释指出："买方为获得进口货物分销或转售权利而支付的费用，如不构成进口货物向进口国出口销售的条件，不得计入进口货物的实付、应付价格。"在这种情况下，买方可以为在特定地域内的货物的独家经销权付费。或者，买方为在进口国转售货物时使用商标的权利而付费。

由于特许权使用费与货物进口后的转售有关，买方可以不支付特许

---

① 这是美国海关的解释。例如，复制权利意味着进口商品中包含或反映了一个想法或一个原创作品，通过使用该进口商品将该想法或作品复制到其他商品中的权利被保留。复制权的概念仅与下列商品种类相关：艺术或科学作品的原件或复制品；模型或工业制图的原件或复制品；机器模型和样机及动植物标本。
《联邦法典》第19编第152章第103条（2009）。WCO海关估价技术委员会评论9.1也是类似意见。

权使用费而从卖方进口货物。一般情况，做出的结论都取决于具体的案例事实。如果许可人是非关联的第三方，那么支付不构成销售条件的可能性更大。如果许可人是卖方或卖方的关联方，则特许权使用费的支付是货物转让的条件的可能性会更大。在此类案例中，如果买方不支付费用，则许可人会阻止销售。

条件3：支付价款未包含在实付、应付价格中。

这个条件只是重申了适用于第8条所有调整项的通用条件。简而言之，同一笔支付不应两次计入完税价格。

【测试】特许权使用费

1.一家英国公司授予一家美国公司制造、使用和销售其含有专利的汽车开关装置的排他性许可。为此，美国公司同意将其在美国制造和销售开关装置所获取利润的50%作为特许权使用费支付。为帮助美国公司生产，英国公司提供技术信息和指导及汽车开关的模型或样机。

这些样机进口至美国时，进口商提出该特许权使用费的支付价款不应计入实付、应付价格。这个要求对吗？

2.一家美国公司根据加拿大研究公司的专利许可生产药品。该美国公司向一家设在意大利的公司销售药品成品，售价不包含特许权使用费，但是美国公司要求意大利公司直接向加拿大研究公司即专利所有人支付费用。当药品进口至意大利时，海关应当将特许权使用费加入销售价格中吗？

3.一家意大利公司从美国生产商处购买了一套音乐演奏会的留声机唱片，这是一位加拿大音乐家的录音作品。当意大利公司在意大利转售唱片时，意大利法律规定需按售价的3%向加拿大音乐家支付特许权使用费。该费用不直接或间接支付给生产商，也不是美国生产商出口销售的条件。海关应当将该特许权使用费加入意大利公司为进口唱片而支付的价格中吗？

【答案】

1.进口商是正确的，该款项不应计入样机的价格。因为该特许权使用费与进口货物（样机）无关，而是与在美国公司生产并在美国销售的货物有关。

2.在本案中，特许权使用费必须加入到销售发票价格中。首先，它与进口货物相关（进口货物使用专利制造）；其次特许权使用费由买方（意大利公司）支付且是出口销售的条件（美国公司要求特许权使用费的支付作为其向意大利公司销售药品成品的条件）；最后特许权使用费未包括在发票价格中。

3.虽然特许权使用费与进口货物相关，但并不是进口货物的销售条件，而是根据意大利法律基于进口货物在意大利的再销售而发生的。因此，不应计入进口货物的海关完税价格。

对此，《协定》条款8.1（c）注释第2点说明："买方为获得进口货物的分销或转售权利而支付的费用，如不构成进口货物向进口国出口销售的条件，不得计入进口货物的实付、应付价格。"

2.2.5 收益

第8条第1款（d）项

1.根据第1条的规定确定完税价格，应在进口货物的实付、应付价格中计入：

……

（d）卖方直接或间接从买方对该货物进口后的转售、处置或使用所得收益中获得的任何收益。

第8条规定，卖方获取的任何与转售或使用进口货物有关的收益应当计入成交价格。

这些"收益"是什么？当卖方获取买方在进口后对货物的转售、处置或使用中实现的收益的一部分时，交易中就出现了"收益"。

收益与寄售的对比

成交价格要求存在出口销售。因此不能用于寄售进口货物。

在涉及收益的交易中，进口人不是被寄售方，是购买和进口货物的权利人。双方只是同意延期完成全部货款的支付，直到进口货物的转售、处置或使用产生收益。

例如，可能出现新进口的或试验性的进口货物，市场价格还没有确定，或者卖方也许希望减轻买方的现金流压力。这种情况在视频电影租赁业务中比较常见，如果电影的购买价格很高，但是租赁费用低，同时电影的观众接纳度还不确定，这就会造成买方的现金流压力。不管出于什么原因，收益都是货物价格的组成部分，就类似买方同意预付款一样。

收益不应与买方向卖方支付的与进口货物无直接关联的股息或其他支付混淆。

股息是针对某一公司实现的全部利润做出的支付，而不是针对某一产品的销售利润。

在实际操作中，与涉及收益的交易有关的难题是：此类支付的金额要直到货物进口并被海关放行后一段时间，在市场销售了才可能被知道。正如在下文章节4.2中所讲到的，在这些情况下，如果海关在货物通关时不能最终确定完税价格，《协定》第13条规定，海关应当在进口商提供的确定价格所产生的税款担保前提下放行货物。涉及收益的交易是使用这种"凭保放行"程序来延迟最终估价的常见案例。这样就出现了一个问题：在货物进口后，海关需要等待多长时间才能收到最终确定完税价格所必需的信息？答案取决于货物的转售、使用或处置是否发生在一国法律为延迟最终估价而设定的时间范围内。

国内立法——收益

例子：买方进口一种新产品。因为不知道产品是否最终在美国销售，买方同意先向卖方支付每单位1美元，然后在美国出售每单位产品时再额外支付每单位1美元。假设可以在一合理期间内确定在美国的转售价格，则每单位的成交价格为2美元。否则，由于缺乏足够的信息，成交价格不能确定。

资料来源：美国海关法规19C.F.R.152.103（g）（重点标记）。

正如《协定》条款8.3所述，收益的调整只能基于客观和可量化的数据。如果在延长期限内未能获取相关数据，或者根本无法获取，则不得使用成交价格，而应考虑适用下一个估价方法。

【测试】收益

1.一家意大利公司从美国生产商处购买药品，同意在货物进口时向美国生产商支付10 000美金，并加成进口货物在意大利年度总销售收入的5%。这5%的支付应当计入货价（10 000美元）吗？你认为这个交易可能出现什么问题呢？

2.这家意大利公司是美国生产商的子公司。在本财政年度结束时，这家意大利公司将本年度实现的净利润的75%汇往美国公司。你认为该笔费用应当加入药品价格中来计算成交价格吗？

【答案】

1.意大利公司在进口医药产品上所实现的总销售收入的5%将被视为进口货物的转售收益，因此应当计入货物价格（10 000美元）。但是，难点在于货物进口后一年内并不能知道应付给卖方的转售收益总金额。这就意味着海关可能需要其本国法律授权推迟做出最终估价决定及对货物征收税款，以及必要时可以审查买方的会计账册。

2.在本案中，汇款不能被视为收益，因为它代表的是股息的流转或者是意大利买方给予卖方的与进口医药产品无关的其他支付款项。

2.2.6 国际运输费用

第8条第2款

2.各成员在立法时，应对完税价格是否全部或部分地包括或不包括下列各项内容做出规定：

（a）进口货物运至进口港或进口地的费用；

（b）与进口货物运至进口港或进口地的运输相关的装卸费和处理费；

（c）保险费。

《协定》规定，WTO成员可以选择部分或全部国际运输费用及相关装卸、处理和运输保险费用计入或不计入完税价格。大多数成员选择将这些运输费用计入完税价格。《协定》要求，无论各成员如何选择，均应在其本国立法中明确体现出来。

这一规定似乎有点奇怪，一项旨在促进海关估价"更大程度地统一"的《协定》却允许成员差异化处理运输费用。这一有违常规的做法很大程度是因为，WTO成员都希望将各自前期使用的估价制度中规定的运输费用的处置方式移植到《协定》中。[1]正如我们在章节1.2协定的历史中所论述的，虽然90多个国家在《GATT估价守则》之前使用的是BDV，BDV将国际运输费用计入完税价格，但有一小部分很重要的国家包括美国、澳大利亚和新西兰使用以FOB价格为基础的估价体系。[2]

可以计入完税价格的运输和相关费用是部分或全部"至进口港或进口地的费用"。WTO组织成员可以自行定义"进口地"的含义。例如，一种选择是一国可定义货物首次越过国境的陆地边界作为进口地，从而将边界至卸货地或首个海关设关地的运输费用排除在外。

另一种选择是进口地或进口港可以是货物首次申报的内陆海关，从而自边界开始的国内运输费用将计入完税价格。

不论哪种情况，《协定》明确规定，无论各国如何定义进口地，任何进口地或进口点之后的运输费用，如果可以与货物价格相区分，均不计入完税价格。

---

[1] "我们已经认识到，目前有些制度是基于CIF概念，有些是基于FOB概念。虽然确立一个唯一的方法是非常理想的，但我们也意识到，至少目前的谈判中，不太可能就CIF或FOB作为唯一基础达成共识。因此，为那些希望采用以CIF为基础的规则的国家，我们做出规定，如果运输费用未包括在价格中，则应计入货物价格"。参见GATT多边贸易谈判组，"非关税措施"组"海关事务"分组《欧共体在1977年11月15日分组会议上的发言》。

[2] 见第1章，第16页注释[2]。

【测试】运输费用

如果卖方免费提供运输，而不向买方收取费用，则该运输费用必须计入完税价格吗？

【答案】

如果一国将运输费用计入完税价格，《协定》规定完税价格可以包括"运输成本"，而不是买方为运输实际支付或将要支付的金额。例如，欧盟规定，即使运输是免费或由买方提供的，运输费用仍应按照相同运输方式通常的运费率计入完税价格。《委员会条例》（EEC）第 2454/93 号条款 164（c），1993 年 7 月 2 日。

2.2.7 无其他增加项目

本章所述《协定》第 8 条价格调整项目都是排他性的，如卖方的佣金、协助、特许权使用费和收益等，即这些且仅有这些第 8 条项下的支付和费用可以计入货物的实付、应付价格。

第 8 条第 4 款

4. 除本条所规定的内容外，在确定完税价格时，不得将其他内容计入实付、应付价格。

本说明应结合上文章节 2.1 所论述的《协定》中"实付、应付价格"的完整定义来理解，即实付、应付价格是指作为卖方销售进口货物的条件，由买方向卖方或者为履行卖方义务而向第三方已经支付或将要支付的全部款项。

根据该定义，任何买方做出的支付，如果显示是进口货物的销售条件，则该支付价款不是价格的加项，而是价格本身的组成部分。

那么根据条款8.4从成交价格中扣除的买方提供的额外支付或服务是哪些呢？我们可以从《协定》的历史沿革中找到一些答案，有很多各种各样的提案希望去扩展第8条的加项清单，但最终都被GATT各方否决。这些关于第8条的被否提案包括：

（1）买方在进口国内的广告费用；

（2）由买方在进口国内提供的保修和保证服务；

（3）由买方提供给卖方的自动数据处理或会计服务；

（4）出口国内的货物存储费用。[①]

因此，一些WTO成员在其立法中明确规定，由买方提供的此类服务的费用不得计入成交价格。[②]

§ 2.3 成交价格的使用限制

第1条第1款（a）~（d）项

1. 进口货物的完税价格应为成交价格……只要：

（a）不对买方处置或使用该货物设置限制，但下列限制除外：

（i）进口国的法律或政府主管机关强制执行或要求的限制；

（ii）对该货物转售地域的限制；

（iii）对货物价格无实质影响的限制。

[①] GATT多边贸易谈判组，"非关税措施"组"海关事务"分组《海关估价修订》（谈判文本修订版），MTN/NTM/W/175/Rev.1（1978年11月6日）。

[②] 例如，欧盟海关立法规定由买方从事的"与相关货物的广告和促销有关的所有活动，以及与货物的保修或担保有关的所有活动"，即使买方是根据其与卖方达成的协议有义务去提供上述服务，不得作为间接支付计入成交价格。参见欧盟法典（EEC）第2454/93号，第149条，1993年7月2日。

（b）销售或价格未受到某些使被估货物的价值无法确定的条件或因素的影响。

（c）卖方不得直接或间接得到买方进口后对该货物转售、处置或使用而获得的任何收益，除非该收益能够依照第8条的规定进行适当调整，计入完税价格。

（d）买方和卖方无特殊关系，或虽在买方和卖方有特殊关系的情况下，其成交价格根据本条第2款规定是可接受的。

只有在无法根据《协定》第1条的规定确定货物完税价格的情况下，才能使用《协定》规定的除成交价格方法之外的其他方法。所以成交价格方法是首要的方法，世界各国海关在绝大多数进口交易的估价实践中均使用该方法。但是，在某些交易中，可能就不存在成交价格，或者即使存在成交价格，也不能作为海关估价的可靠依据。

成交价格方法的出发点是"出口销售"的进口货物的实付、应付价格。如果不存在销售，就没有成交价格，必须适用其他估价方法。不存在出口销售的典型案例包括：[①]

（1）礼物、样品和促销物品免费运给买方。在这种交易中，买方不支付货款（免费），所以没有发生销售。

（2）寄售货物。在寄售交易中，出口商将货物发送给进口国的代理人，代理人负责寻找买家。但是，货物仍为卖方所有（至少在代理人成功找到买家之前），所以不存在出口销售。

---

① 《海关估价纲要》技术委员会的咨询性意见1.1中可见这些例子，并进一步阐述了《协定》中"销售"的概念。

（3）货物由母公司运往分支机构。一个交易需要有买卖双方。通常认为分支机构不是独立于母公司的法人实体。在这些交易中，视同卖方向他自己发货。

（4）租用、租赁或租借进口货物。这些货物仍为卖方所有，货物的所有权并未让渡给买方。因此，不存在销售。

另外，如果海关不能从进口商或其他渠道获取估价所必需的信息时，成交价格不能确定。例如，根据《协定》第8条对价格进行加项调整时，《协定》条款8.3要求"客观和可量化的数据"，如果缺失该数据，则不能进行调整，成交价格无法计算。类似的，根据WTO部长级决定《关于海关有理由怀疑申报价格真实性或准确性的情况的决定》（见章节4.3），如果海关对进口商申报价格的真实性或准确性存疑，可以拒绝适用成交价格。

最后，除了对使用《协定》第1条的这些隐含的限制外，《协定》条款1.1（a）~（d）明确禁止在以下4种特定情形中使用成交价格：

（1）对买方使用或处置货物设置了对货物价格产生实质性影响的限制。

（2）销售或价格受到某些使被估货物的价值无法确定的条件或因素的影响。

（3）卖方直接或间接获得买方对该进口货物转售、处置或使用而获得的收益，而且该收益不能按照第8条规定进行适当调整。

（4）销售发生在有特殊关系的买卖双方之间，双方达成的价格海关不能接受。

总的来说，这些会被认为是有条件的交易，即货价不能准确确定，或者是申报价格不能被认为是GATT第7条所指的货物的"实际价格"（即在充分竞争条件下正常贸易过程中……的价格）

下面依次论述这些成交价格使用上的明确限制。

2.3.1　货物分销和使用方面的限制

《协定》条款 1.1（a）规定，如果买方对货物的处置或使用受到某种限制，则成交价格方法不得使用。

为什么存在此类限制时不能使用成交价格呢？如果卖方对买方以何种方式、在何地、向谁使用或转售进口货物施加限制，那么双方在协商价格时不会考虑限制的影响从而影响货物的价格（可能降价）吗？

在 GATT 估价谈判记录中，没有提到该条规定下隐含的理由。但是，可能与怀疑此类销售是否为真正的销售有关。[①]在《美国统一商法典》中，"销售"一词通常被定义为货物的所有权以某一价格从卖方让渡给买方。[②]通过确定货物的物主身份，买方根据当地法律法规获得了他所选择的货物的所有权、使用权和处置权。然而，如果这些通常的所属权利没有让渡给买方或被实质性限制，无论是根据销售合同条款或其他依据，那么就存在一个问题，即该交易是否可被视为商业惯例中所理解的真正的"销售"。

必须指出的是，《协定》对于使用成交价格的限制的适用范围很窄。尤其是《协定》界定了禁止的 3 种例外情况，涵盖了许多实践中经常出现的对进口货物转售或使用权利进行限制的情况。在这些例外情形下，如果存在以下对货物使用或处置的限制，仍可以适用成交价格：

（1）进口国法律或政府主管机关强制执行或要求。可能包括对产品

---

① 正如当时美国国会程序所显示的那样，作为东京回合海关估价谈判的主要参与方之一，美国政府看起来已经接受了这一理由。参见美国国会报告第 317 号，第 96 届大会第 1 次会议（1979）（"委员会理解这些限制的目的是为了在适用成交价格标准之前，确保某一特定交易是真实的且符合'独立交易原则'"）。事实上，《协定》条款 1.1（a）的文本是在之前就有的美国估价法的基础上做了一些修改。根据该美国估价法，进口货物的出口销售价格可作为完税价格的基础，只要此类货物是"为出口而自由销售的"。美国估价法进一步规定，如果购买方对商品的处置或使用受到限制，货物不能被视为"自由销售"，除非这些限制是"(ⅰ) 由法律强制执行或要求的；(ⅱ) 对货物转售价格或转售地域的限制；(ⅲ) 未实质性影响对通常批发商的商品价格"。《美国法典》第 19 编，1401a（f）（1）（1976）。

② 例如，销售的定义参见《美国统一商法典》，该法典是美国商业立法的共同基础。

使用的安全、卫生或环境控制，或消费者标签，或产品销售的时间和地点规定（如酒精、枪支等）。

（2）对该货物转售地域的限制。

（3）对货物价格无实质影响的限制。

转售的限制

指定经销商。卖方特指定经销商，或经销商接受此委托，作为产品的非排他性经销商，仅面对地域内的客户群。严格禁止产品销售给其他经销商或经销商的附属企业。经销商仅可通过地域内的实体店面对面交易来销售产品，非经特别的手写书面授权，不得通过互联网或邮购目录来营销产品。

地域：指美利坚合众国。

样本销售合同条款示例

最后，这个排除条款（译者注：指"对货物价格无实质影响的限制"）在实践中的应用可能是最具挑战性的：如何确定一项转售或使用的限制是否实质性地影响了进口货物价格呢？

技术委员会的一项评论建议应当根据个案情况具体确定。有几个要素需要考虑，但是每个要素的相对重要性必须取决于具体的交易情况：

这些要素包括限制的性质、进口货物的性质、相关行业的性质和商业惯例，以及对价格的影响是否具有商业意义。因为涉及要素可能因情况不同而变化，因此在此方面不宜采用固定的标准。①

评论进一步建议，应当考虑对相关行业而言，限制是否为"常规

---

① 《协定》条款 1.1（a）（iii）中"限制"一词的含义，参见《海关估价纲要》技术委员会评论 12.1。

的"限制。《协定》第1条的注释对此做了举例说明：

在各项限制中，不会导致实付、应付价格不可接受的限制是对货物价格无实质影响的限制。例如，卖方要求汽车的购买者在代表新产品年度开始的某一固定日期前不得出售或展出这些汽车。

注释中所述的这个限制并不妨碍进口商转售进口汽车，而仅是因为与该行业的营销惯例不相一致而对转售时间做了延迟。如果此类限制在相关行业是"常规的"，那么不能认为实质性地影响了进口货物价格。

【测试】这些销售限制会影响成交价格适用吗？

1. X先生从国外购买了一种危险化学品，他申请了该化学品进口许可。政府只在X先生将化学品用于其申请中所述目的的前提下才给予许可。则此项对X先生进口化学品用途的限制是否意味着不能使用成交价格呢？

2. T先生发明了一种化学品可用作清洁产品或食品添加剂。X先生希望购买该化学品作为清洁剂在法国使用。T先生在法国拥有该产品两种用途的专利，但他销售给X先生的化学品仅用做清洁产品。X先生不得在法国将该产品用做食品添加剂，否则对T先生的专利构成侵权。对X先生进口产品使用的限制是否意味着成交价格不能使用呢？

3. A慈善机构以象征性费用从国外购买了一辆新车。不过，该销售受到限制，即进口车仅能用于慈善而不能用于商业目的。进口车可以成交价格为基础估价吗（A支付象征性费用）？

【答案】

1. 虽然X先生在使用货物上受到限制，但该限制是政府当局施加的，因此，可以使用成交价格。

2. 虽然X先生在使用产品上受到限制，但该限制并未实质性影响销售给X先生的进口货物价格。毕竟，X先生进口货物是用作清洁产品而非食品调料。

3.技术委员会的答案是"否，可能实质性影响进口货物价格的限制是相关贸易中并不常见的限制"。由于限制买方必须将进口汽车用于慈善目的，该限制实质性地影响了货物价格，因此不得使用成交价格（参见《海关估价纲要》技术委员会，《协定》，条款1.1（a）（iii）"限制"一词的含义）。①

2.3.2 有条件的价格

《协定》条款1.1（b）指出，如果"销售或价格……受到某些使被估货物的价格无法确定的条件或因素影响"，不得使用成交价格。

这再次表明成交价格的要素必须可量化。如果买方为换取货物而给出的对价不可量化，则货物价格将不可能准确确定。

《协定》条款1.1（b）注释中的例子说明此项禁止规定的目的是为了涵盖所谓的"互售"和"捆绑销售"。

互售

互售是一种贸易方式，要求出口商接受其他货物或贸易工具抵消其全部或部分销售货款，这可以让购买国节省外汇。因此，外汇短缺国家会使用互售。互售可以采取多种形式，包括易货贸易、互购贸易、抵消贸易、回购或补偿贸易、互换贸易、转手贸易、记账贸易或清算账户。国际和多边金融机构并不鼓励互售，因为此类交易背后的定价机制往往缺乏透明度。

①易货贸易是最古老也最简单的互售形式，货物与同等价值的其他货物相交换，这是不涉及或很少涉及金钱交易的唯一方式。由于不使用货币，因此经常被冻结外汇的国家所使用。

---

① 译者注：本答案参考文献源自《海关估价纲要》技术委员会的"评论12.1"。

②互购贸易是互售最常见的形式之一。出口商承诺，在一个特定时期内（通常1~5年）从进口商或进口商指定的公司购买货物，或者同意通过第三方安排购货。双方用现金（至少部分）购买货物，并通过签订"议定书"合同承诺履行互购的义务。互售的货物通常并不相关，但价值可能相当。

③在抵消贸易中，出口商同意使用进口商国内生产的货物作为被售产品的生产投入，并且不超过原销售额议定的百分比。在直接抵消贸易中，进口商出口的货物是卖方最终产品的组成部分，而且协议包括一项基于向进口国转让生产技术的合作生产安排。在间接抵消贸易中，卖方国家同意从进口国购买与其出口商品不相关的产品。

④在回购或补偿贸易中，出口商出口设备、技术甚至是整个工厂，并同意买回一定比例的该设备的产出品。

⑤转手贸易是一种复杂的易货贸易形式，涉及不同市场和国家的一系列买方和卖方，其基础是双边贸易失衡的多边清算。A国对B国贸易顺差，C国对A国存在双边贸易逆差，一个专门的互售机构通常会从A国（折价）购买其对B国存在的双边贸易顺差价值，再以全价销售给C国或公司。通常该贸易机构必须拥有特定货物的所有权，然后必须销售以换取硬通货。

资料来源：联合国贸易与发展会议/WTO国际贸易中心贸易融资术语表（2000）http://www.intracen.org/tfs/docs/glossary/ce.htm。[1]

---

[1] 译者注：对本书中提到的外部或第三方互联网网址及相关内容，请以这些网站最新的官方网址和发布的最新内容为准。

捆绑销售意味着（交易过程中）进口货物的价格以买方同意从卖方或另一人处购买其他货物为条件来确定。

捆绑销售

"生产商仅对还向其购买第2种产品的客户销售其所需产品。例如，彩色胶卷的生产商可能仅向购买黑白胶卷的客户销售彩色胶卷。习惯说法就是，生产商将'捆绑'产品（彩色胶卷）与'被捆绑'产品（黑白胶卷）捆绑销售。正常协议中也可能有此类捆绑安排，例如，对于那些从他处购买黑白胶卷的客户，生产商拒绝继续向其销售彩色胶卷；或者一揽子销售要求买方同时购买两种产品。"

菲利普·阿雷达《反托拉斯分析》，438—439（1967）。

在上述情况中，进口货物价格受到另一个交易的影响。买方为其所想买的货物支付的价格可能低于其单独购买时的价格，但是，"被捆绑"货物的价格可能会更高。一个交易对另一个交易价格的影响程度很难量化。

但是，《协定》条款1.1（b）的注释有一个重要的提醒：与进口货物的生产或销售有关的条件或因素，无论是否可量化，不得排除使用成交价格方法（重点标记）。尤其是买方向卖方提供在进口国内进行的工程和规划，不应导致拒绝《协定》第1条项下的成交价格。

同样，如果买方自行从事的有关进口货物营销的活动，即使与卖方签订相关协议，这些活动的价值也不是完税价格的组成部分，这些活动也不能导致拒绝成交价格。

如前所述，买方为进口货物打开市场而自行从事的广告或类似活动的费用或价值，即使让卖方受益，也不应计入进口货物的成交价格（见章节 2.1）。

销售合同可能要求买方向卖方提供工程和设计规划，对此，《协定》第 8 条规定，如果设计工作是在进口国内完成，则此类费用或价值不得计入完税价格（见章节 2.2）。

2.3.3　收益

《协定》条款 1.1（b）指出："卖方不得直接或间接得到买方进口后对货物转售、处置或使用而获得的任何收益，除非该收益能够依照第 8 条的规定进行适当调整，计入完税价格"。

如章节 2.2 关于《协定》第 8 条价格调整项目所论述的"收益"或卖方在货物进口后获得的转售、处置或使用货物的价款，必须计入实付或应付价格中。但是《协定》条款 8.3 规定收益的调整或《协定》第 8 条项下的其他任何要素均必须基于"客观和可量化的数据"。因此，如果不能获得"客观和可量化的数据"来对收益进行调整，《协定》条款 8.3 和条款 1.1（c）都明确不能计算成交价格。

《协定》为什么在这里单独把收益提出来呢？如果《协定》第 8 条要素不能合理调整，成交价格方法就一定不能使用吗？

《协定》第 1 条对收益的特别关注，可能是出于其所呈现出来的不同寻常的海关管理问题。正如我们在讨论《协定》第 8 条收益时所指出的，因为进口商在向海关申报货物时通常并不知道收益的金额，因此最终估价必须延迟到货物被转售并实现收益金额时。如果收益金额不能计算，例如，买方不能在该货物进口后的合理时间内转售货物，则无法根据《协定》第 8 条规定进行合理调整，那么就必须考虑适用《协定》项下的下一个估价方法。

2.3.4 关联交易

不能使用成交价格的关键是如果买卖双方有特殊关系，且该关系影响了进口货物价格。

在一个独立交易中，如果买卖双方并不拥有或控制另一方，而是被自身利益所驱动去实现利益的最大化，那么双方协商的价格就代表了货物的市场价格。

关联交易可能不会发生在充分竞争的条件下，因此双方商定的价格可能由市场因素之外的东西来确定。这些其他因素可能是完全合法的，例如，希望尽可能地降低税负，在新市场站稳脚跟或者出于其他商业因素。这并不意味着关联各方企图逃避缴税，但是他们之间的价格确定可能受到彼此之间的财务或其他利益的影响。

关联交易的重要性

"从20世纪70年代开始，80年代加速，世界经济进入第2个发展阶段，现在通常称之为'全球化'。信息技术和通信的快速进步，加上全球贸易壁垒的系统性减少，使得跨国公司得以分解生产过程，将其组成部分安置到全球各地的市场。外资流动的大幅飙升反映出全球化阶段最独特的特点。贸易不再是跨境交货和服务的唯一甚至最主要的工具；投资已经成为一体化的强大的力量，因为跨国公司通过直接参与海外市场延伸了他们的全球触角。外贸累积资产自1987年以来已经增长两倍，超过3万亿美元，而这些资产所产生的年销售额已经超过世界贸易总额。

但是随着公司内部或其子公司之间越来越多的跨境交易，以及越来越多的贸易涵盖了生产全过程的所有阶段——从零件到服务到设计和工程，贸易也在不断增长。现在跨国公司或关联伙伴的内部交易大约占全球贸易的三分之二。自1950年以来，贸易占全球产出的份额已经增长两倍多，从7%到22%以上。企业现在从贸易到投资，从投资到贸易，以至于两种活动都日益成为一个跨境交付货物的单一战略的组成部分。"

资料来源：WTO前总干事雷纳托·鲁杰罗在国际行业会议上的讲话（1997年9月29日）。

由于上述原因，以及全球贸易中公司内部交易的重要性与日俱增，所以在《协定》中专门详细地规定了关联交易估价如何处理。

1.特殊关系的人的定义

第15条第4款和第5款

4.就本《协定》而言，只有在下列情况下，方可被视为存在特殊关系的人[①]：

（a）他们互为商业上的高级职员或董事；

（b）他们是法律承认的合伙人；

（c）他们是雇主和雇员；

（d）任何人直接或间接拥有、控制或持有双方5%以上（含5%）发行在外且有表决权的股票或股份；

---

① 译者注：根据《协定》注释，"人"一词，在适当时，包括法人。"特殊关系的人"以下简称"关联方"。

（e）其中一方直接或间接控制另一方；

（f）双方直接或间接由第三方控制；

（g）双方共同直接或间接控制第三方；

（h）他们属同一家族成员。

5. 对于在商业上彼此联系的人，如一方为另外一方的独家代理人、独家经销人或独家受让人，如果他们符合本条第4款的标准，那么无论如何称谓都被认定为存在特殊关系的人。

《协定》第15条定义了"特殊关系的人"。这个定义，可能来自东京回合谈判之前的美国估价法（也可参见WTO《关于反倾销和反补贴措施的协定》），并不一定与税法或证券法所使用的概念相同，甚至不一定与普通的商业用语一致[①]。

根据《协定》，仅当买卖双方之间的关系符合条款15.4的情况之一，方可被认为存在"特殊关系"：

---

① 在GATT之前，美国估价法这样定义关联方：

  （a）同一家族成员，包括兄弟姐妹（无论是全血缘还是半血缘关系），配偶，祖辈和直系后裔；

  （b）同一组织或该组织的任何高级职员或董事；

  （c）合伙人；

  （d）雇主和雇员；

  （e）一方直接或间接拥有、控制或有表决权地持有任一组织或该组织5%及以上发行在外的有表决权的股票或股份；且

  （f）两人或多人直接或间接地控制任一人，或被任一人控制，或和任一人一起被共同控制。

家族	同一或附属商业企业的成员	财务/法律控制
买卖双方是同一家族成员	买卖双方是法律意义上的商业合伙人。	一人拥有、控制或持有买卖双方5%及以上发行在外的有表决权的股票。
	买方是卖方的雇主，反之亦然。	买方直接或间接控制卖方，反之亦然。
	买卖双方同为另一家公司的高级职员或董事。	买卖双方都直接或间接被第三方控制；买卖双方共同直接或间接控制第三方。

买卖双方之间的其他任何关系，其本身并不是质疑成交价格适用的理由。也许更为重要的是，《协定》条款15.5明确规定，销售给独家代理人或独家经销人不能被认为是关联方交易，除非卖方和他的独家代理人/经销商之间也有条款15.4定义的8种关系之一。

（1）家族

买卖双方如为同一家族成员，则被认为属于《协定》下的特殊关系。显然，当同一家族的两个成员互相之间进行销售交易时，通常的竞争市场条件不太可能起主导作用。

留给每个WTO成员的问题，是要在本国立法和实践中去定义"家族包括谁"？

谁是"同一家族成员"？只有符合下列关系，

才能认定他们为同一家族成员

• 夫妻

• 父母和子女

• 兄弟姐妹（无论全血缘还是半血缘）

• 祖父母与孙辈

- 叔伯舅、姑姨甥侄（含姻亲）
- 岳父母、女婿、儿媳
- 姻亲的兄弟姐妹

资料来源：欧盟法典（EEC）第2454/93号，条款143.1（h），1993年7月2日。

（2）同一或附属商业企业的成员

如果买卖双方是法律意义上的合伙人或雇主和雇员的关系，则被认为存在特殊关系。

商业合伙关系是根据商业法设立的法律实体。《协定》允许WTO成员各自根据本国法律去认定商业合伙关系的条件（如果有的话）。

如果买卖双方互为商业上的高级职员或董事，则买卖双方有特殊关系。这是指"连锁董事会"的情况，买卖双方相互以高级职员或董事的身份参与对方公司的业务。例如，卖方的首席执行官也可能作为买方的总裁。在这个职位上，一个人可以影响或操纵一家公司的定价决策以利于另一方。[1]

（3）财务/法律控制

之前论述的定义主要涉及个人（雇佣、家族成员、公司董事和高级职员）之间的关系。从贸易量来说，更为重要的关系是关联公司或其他关联法人实体，比如母子公司之间的转让，或者同一集团公司属下不同子公司之间的转让。[2]

---

[1] 严格来说，这个定义认定两家连锁公司的董事或高级职员之间存在特殊关系，而非两家连锁公司本身之间。因此，这个定义的适用范围有限，因为实践中不太可能出现董事们作为个人相互出售产品，更多的是通过他们各自的公司达成交易。然而，对于这类情况，这两个公司可能会依据更广义的控制概念被认为存在特殊关系（见下文"控制"概念）。

[2] 例如，近30%的全美出口货物是出口给美国出口商所拥有的国外收货方，或者是出口给拥有美国出口商的国外收货方。美国商务部新闻稿，美国货物贸易：2007关联企业的进出口（2008年5月9日）发布于www.census.gov/foreign-trade/Press-Release/2007pr/aip/related-party/.

《协定》制定了两种测试标准去认定在两个实体之间的货物转让是否属于关联交易：一种是基于股权；另一种是基于"控制"的概念。

股权：如果第三方直接或间接拥有、控制或持有买卖双方5%及以上发行在外的有表决权的股票，则买卖双方存在特殊关系。这个定义描述了买卖双方为同一集团公司成员的情形。一人或实体（母公司）对买卖双方共同施加影响，从而实现其在双方公司的所有权利益。（条款《协定》15.4的注释中明确，"人"包括法人，例如，拥有或控制买方和卖方的公司或其他商业实体，买方和卖方可能也是此类商业实体。）

为什么5%的有表决权的股票那么重要呢？虽然《协定》中没有说明，但很可能是为了界定投资的类型，是投资人仅为获取金融回报而投资于一个企业的纯粹的证券型投资，还是投资人为实现经营控制而做的直接投资。例如，同样的5%的标准也见于美国证券法中，规定任何人试图获取超过5%的某公司证券时必须披露相关信息，因为此类行为被认为是试图获取该公司的控制权。可以来对比一下经济合作与发展组织（以下简称"经合组织"）及国际货币基金组织对直接投资的定义。

直接投资：直接投资是一个经济体内的常驻实体（直接投资者）期望在另一个经济体的常驻企业内实现一种持续的利益而进行的国际投资的一种类型。"持续的利益"意味着在直接投资者和企业之间存在着长期关系及直接投资者对直接投资企业的经营管理具有重要的影响力……拥有10%的普通股份或有表决权的股票是认定存在直接投资关系的准则。至少10%的所有权能够证明"管理中说话算数的声音"，这意味着直接投资者能够影响、参与一个企业的经营管理，但并不需要由国外投资者来绝对控制。

"控制"的概念：股票所有权并不涵盖所有的业务安排，但是可以让一家公司对另一家公司的定价策略或其他商业及战略决策施加影响。如下面这些情况：

①S公司（卖方）的主要持股人也是B公司（买方）的董事。

②S公司（卖方）根据经营合同，对独立的B公司（买方）进行日常运营指导。

③B公司（买方）是S公司（卖方）的特许经营商。

④S公司（卖方）是B公司（买方）的主要债权人或持有对其资产的抵押。

⑥S公司（卖方）和B公司（买方）共同成立一个合资公司C作为进口货物的最终收货人。

在上述这些情况中没有股票所有权、家族、雇佣等关系，但是如果一人或实体直接或间接在日常管理中控制另一方，或直接或间接地共同控制第三方或共同被第三方控制，则买卖双方仍然被认为存在特殊关系。

《协定》第15条的注释这样定义"控制"："就本《协定》而言，如一方在法律上或经营上处于限制或指导另一方的地位，则应当认为前者控制后者"。

虽然"控制"有明确的定义，但是却没有一套量化的标准可供执行，实际中还需要对特定关系的情况进行逐案审查，以确定是否存在注释所述的控制特性。

《协定》注释所述的法律控制最明显最常见的情况就是母子公司关系，即一家公司完全拥有或控制另一家公司，因此通过任命或罢免子公司的管理层或董事（包括但不限于）等，施加法律意义上的限制或控制。其他情况可能需要海关更为仔细的审查。例如，卖方可能"在经营中"去限制或指示买方，同时卖方也是买方公司的首席运营官。此外，如果出口方的总裁只是指示了买方的7人委员会中的一员（每个委员拥有平等的表决权），则不存在必然的控制，因此买卖双方之间没有关联。[①]

---

① 这是美国海关裁定函543425的决定（1985年9月28日）。

通常买卖双方签订货物销售合同，合同的本质就施加了可强制执行的法定义务（即在规定期限内交货，支付协议价款，使用指定的运输工具等）。在有些情况下，一方可能比另一方处在一个更为有利的谈判位置上，例如，一个知名品牌或高需求量品牌产品的特许经营商，于是可能出现合同条款和条件一边倒的结果。那么卖方（或买方）能够左右一个销售合同的内容是否意味着他对另一方施加了注释所述的法律意义上的限制或控制呢？如果这样的话，买卖双方根据合同进行的所有交易都被认为是关联交易了？

对此技术委员会解释性说明的回答是"不"：

可以肯定的是，《协定》的本意并不是在每一个合同或协议中创建出一种关系，合同或协议的本质已经规定了根据各国法律可强制执行的法定的权利和义务。因此，涉及对另一方重要的经营管理活动进行限制或指导的超出一般买方卖方或经销协议的情况，通常必须采用《协定》条款15.4（e）的注释的措辞。[①]

配套的技术委员会案例研究表明，"重要的经营管理活动"包括管理层人事变动、所有权、有表决权的控制或企业选址的决定等。销售或经销合同规定卖方有权批准买方做出这类决定，证明此种控制符合第15条注释所述要求。[②]

（4）独家代理人/经销商/受让人

《协定》条款15.5强调，对独家代理人、独家经销人或独家受让人（以下简称"独家代理"）的销售，除非卖方和他的独家代理符合《协定》条款15.4规定的8种关系之一，否则不得视为关联交易。

这条规定的主要目的是明确区分《协定》与BDV对独家代理的处置。

---

① 《海关估价纲要》技术委员会解释性说明4.1：条款15.5项下特殊关系的考虑要素，与条款15.4一并参阅（1998年7月）。

② 《海关估价纲要》技术委员会案例研究11.1：条款15.4（e）的适用关联交易（1999年7月）。

通常情况下，代理人或经销人①有权在一特定地域内销售国外供应商的货物。如果该项权利是"独家"的，则国外供应商不能指定其他代理人在相同地域销售其货物。②代理人或经销人通常自行承担他们的市场营销、销售成本及风险。作为补偿，代理人通常依据供应商进口货物的销售价格收取佣金，而经销人则通过支付给供应商的价款之外的转售利润获取补偿。

根据BDV，给予"独家代理人"或"独家受让人"的价格折扣或扣减，应当被计入完税价格中。BDV的理由是此类"优惠"折扣不会出现在"正常价格"中，即买卖双方相互独立的公开市场销售中。③

对此《协定》采用了不同的视角，经销或代理合同，即使规定有排他权利，也是与正常的独立交易的商业安排相一致的。买卖双方之间存在独家代理的关系并不意味着必然存在影响成交价格的特殊关系，应根据15.4所列的8种特殊关系对贸易情况进行审核。

在东京回合和乌拉圭回合谈判上，一些发展中国家对这种独家代理的观点持反对意见。④当时独家代理问题被描述成执行中的难题，尤其是对信息来源有限的海关来说，他们难以获取合同或其他必要的商业文件以确定独家代理是否事实上被国外卖方施加了注释定义中的"控制"。⑤

---

① 代理人和经销人的区别在于，代理人经供应商授权，代表卖方与客户签订销售协议，但并不拥有货物的所有权。经销人从国外卖方处购买进口货物，然后转售给自己的客户。

② 如果代理人或经销人也拥有"排他"权，则供应商自己也不能在该地域内进行直接销售。参见克利弗·富尔顿·兰金编写的《代理和商业代理条例》，http://www.investni.com/agency and agents.pdf。

③ WCO《BDV 和 GATT 估价守则的对比》（1985），9。

④ 在东京回合谈判中，发展中国家认为《协定》文本"……关于独家代理商和独家经销商的问题，没有得到充分解决"，并建议允许发展中国家依据《东京回合海关估价守则》将这些实体视为关联方（未获得通过）。参见 GATT 多边贸易谈判组，"非关税措施"组"海关事务"分组《1979年4月3日会议》（由谈判分组主席汇总），MTN/NTM/67（1979年4月5日）。见章节1.2，乌拉圭回合谈判关于独家代理人的讨论。

⑤ "条款 15.5 将证明关系的责任给了海关，而进口国海关是无法获取举证此类关系所必需的与合同相关的商业文件的"。WTO 海关估价委员会《对部长级宣言第12款的执行有关事项的报告》（秘书处关于提议将独家代理视为关联方的理由摘要），G/VAL/49 6（2002年11月25日）。

如章节1.2所述，乌拉圭回合谈判通过了一项WTO部长级决定，促使技术委员会开展研究，以帮助发展中国家应对独家代理问题。作为回应，技术委员会编写了独家代理的案例研究。[①]尽管如此，《协定》对独家代理的处置仍然引发不断的争议。[②]

2.关联方——测试

《协定》条款1.2规定了分析关联交易的结构性框架。要求海关用一系列的问题来测试申报价格，并与进口商交流信息（见图2-4）：

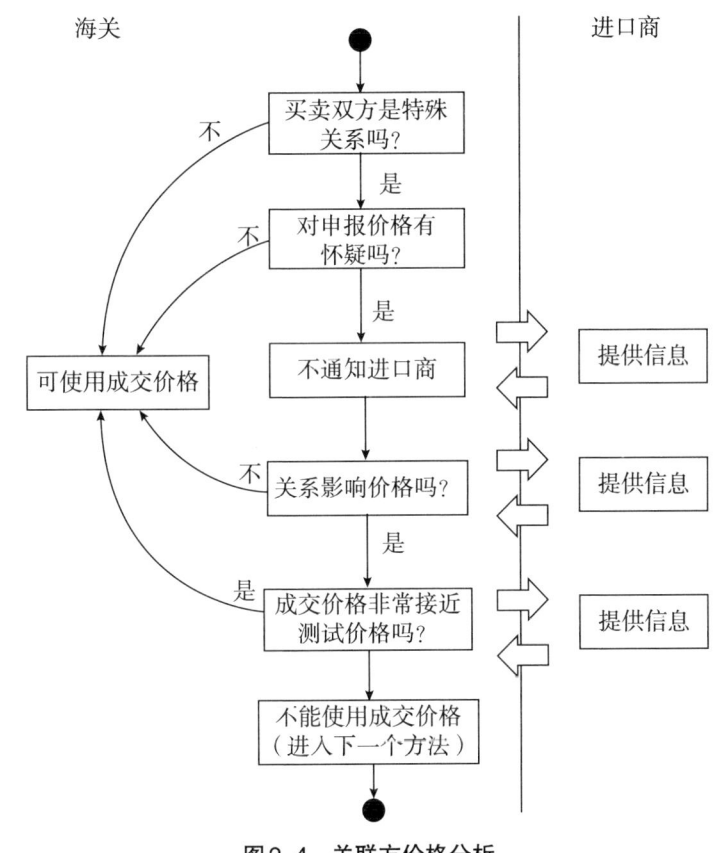

图2-4 关联方价格分析

① 《海关估价纲要》技术委员会案例研究9.1：独家代理人、独家经销人或独家受让人。

② 参见《印度关于修订〈协定〉独家代理规定的提案》G/VAL/49 6（2002年11月25日）。

（1）买卖双方是特殊关系吗

如果买卖双方的关系符合《协定》第15条规定的情况之一，则买卖双方存在特殊关系。

（2）对申报价格存有怀疑吗

《协定》并不允许海关仅因为买卖双方存在特殊关系就拒绝接受申报价格。基于可获得的信息，无论是由进口商提供还是从其他来源获取，海关必须有理由认为买卖双方的关系影响了价格。

《协定》并不要求海关必须审查每一个关联交易后才能接受成交价格。考虑到关联交易的数量，海关这样做也是不切实际的。《协定》的意图其实是让海关去筛选那些"对其价格的可接受性存疑"的关联交易来进行审查（见附录1的附件1，第1条第2款的注释）。

有可能存在事实上是关联交易，但海关对其价格没有存疑的情况：

例如，海关过去已对该关联交易进行过审查，或海关可能已获得买卖双方的详细信息，并且可能已经通过审查，或者根据相关信息确认特殊关系并未影响价格。（《协定》第1条第2款的注释）。

类似情况有，如果相同或类似货物曾经进口，海关可能确信申报价格与之前交易中已被接受的价格相一致。

此外，海关可能会对关联交易的有效性存疑，如果关联交易涉及新的或未知的贸易商，或者申报的完税价格大幅低于之前相同或类似货物交易中的成交价格。如果海关依靠风险管理去筛查那些申报价格不可接受的关联交易，并且允许低风险贸易商或交易无须进一步审查即可通过，这种做法也是与《协定》相符的。

（3）通知进口商

如果海关确实怀疑价格受到特殊关系影响，《协定》条款1.2要求海关就其理由与进口商沟通，并且应给予进口商合理的机会回应。如果进口商有此要求，海关必须提供书面通知。

面对海关的质疑，进口商可选择以下两种方式之一证明成交价格合理：

①如果销售环境证明交易各方的关系并未产生影响作用，可以适用申报价格（成交价格），或

②不管特殊关系是否影响价格，交易各方确定的价格与相同或类似货物的成交价格几乎相等，即"非常接近"。

销售环境和测试价格是可选择的：进口商只需符合其中之一即可。

（4）特殊关系是否影响了价格

如果销售环境表明买卖双方之间虽然存在特殊关系，但在进行交易时仿佛彼此之间不存在特殊关系一样，则海关应当接受该关联方价格。《协定》允许各国海关自行决定应当考虑哪些类型和来源的信息以确定特殊关系是否影响价格。

《协定》注释建议进口商可以提供 3 种证据来证明其价格的可接受性：

①定价方式与所涉产业的正常定价惯例一致，或

②定价方式与卖方售予无特殊关系买方的定价方式一致，或

③价格足以收回全部成本加利润，且该利润反映了该公司在某一代表时期内（如按年度计）销售同级别或同种类货物所实现的总体利润水平。

（5）申报价格非常接近测试价格吗

测试价格是海关曾经接受过的相同或类似进口货物的价格，即使价格受到交易各方关系的影响，但如果该价格非常接近测试价格，进口商仍然可以证明该价格是可接受的。《协定》中是这样表述的：在关联方交易中，只要进口商证明成交价格非常接近同时或大约同时发生的下列价格之一，则该成交价格应予接受：

（i）出口销售至同一进口国的相同或类似货物售予无特殊关系买方的成交价格；

（ii）根据第5条的规定确定的相同或类似货物的完税价格；

（iii）根据第6条规定（计算价格法）规定确定的相同或类似货物的完税价格。

因此，当海关寻找测试价格时，通常需要回答3个问题：

第一，之前进口的货物与被估货物是相同或类似的吗？

一批货物与另一批货物是否为相同或类似货物这个问题，与使用第2种或第3种估价方法时出现的问题完全相同（见章节3.1对相同或类似货物的探讨）。

第二，进口商申报的成交价格"非常接近"测试价格吗？

测试价格可以用来支持进口商的申报价格，即使他们并不完全相同。进口商的申报价格只需要"非常接近"以前的货物价格就可以了。

《协定》注释指出，在某个行业领域货物价格的大幅差异可能并不具有商业意义，而其他种类货物在价格上的微小差异可能却很重要。因此，在确定申报价格是否"非常接近"以前接受过的完税价格，海关应当考虑如下因素：

①货物的本质属性（例如，易腐货物、高科技产品、获利周期短的潮品等）。例如，货物都是苹果，但是一周前的苹果价格一般都会低于新鲜苹果的价格。对于潮品或季节性物品也可能如此。

②行业特性（例如，高科技产品、视频游戏和玩具、化学品等）。

各行业的竞争环境不同。某些行业在价格上存在竞争，因此市场价格的空间就会小。另一些行业在创新或品牌上竞争（如牙膏），市场价格的空间就会比较大。

③进口的季节性（例如，水果和蔬菜、服装、网球、滑雪等季节性

活动装备等）。这些因素因情况不同而有差异。因此，对所有商品采取一视同仁的规则是错误的。如果一个价格与另一个价格的差幅不超过5%，则认为两者"非常接近"。

另外，《协定》同意，一个较低的关联方价格可以被认为"非常接近"一个之前海关接受过的较高的完税价格，如果该价格差异是出于以下原因之一：

①商业水平差异（批发、零售、消费者、促销）。

②数量水平差异（散货还是个人物品）。

③第8条要素差异（协助、运费）。

④卖方向非关联方与向关联方销售的成本差异（即营销成本、市场研究等）。

例如，关联方价格可能涉及批发数量，而具有较高测试价格的货物可能是零售数量，因而价格有所不同。如果价格差异被证明是由于通常的批发折扣，那么关联方价格可能被认为是"非常接近"的。

还有一种类似的情况是，某WTO成员规定，完税价格包括国际运输费用，申报货物可能是海运进口，然而以前接受过的价格可能包含的是空运费用（通常更高）。

第三，申报价格与测试价格是否同时或大约同时？

测试价格必须与关联方的交易价格同时或大约同时"发生"。《协定》条款并未完全明确哪个时间的测试价格可以算"发生"，但WTO成员已经做出了不同的解释。一些成员使用出口时间，另一些成员在测试价格是成交价格时使用出口时间，在测试价格是倒扣价格时使用销售时间，在测试价格是计算价格时采用进口时间。[①]

无论采用上述哪个时间点（出口时间或其他），《协定》规定应当注

---

① GATT海关估价委员会，《〈协定〉条款1.2（b）项下测试价格的时间标准》，VAL/W/18（1983年4月29日）。

意交易"同时或大约同时"发生。价格可能仅仅因为时间的推移而发生变化；因此，时间较为接近的前批次货物一般来说会更准确地反映进口货物的市场价格。当然，因为不同行业不同产品之间的市场条件不同，对于某些种类货物，只能考虑短期内发生的交易（如易腐品），而其他的货物可能期间较长。因此，《协定》制定了一个灵活的标准，让WTO成员在执行其法律和程序时拥有自由裁量权。

3.转让定价和海关估价

转让定价[1]是指跨国公司出于税收目的，在集团公司成员间进行利润分配。[2]在其他因素同等的情况下，公司通常会选择将其利润转移到较低税率的国家，而在较高税率的国家报告低营业收入。操控转让定价（即公司集团成员间跨境交换货物的价格）是跨国公司降低其全球税负的一种手段。

例如，处在高所得税国家的生产商可能会制定一个较低的转让价格将货物运往位于低税率国家的关联经销商。生产商只需为与经销商交易中获取的最小利润缴税（即他的成本与低转让价格之间的差额）。经销商会获取全部利润中的较大份额（即低转让价格与转售给进口国购买商的价格之间的差额），但是这些利润的缴税利率较低。

与海关一样，国内税务机关也已经关注到关联方定价被滥用的问题，尽管海关通常还是把关注点放在低报申报价格以逃避关税的问题，但国内税务机关关注的是高报价格以逃避所得税的问题。与《协定》并行的经合组织《税收协定范本》第9条确立的国际标准——"独立交易"原则，被税务机关和跨国公司用来确立符合征税目的、可接受的转让定价。

---

① 译者注："转让定价"也可译为"转移定价"，本书统一为"转让定价"。
② 乔·内博，《转让定价：坚守独立交易》，经合组织观察员（2002）；经合组织《跨国公司和税务机关转让定价指南》（以下简称《转让定价指南》）（2001）。

"独立交易"原则，简而言之，就是同一集团公司内部的两个公司之间的转让价格应当与两个独立公司之间的交易价格是相同的。经合组织《转计定价指南》中对该原则做了进一步的阐述，规定了几种方法，可用来确立一种可接受的转让价格。包括：

①可比非受控价格法：如果转让价格与非关联方之间在可比环境下进行可比交易的价格相当，则满足"独立交易"原则。

②再销售价格法：从经销商向一独立购买人转售进口货物的价格中减去一个"合理的毛利润"，从而确立一个可接受的转让价格，即包含了经销商营业利润和费用的毛利润与发生在独立公司之间可比交易中的毛利润相当。

③成本加成方法。通过将一个"适当的成本加成"加入货物生产商或供应商的成本，来使生产商或供应商获得一个"适当的利润"，即与非关联方或非关联方之间的可比交易中的利润率。

成员方国内税务机关做出的转让定价决定对完税价格有什么影响呢？证明国内税转让定价合理的信息也能证明关联方之间的海关成交价格合理吗？

一方面，海关可能会使用转让定价信息来做关联方审查。经合组织《转让定价指南》与《协定》在目的和方法上有一些明显的相似之处。另一方面，在海关关联方审查中，在转让定价信息的相关性方面也有一些不同之处。

一个重要的不同就是，在确定关联交易与独立交易是否为可比交易时考量的要素不同。《协定》在确定是否可比交易时着重于进口货物的相似性，即货物是"相同"或"类似"或"同一等级或种类"。而根据经合组织《转让定价指南》，税务机关会全面考虑交易的重要经济条件，尤其是"交易各方所履行的职能（考虑其所使用的资产和所承担的风险）、合同条款、各方的经济情况及各方所追求的企业战略"。因此，一个经销商销售进口烤面包机且承担广告和营销职责（将影响其费用和利润率），与另一个经销商销售相同烤面包机但不承担这些职能或风险，两个交易就税收目的而言是不可以直接对比的。

鉴于这些有共性也有区别的方法，海关认为转让定价的信息对确定关联方价格的可接受性有帮助，但不是决定性的。引用海关的话来说就是：

基于这些考虑，美国海关裁定，进口商转让定价方法虽然符合国内税收方法，但是这一事实并不能确定它就是海关可以接受的成交价格。而关联交易价格只有满足销售环境测试或者非常接近海关估价法规中规定的测试价格之一……该关联交易价格才会被认为是可接受的。

不过海关认识到在某些情况下，预约定价安排（APA）[①]或转让定价研究报告[②]中的事实和所达成的结论可能包含一些销售情况的相关信息，可在进行销售环境测试时予以考虑。例如，可能包含关联方如何开展业务或是向非关联方销售类似产品的信息等。对预约定价安排或转让定价研究报告中的事实和结论的重视程度，很大程度上取决于所呈现出来的具体情况和所使用的转让定价方法。[③]

【测试】销售环境

1. 一家韩国制造商向其拥有 35% 股权的肯尼亚子公司销售汽车零

[①] APA 是一个预约定价安排。这是一个"对受控交易预先确定一套适当的标准（例如，方法，可比项及其适当的调整，对未来事件的关键性假设），以确定一个固定时期内这些交易的转让定价。一个预约定价安排可以是单边的，只涉及一个税务机关；也可以是多边的，涉及两个或多个税务机关的协议"。参见经合组织《转让定价指南》第 G—1。

[②] 跨国公司编写的支持其转让价格的研究报告："通常包括公司间交易的描述、公司的转让定价方法和选择最佳方法的讨论、关于公司间定价的独立交易性质的结论。"参见美国海关和边境保护局《每一个贸易共同体成员都应当知道的：确定关联方交易成交价格的可接受性》（2007 年 4 月），第 14 页。

[③] 同②，见第 15~16 页。

件，每个售价10美元。销售环境测试显示，韩国制造商在相同的销售条件下以相同的价格向位于日本和墨西哥的非关联客户销售相同产品。特殊关系影响价格了吗？

2.加纳公司向其在挪威的子公司销售可可，每吨售价1500美元。销售环境测试显示，此价格是基于伦敦可可商品交易所的官方报价来确定。特殊关系影响价格了吗？

3.出口公司的总裁也是控制进口商的7人管理委员会成员之一。销售环境审查显示，进口商管理委员会的每一个成员拥有平等的表决权，进口商管理委员会的其他成员均与出口商无关联。特殊关系影响价格了吗？

【答案】

1.否。由于韩国制造商的定价方式与其和加拿大、墨西哥的无关联买方的定价方式相同，因此可以证明价格未受到该关系影响。

2.该价格与行业通常定价惯例一致，说明价格未受到该关系影响。

3.交易方之间可能仅是技术上的关联，而非一方对另一方的实际控制。在本案中，销售的相关情况说明出口商的总裁并不具备影响价格所需的最低限度的控制力。

第 3 章

其他估价方法

§ 3.1 相同或类似货物估价方法

3.1.1 估价原则

《协定》第2条和第3条的基本原则是：如果海关不能使用成交价格对进口货物估价，则接下来最好的替代方法就是在之前的交易中曾被海关接受过的相同或类似货物的成交价格。

《协定》第2条和第3条的唯一区别是可被海关视作参考的货物的类型不同。根据第2条，海关必须试图去找到一个之前进口的与被审查货物相同的货物。如果没有找到，则海关必须继续去考虑第3条，扩大寻找范围，试图找到之前进口的类似货物。

如果海关能够找到之前进口的相同或类似货物，海关会采用其曾经接受过的此类进口货物的成交价格。并且，如果有多个价格，则应采用最低的价格。

第2条

1.（a）如进口货物的完税价格不能根据第1条的规定确定，则完税价格应采用与被估货物同时或大约同时出口销售至同一进口国的相同货物的成交价格。

（b）在适用本条时，应以与被估货物处于相同商业水平、数量基本相同的相同货物的成交价格，确定完税价格。如未发现前述相同货物，则可使用不同商业水平和/或不同数量的相同货物的成交价格，并应对因不同商业水平和/或不同数量而产生的差异做出调整。只要此类调整是基于确凿证据做出，且

该证据能够清晰地证明调整的合理性和准确性，而无论该调整是否导致价格的提高或降低。

2.如成交价格包括第8条第2款所述的成本和费用，而进口货物与相同货物之间由于距离和运输方式的不同而在此类成本和费用方面产生了显著差异，则应对成交价格做出调整。

3.在适用本条时，如存在一个以上的相同货物成交价格，则应使用最低的成交价格确定进口货物的完税价格。

第3条

1.（a）如进口货物的完税价格不能根据第1条和第2条的规定确定，则采用与被估货物同时或大约同时出口销售至同一进口国的类似货物的成交价格，确定完税价格。

（b）在适用本条时，应以与被估货物处于相同商业水平、数量基本相同的类似货物的成交价格确定完税价格。如未发现上述类似货物，则可使用不同商业水平和/或不同数量的类似货物的成交价格，并应对因不同商业水平和/或不同数量而导致的差异做出调整。无论该调整是否导致价格的提高或降低，只要此类调整是基于确凿的证据做出，且该证据能够清晰地证明调整的合理性和准确性。

2.如果成交价格包括第8条第2款所述的成本和费用，而进口货物与类似货物之间由于距离和运输方式的不同而在此类成本和费用方面产生了显著差异，则应对成交价格做出调整。

3.在适用本条时，如存在一个以上类似货物的成交价格，则应使用最低的成交价格确定进口货物的完税价格。

何时适用《协定》第 2 条和第 3 条原则？

海关只有在不能根据《协定》第 1 条成交价格方法确定完税价格时，才能使用第 2 条或第 3 条作为估价方法。正如我们所见，这意味着实践中海关主要在以下 3 种不能使用成交价格的情况下，使用第 2 条和第 3 条估价方法：

（1）在关联交易中，如果海关已经发现特殊关系影响了进口货物价格。

（2）货物并不是基于销售而进口的（例如，寄售、租赁、赠品等）。

（3）根据 WTO 部长级《关于海关有理由怀疑申报价格真实性或准确性的情况的决定》，如果海关确定进口商的申报价格或其佐证文件不可信，或没有其他足够的信息去计算成交价格。

3.1.2　什么是相同货物和类似货物

《协定》第 15 条规定了"相同"和"类似"的定义。

"相同"货物是指：在所有方面都相同的货物，包括物理特性、质量和商誉。外观上的微小差异不妨碍在其他方面符合定义的货物被视为相同货物。

"类似"货物是指：虽然不是在所有方面都相同，但因为具有相似的特性和相似的组成材料从而具有相同功能且在商业上可以互换的货物。在确定货物是否类似时，应考虑货物的质量、商誉和商标。

除了上述这些标准，之前交易的货物地必须在同一国家生产，即它们必须与进口货物在同一国家生长、制造或开采，以便被视为相同或类似。

货物是否可被视为"相同"或"类似"，通常都要求对特定产品和所涉产业进行仔细的审查。例如，下面所描述的物品是否是《协定》第 15 条定义中所说的"相同"或"类似"？

图3-1　衬衫1，设计品牌X

100%丝，小号尺码，意大利制造

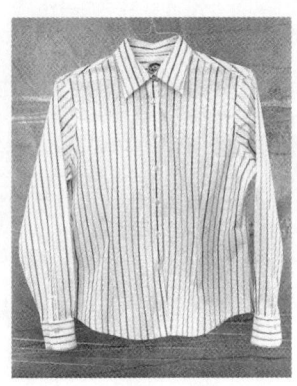

图3-2　衬衫2，设计品牌x

100%丝，8–14尺码，意大利制造

图3-3　衬衫3，设计品牌X

100%丝，小号尺码，意大利制造

图3-4　衬衫4，普通品牌Y

100%丝，小号尺码

衬衫1和衬衫2（见图3-1、图3-2）可能被视为"相同"，因为他们具有相同的物理特点，即相同的材质和设计，相同的品牌，在同一国家生产。虽然衬衫的颜色不同，款式和尺码不同，这些可能是"表面的微小差异"，不能排除他们是相同物品。

另一种情况，如果衬衫3（见图3-3）附有著名时装设计师的品牌标签（品牌X），而衬衫4（见图3-4）是普通品牌，则这两件衬衫可能被视为不"相同"或不"类似"。在这个特定的行业，时装标签或者说商誉是非常重要的，其他方面相似的服装可能不具有商业上的可互换性。

在其他行业中，商标可能不是决定性的。例如，汽车轮胎不管它是否由不同生产商制造的，是否具有不同的品牌或不同的化学成分，它们仍然可能被视为商业上是可互换的，因此是"类似"的。

轮胎1

轮胎2

轮胎1	轮胎2
规格	规格
生产商X公司	生产商X公司
品牌—Ice™	品牌—Ice™
型号—乘用车冬季子午线轮胎	型号—乘用车冬季子午线轮胎
截面宽度 —P185	截面宽度 —P185
纵横比 —60	纵横比 —60
轮缘尺寸 —14	轮缘尺寸 —14
载荷指数 —82	载荷指数 —82
速度指数 —H	速度指数 —H
14%天然橡胶	12%天然橡胶
意大利制造	意大利制造

图3-5 轮胎

虽然图3-5中轮胎1和轮胎2在轮胎尺寸、组合、设计功能、生产国等方面都是相同的，但它们却不能被视为符合《协定》第15条定义的"相同"，因为他们的品牌和天然橡胶成分不同。但是，假设化学成分上的微小差异对于轮胎制造业来说并不重要，而且两个品牌在汽车轮胎市场上具有同等的商誉，那么他们就可能会被视为"类似"。①

---

① 这个例子源于美国海关根据其海关退税法做出的一个决定，在决定中证明了轮胎行业制造标准认为化学成分中2%的微小差异是不重要的，因为如此微小的差异不会影响轮胎在商业上的可替换性。美国海关裁定函221953（1989年12月28日）。一个类似的例子参见《海关估价纲要》技术委员会评论1.1：《协定》中的相同或类似货物。

最后一个例子来自技术委员会的评论，关于已组装和未组装货物的对比。下面描述的两辆自行车（见图3–6）在所有方面都相同，相同的品牌、尺寸、材料和设计，但是自行车1在进口时是完全组装好了的，而自行车2是未组装进口，需要终端消费者将轮子安装到车架上。

自行车1–已组装

自行车2–未组装

图3–6　自行车

在本案例中，技术委员会评论建议这两批货物可以被视为"相同"，因为"虽然组装作业通常会使得已组装货物和未组装货物不被视为相同货物……在本案例中，当货物被设计为在正常的使用过程中已组装或未组装，则该组装的性质不会妨碍货物被视为相同的"。[①]

---

① 《海关估价纲要》技术委员会评论1.1：《协定》中的相同或类似货物。

3.1.3 其他条件

即使海关或进口人找到之前进口的相同或类似货物的交易，《协定》还规定，与其相关的商业条件必须满足一定的要求，才能用于估价。

1. 相同或类似货物必须"同时或大约同时出口"

首先，由于各种原因，诸如影响供需的季节性因素、货币价格波动、通货膨胀等，货物价格可能随着时间发生变化，而且不一定是均匀的或可预测的变化。为了应对这种变化的情况，《协定》第2条和第3条要求之前交易的货物是与被估货物"同时或大约同时出口"的。

什么时候出口是"同时或大约同时"？这个由执行《协定》的各国决定。一些国家在其立法中加入这一短语，允许海关关员灵活适用标准。例如，如果货物价格是不稳定的，则采用较短的对比期。另一些国家则对期间做了规定，例如，仅当之前交易货物在距被估货物出口日期90天以内出口的才予以考虑。

相同或类似货物可以在被估货物进口日期之前或之后进口，但是一定要去比对出口日期，这一点很重要。

2. 相同或类似货物应当由同一生产商制造

其次，《协定》条款15.2（e）要求海关应当首先试图找到和被估货物是同一生产商的相同或类似货物的交易。

第15条第2款（e）项

（e）只有在被估货物的生产者不生产相同货物或类似货物的情况下，方可考虑由不同生产商所生产的货物。

例如，有可能同一生产商之前曾向同一进口国的其他购买人出口过产品。当然这只是我们的期望。如果之前没有这类交易（即之前的进口记录中没有涉及该生产商），那么海关可以使用同一国家的其他生产商此前的相同或类似货物交易。

3.相同或类似货物应当在同一商业水平销售

最后，《协定》规定优先比对与被估货物处于同一商业水平和基本相同数量的交易。货物定价通常会考虑分销水平和数量折扣，10 000 件产品的批发价格通常会低于一件或几件相同产品的零售价格。

同样，这又是一个优先选项而非必然的要求。如果没有找到相同商业水平或相同数量的交易，《协定》允许海关考虑不同数量或不同商业水平的交易，只要能够对货物价格做出适当的调整以反映这些差异［见《协定》条款2.1（b）和3.1（b）］。

在《协定》第2条和第3条的注释中，有一个关于此类商业水平和数量调整的重要提醒：

针对不同商业水平或不同数量做出调整的一个条件是：调整必须依据确凿的证据做出且该证据能够清楚地证明调整的合理性和准确性，而无论此种调整是导致价格提高还是降低。例如，包含不同商业水平或不同数量水平的价格列表的有效价格清单。又如，一票被估进口货物包含10个单位，而存在成交价格的唯一相同（类似）进口货物包含500个单位，并且已知卖方给予数量折扣，则可通过卖方的价格清单，使用10个单位的销售价格对申报价格进行调整。这并不要求相同（类似）货物必须是按10个单位进行销售的，只要按其他数量销售的价格进行核对，确认该价格清单是真实的即可。但是，如不存在此种客观标准[1]，则无法根据第2条（第3条）的规定确定完税价格。

---

[1] 译者注：指价格清单。

《协定》注释中所指出的条件使得海关或贸易商不能对数量折扣或商业水平做出想当然的假设，必须要有证据，如公布的批发价格清单（见图3-7），证明这是卖方实际给予的折扣及其对应的数量水平（或者如何计算它们的证据）。

4. 运费调整

只有货物在同一国家生产方可被视为相同或类似货物。然而，有可能与之前交易的货物不同，被估进口货物可能是通过不同的运输方式（空运、海运、铁路运输、公路运输）或不同的运输路线交付到进口国的，或者两者兼而有之。例如，空运货物的运费通常会比海运费用更贵。由于这些差异会对运费产生重大影响，《协定》条款2.2和3.2允许在此类情况中对完税价格进行调整。

SR 存储卡生产有限公司价格单

555 勿忘我路
瑞士 日内瓦
电话 555-777-555传真 555-777-557

令人难忘的产品　　　　　　　日期2010年7月20日

品名	规格	零售价	批发价	备注
存储卡-标准型	SR1000	$3.00	$1.50	
存储卡-流线型	SR1500	$3.00	$1.50	T
记忆大师存储卡-标准型	SR2000	$3.00	$1.50	
记忆大师存储卡-流线型	SR2500	$3.00	$1.50	T
慢跑者存储卡-标准型	SR3000	$3.00	$1.50	
慢跑者存储卡-流线型	SR3500	$3.00	$1.50	L
存储卡-标准型-加强版	SRX4000	$4.00	$2.00	
存储卡-流线型-加强版	SRX4500	$4.00	$2.00	
记忆大师存储卡-标准型-加强版	SRX5000	$4.00	$2.00	
记忆大师存储卡-流线型-加强版	SRX5500	$4.00	$2.00	N
慢跑者存储卡-标准型-加强版	SRX6000	$4.00	$2.00	N
慢跑者存储卡-流线型-加强版	SRX6500	$4.00	$2.00	

注：T=销售王；N=新产品；L=现货量少

图3-7　SR存储卡生产有限公司价格单

5.内含设计或工程协助的货物不是相同或类似货物

在章节2.2.4中我们已经讨论过《协定》第8条的"协助",即如果生产进口货物中所使用的工程、开发、工艺、设计、规划和制图等是在进口国完成的,则这些费用不计入成交价格。

例如,一个中国工厂签订合约生产玩具,其中使用到美国买方创作并提供的专利设计。当玩具成品出口到美国时,由美国买方提供的设计工作费用可以根据第8条从完税价格中扣除。

很显然,在上述情形中,进口玩具的成交价格并未反映货物实际的商业价值,因为一项主要的费用(即设计费)被扣除了。《协定》第15条规定,对于此类根据第8条扣除了设计或类似费用的交易货物,不能被视为被估货物的"相同货物"或"类似货物"。

第15条第2款(c)项

(c)"相同货物"和"类似货物"不包括:涉及在"进口国"内进行的工程、开发、工艺、设计及规划和制图,且根据本《协定》第8条第1款(b)项(iv)目未将此类因素调整计入完税价格的货物。

【测试】识别相同或类似货物

2007年2月9日是情人节,瑞士需要进口玫瑰到市场。进口商向海关提供了下面的发票(见图3-8):

完税价格不能根据《协定》第1条规定确定;因此,根据《协定》第2条或第3条规定考量完税价格。海关获知还有其他4批进口玫瑰。

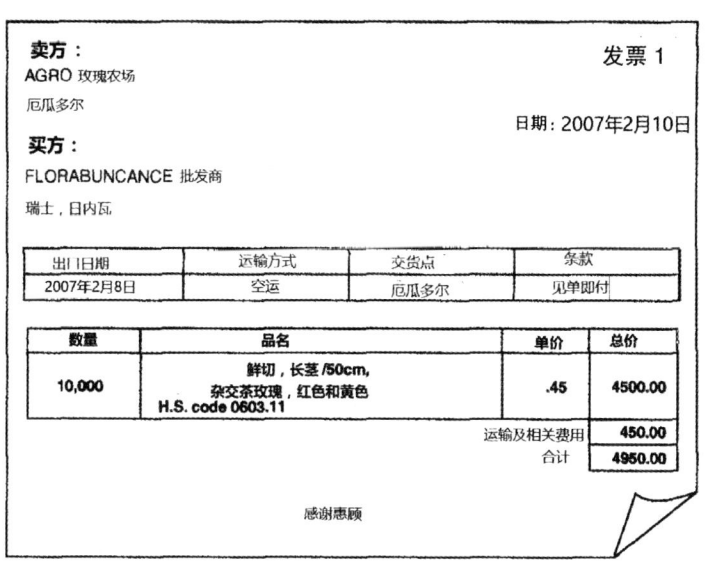

图 3-8　发票 1

评估下列几批玫瑰货物的发票（见图 3-9、图 3-10、图 3-11、图 3-12），确定发票货物是否可被视为与 2007 年 2 月 9 日的被估货物"相同"或"类似"。

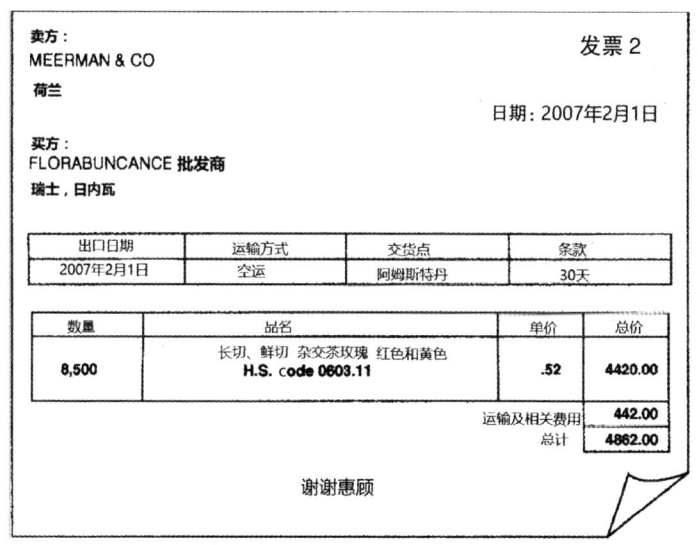

图 3-9　发票 2

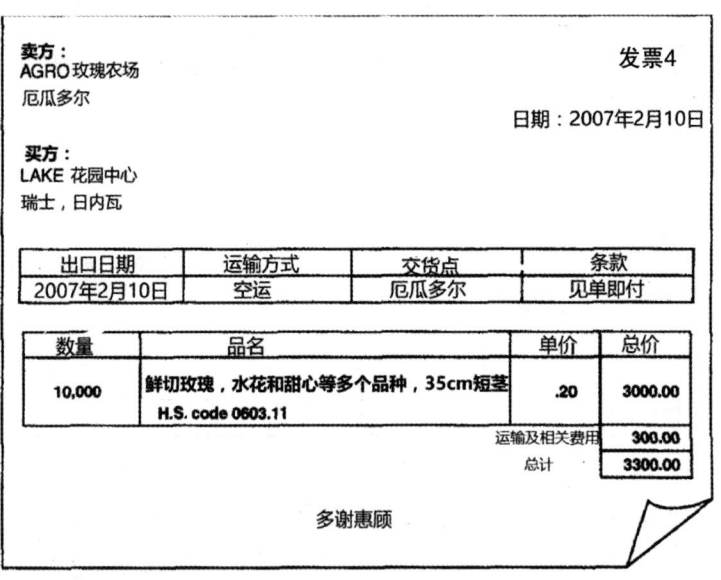

图 3-10　发票3

图 3-11　发票4

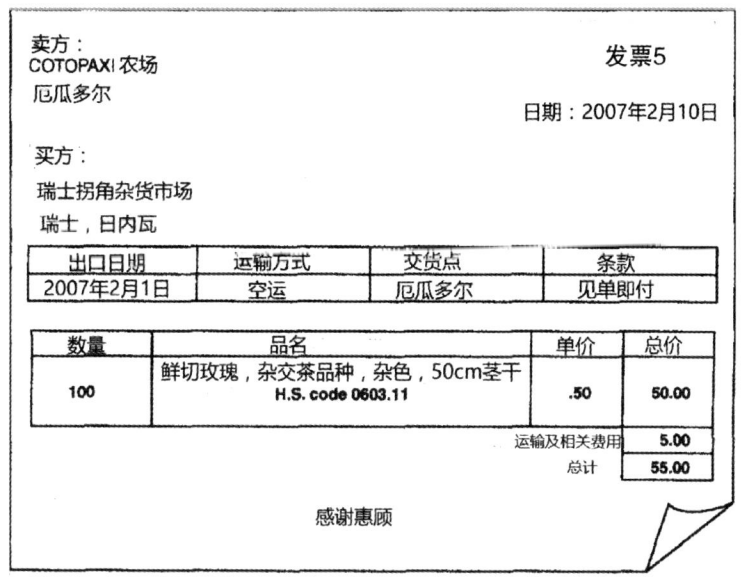

图 3-12　发票 5

【答案】

1.图 3-9 发票 2，日期 2007 年 2 月 1 日。

这些来自荷兰的玫瑰与来自厄瓜多尔的被估货物并非相同或类似货物。根据《协定》条款 15（d）："除非货物与被估货物在同一国家生产，否则不应视为'相同货物'或'类似货物'"。

2.图 3-10 发票 3，日期 2006 年 11 月 15 日。

根据《协定》第 2 条或第 3 条估价，要求相同或类似货物"与被估货物同时或大约同时出口"。被估货物是 2007 年 2 月 9 日为情人节出口，而这批货物是 2006 年 11 月 1 日出口，早了 3 个多月。

虽然《协定》的规定即货物必须"同时或大约同时出口"是非常灵活的，但是不同批次货物的时间相差 3 个多月，对于鲜花行业来说就相差太大了，因为鲜花的价格会受季节性因素影响，如在情人节或其他节日时需求特别旺盛。

3. 图 3-11 发票 4，日期 2007 年 2 月 10 日。

《协定》第 15 条规定，"相同货物"是在所有方面都相同的货物，包括物理特性、质量和声誉。"类似货物"是那些具有相似的特征及相似的组成材料，具有相同功能并在商业上可互换的货物。

发票上所描述的货物与被估货物有很多不同（水花和甜心玫瑰与杂交茶玫瑰），以及不同等级玫瑰（短茎与长茎）。在玫瑰产业，这些不同，尤其是等级，在商业上是很重要的，可以使海关认为它们不是相同或类似货物。

4. 图 3-12 发票 5，日期 2007 年 2 月 10 日。

这些货物与被估货物品名相同，同时或大约同时出口，并且在同一国家生产。货物与被估货物不是同一生产商生产（Agro 玫瑰农场和 Cotopaxi 农场），商业水平看起来不同（批发和杂货零售市场），销售数量不同（10 000 个单位和 100 个单位）。

虽然如此，条款 15（e）规定其他生产商销售的货物价格可以做为第 2 条项下的估价基础，"如果情况是没有与被估货物为同一生产商的相同或类似货物"。

类似的，《协定》第 2 条规定，如果不能找到符合相同商业水平和基本相同数量的销售，也可以使用其他销售，"应对因不同商业水平和/或数量所产生的差异做出调整"。

3.1.4 执行中的问题

对于海关和贸易商而言，在实施《协定》第 2 条和第 3 条过程中，最基本的挑战就是找到之前进口的相同或类似货物的交易。

首要的问题就是去寻找最近的相同或类似货物的交易。海关可能并不知道是否有某一进口商之前从事过相同进口货物的交易。此外，对进口商来说，也可能无法获取其他贸易商进口的相同货物的完税价格，因为他们之间可能是竞争对手。考虑到上述困难，《协定》认识到确实有必要加强贸易商和海关之间的紧密联系：

通常海关与进口商之间应当进行磋商，以便根据《协定》第2条或第3条的规定确定价格基础。一方面，进口商可能有相同或类似进口货物完税价格的信息，而进口地海关并不即时掌握该信息。另一方面，海关可能掌握相同或类似进口货物完税价格的信息，而进口商却无法随时获取。双方通过磋商的过程可以交换信息，以便正确确定海关完税价格的基础，但须符合保守商业秘密的要求。①

如果按照识别相同或类似货物所需的商品规格级别来组建海关价格资料库，可能会对此磋商过程非常有帮助（关于使用价格资料库，参见技术委员会关于《关于开发和应用本国价格资料库作为风险评估工具的指南》，见章节4.3和第172~173页的讨论）。

从上面的例子可以清楚地看到，相同或类似货物的问题是与具体产品高度相关的。需要根据质（质量和商誉）和量（物理特性，成分材质）因素来进行调整。尤其是，特定特征的相关商业重要性，如颜色、商标、包装等将因产品不同而有所差异。

因此，有效实施《协定》第2条和第3条规定，要求海关关员了解该特定行业和市场，诸如供需条件，产品的什么特征是重要的，消费者关注什么要素，从而与相关产品进行对比。这通常也需要海关与进口商之间紧密合作，因为后者拥有做出（判断）所需的产品和市场的专业知识。

---

① 参见《协定》一般介绍性说明。

简要概述相同或类似货物成交价格方法

①通常用于对寄售货物、关联交易或不可信或不完整的进口商申报价格进行估价。

②海关使用曾被海关接受的之前进口的相同或类似货物（商业上可互换）价格对进口商申报价格进行估价。

③之前进口的货物必须与被估货物在同一国家制造，最好是由同一生产商制造，并且与被估货物同时或大约同时出口。

④如果被估货物与之前进口的货物处于不同的数量水平或商业水平，则可对价格做出调整。

§ 3.2 倒扣价格法

第5条

1.（a）如进口货物、相同或类似进口货物在进口国按进口时的状态销售，则根据本条规定，进口货物的完税价格应依据与其进口同时或大约同时将该进口货物、相同或类似进口货物以最大销售总量售予无特殊关系买方的单位价格确定。但需扣除下列项目：

（i）与在进口国销售同级别或同种类货物有关的通常支付或议定支付的佣金，或通常作为利润和一般费用的加成数额；

（ⅱ）在进口国内发生的运输和保险的通常费用及相关费用；

（ⅲ）如有规定，第 8 条第 2 款所指的成本和费用；

（ⅳ）在进口国因进口或销售货物而应付的关税和其他国内税。

（b）如进口货物、相同或类似进口货物均未在与被估货物进口的同时或大约同时进行销售，则完税价格仍应遵守第 1 款（a）项的规定，依据进口货物、相同或类似进口货物在被估货物进口后 90 日内的最早时间以进口时的状态在进口国销售的单位价格予以确定。

2. 如进口货物、相同或类似进口货物均非以进口时的状态在进口国销售，则在进口商的请求下，完税价格应以进口货物经进一步加工后以最大销售总量售予进口国内无特殊关系买方的单位价格为基础确定，同时应考虑加工后的增值部分和第 1 款（a）项规定的扣减项目。

简而言之，倒扣价格就是进口商在进口国内向其客户销售的价格减去其利润及与销售和交付货物相关的费用之后的价格。[①]

该方法的基本原理就是，如果这些进口后的费用可以从进口商的再

[①] 作为一个历史关注的问题，倒扣价格的规定主要取自东京回合谈判之前美国法律中的 "美国价格" 法，该方法同样规定，估价应基于进口货物或类似货物在进口国市场上以 "通常的批发数量" 销售的价格（美国法律中定义为 "相较其他价格所对应的累计数量或任一更大的累计数量所对应的价格"）。《美国法典》第 19 篇 140 1a（c）（1976）。

销售价格中扣除，所得净值则还原为货物进境时的价格。

倒扣价格可以基于进口货物本身的再销售，也可以基于之前进口的相同或类似货物的转售。但是，从实际操作而言，通常主要基于进口商该批货物的转售价格，或者也有可能进口商的第2批货物基于其第1批货物的转售价格进行估价。其他进口商的相同或类似货物的进口和转售信息可能不太容易即时获取。

3.2.1 进口商的选择——跳过倒扣价格

《协定》第4条规定，进口商可以选择跳过倒扣价格估价方法，而采用计算价格法。如果进口商认为，国外生产成本信息比转售成本信息更容易获取，或者期望依据计算价格法得到更为有利的价格，那么他就可能选择计算价格法。无论动机如何，《协定》明确规定该选择权仅由进口商掌握。当然，如果海关发现不能根据计算价格法对货物进行估价，则必须转回倒扣价格法来估价。

3.2.2 倒扣价格的条件

进口货物在进口国国内转售价格是倒扣价格法计算的起点。因此，倒扣价格所依据的国内销售必须尽可能地反映实际市场价格，这一点很重要。为此，《协定》规定了相关技术要求，以确保转售交易的一致性。要求如下：

（1）必须是进口后销售给非关联方的买方的首次商业销售（见图3-13）。倒扣价格不能基于进口商与关联买方的销售，因为这种关系可能会扭曲该销售价格。

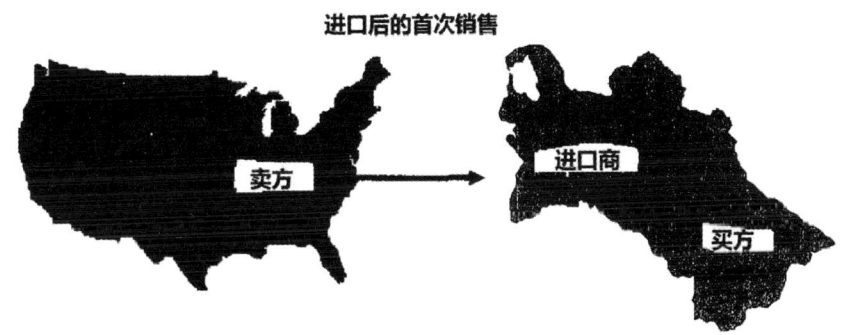

图3-13　进口商销售给国内非关联买方

（2）进口国的买方不得向国外供应商提供"协助"。《协定》第8条规定的"协助"（见章节2.2.4），是生产进口货物所需的由买方向卖方以免费或扣减成本的方式提供的特定项目。这些项目可以是零部件、工具或生产进口货物所需的设计等。如果买方向卖方免费提供这些生产投入，相比其他情况，通常买方会向进口商支付一个较低的制成品价格。

（3）用于估价的转售价格必须是进口货物，相同或类似货物的最大销售总量所对应的单价。这个条件确保了用商业上有代表性的价格作为完税价格的基础，防止进口商通过安排一两个单位的进口货物以虚假的低价销售来为此次进口货物谋取一个较低的倒扣价格（少付关税）。

（4）进口国内的转售必须与被估货物进口时间同时或大约同时发生（见图3-14）。除非没有此类销售，完税价格才可基于以后的销售，但无论如何销售不得超出进口后90日。

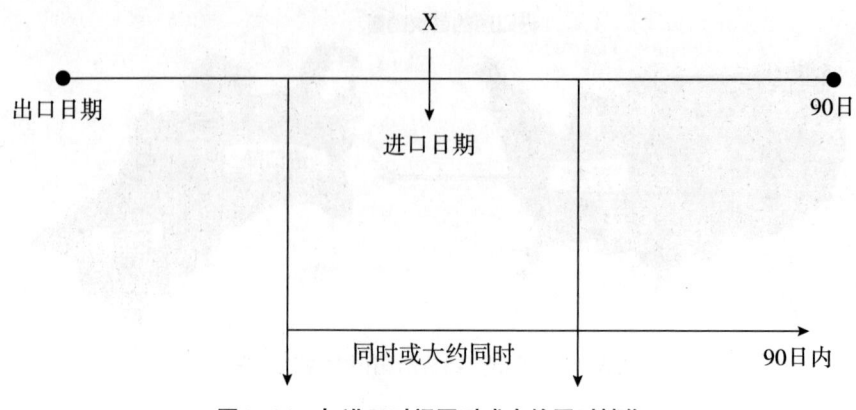

图3-14 与进口时间同时或大约同时销售

3.2.3 倒扣价格计算

转售价格·······································1000美元

通常的佣金或通常的利润和一般费用·············$\dfrac{-100}{900}$美元

进口国内发生的通常的运输、保险及相关费用········$\dfrac{-25}{875}$美元

国际运输费用··································$\dfrac{-50}{825}$美元

海关关税/进口税 ······························-9美元

倒扣价格·····································=816美元

3.2.4 扣除佣金或利润和一般费用

记得为什么使用其他估价方法，如倒扣价格法吗？最常见的是进口"寄售"货物，因为没有出口销售，因此无法使用成交价格，或者是货物由与卖方有特殊关系的公司或个人进口，海关发现特殊关系影响货物出口价格。

在"寄售"贸易中，进口商通常作为卖方代理向客户销售进口货物并收取佣金。佣金通常按销售价格的一定比例收取，涵盖代理人的成本加利润。在这种情况下，应当从销售价格中扣除佣金金额得出完税价格。

此外，如果关联交易价格从成交价格的角度不被海关接受，但进口商拥有货物的所有权，可以在进口国转售，通常会有一个反映其利润和货物营销费用的价格加成。在这种情况下，进口商的利润和销售费用必须从转售价格中扣除以得出完税价格。

但是《协定》明确规定，海关应当扣除佣金金额或利润和一般费用的金额，而不能同时扣除两者。例如，同时扣除佣金和进口商的市场营销费用是不符合《协定》规定的。

扣减金额应当与"同级别或同种类"货物销售的"通常的"佣金或"通常的"利润和一般费用（视为一个整体）相当。"同级别或同种类"货物的概念在这里首次介绍，在计算价格法中还会出现。

同级别或同种类

在本《协定》中，"同级别或同种类货物"指属于某特定产业或产业部门生产的一组或一系列产品的货物，包括相同或类似货物。

《协定》条款15.3

"同级别或同种类"货物是同一产业或产业部门生产的进口货物，无须考虑原产国别。因此，这个概念涵盖的产品范围比"相同或类似货物"更为广泛，例如，可能包括归入相同税号的所有货物。但是，在确定是否为同级别或同种类货物时，《协定》的注释[①]要求海关考虑"同

---

① 译者注：《协定》第5条注释。

级别或同种类进口货物中包括被估货物在内的、能够提供必要信息的、范围最窄的一组或一系列。"

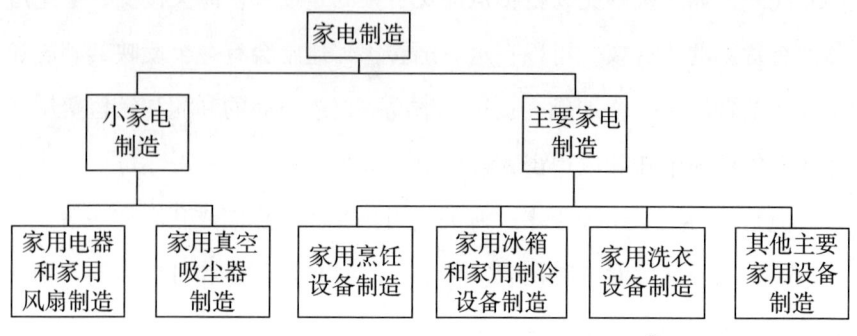

图3-15　同级别或同种类：产业/产业部门[1]

为什么《协定》允许扣除"同级别或同种类"货物销售而不是相同或类似货物销售中发生的佣金或利润和一般费用呢？一方面，可能是佣金或利润和一般费用差额是对销售活动的补偿，其金额更多可能是由经销商所从事的活动和承担的风险来确定的，而不是由所售货物的性质决定的。一个经销商销售小家电，例如，烤面包机或搅拌机，无论产品类型如何，其转售佣金或利润和一般费用可能是一样的。另一方面，如果所售货物类型不同（即它们是不同产业的产品，比如家用电器和汽车），经销商所承担的风险和功能是不可比的，因此他的补偿金额也是不可比的。[2]

多少佣金或利润和一般费用是"通常的"，这种信息并不是海关日常收集或有常规渠道来获取的。《协定》第5条的注释很大程度上减轻了海关的责任，允许海关根据进口商提供的数据来做出通常的利润和一般费用的扣减，除非海关发现进口商的数据与进口国内同级别或同种类

---

① 资料来源：北美产业分类体系（2007）。

② 见经合组织《转让定价指南（2001）》II-5，其中讲述了转让定价"转售价格法"的有关原则，其税负与《协定》的倒扣价格法类似。

进口货物的销售情况不符：

应注意的是，《协定》第5条第1款所指的"利润和一般费用"应被视为一个整体。用于此项扣减的数据应依据进口商或以进口商名义提供的信息，除非进口商的数据与在进口国销售同级别或同种类进口货物时所获得的数据不一致。如进口商的数据与此类数据不一致，则利润和一般费用的金额可依据进口商或以进口商名义提供的信息以外的有关信息予以确定。

3.2.5　进口国国内运输费用的扣减

确定进口国内的通常的运输费用，包括将货物从进口地交付给客户所需的运输费及处理、检查、卸货、货代费用等相关费用。

3.2.6　国际运输费用的扣减

少数WTO成员根据《协定》条款8.2的规定，选择将国际运输费用从完税价格中排除，因此也必须从转售价格中扣除实际的国际运输费用、保险费和其他相关处理费用。

3.2.7　海关关税和国内税的扣减

因进口或销售货物而应付的海关进口关税和国内税（如增值税）应予扣除。[①]计算如下：

转售价格……………………………………… 98美元

减去扣减项（除海关关税之外的其他项）……… 23美元

得数…………………………………………… =75美元

---

① 对进口货物征收的反倾销和反补贴税也被视为应予扣除的海关关税或国内税。参见技术委员会咨询性意见9.1。

如果进口关税是6.5%，则倒扣价格计为：

$$\frac{75美元}{1.065}=70.42美元$$

3.2.8 进口后加工货物的特别倒扣价格

前面论述的是进口货物以进口时的状态转售的情形。如果货物在进口后经进一步加工再销售又应如何处理呢？例如，汽车进口后做了防锈和细节装饰处理再予销售。

《协定》条款5.2规定，在同等条件下，进口商可以选择使用倒扣价格，只要能酌情扣减货物进口后的加工或制造增值部分。这是另一项从转售价格中扣除的费用：

特别倒扣价格计算

明细	单位价格
转售价格	1010
进口国内加工或制造增值部分	−10
	1000
通常的佣金或通常的利润和一般费用	−101
	899
进口国内发生的通常的运输、保险和相关费用	−25
	874
国际运输费用/成本	−50
	824
海关关税/进口税	−9
倒扣价格	=815

【测试】判别相关的单位售价

卖方向买方提供基于购买数量（单位的数量）的折扣。买方基于该数量折扣在为期3个月的时间内分批从卖方购买以下货物：

时间	数量	价格	单价
10大前	1,400	$ 60,480	$ 43.20
12天前	495	23,424	48.00
19天前	975	44,460	45.60
30天前	500	23,280	48.00
42天前	475	18,000	48.00
55天前	1,950	90,000	36.00
60天前	485	20,880	48.00

上述销售中，哪一个转售价格可用于计算倒扣价格？

【答案】

在此期间，1955个数量单位以单价48美元销售。这个数量超过其他任何单价的累计数量。因此最大累计数量所对应的单价应该是48美元，这个价格应作为倒扣价格计算的基础。

§ 3.3 计算价格法

第6条

1.按照本条规定，进口货物的完税价格应以计算价格为基础确定。计算价格应由下列金额组成：

（a）生产进口货物所使用的原料以及制造或其他加工的成本或价值；

（b）利润和一般费用，相当于出口国生产商生产制造的、向进口国出口的、与被估货物同级别或同种类货物的销售中通常所反映的利润和一般费用；

（c）反映该成员根据第8条第2款做估价选择必需的所有其他费用的成本或价值。

2.就确定计算价格而言，任何成员不得要求或强迫不居住在其领土内的任何人向其呈验或允许其查阅任何账目或其他记录。但是，经生产商同意，并在提前通知相关国家政府且后者不反对调查的前提下，货物的生产商为适用本条规定确定完税价格所提供的信息可由进口国主管部门在另一国进行审核。

3.3.1 计算价格法概念

《协定》第6条规定了基于进口货物的生产成本来计算完税价格的方法。

计算价格是通过加成生产商的生产成本及其利润和一般费用，还有国际运输及相关费用（如果该WTO成员进口国在完税价格中包括此类费用的话）来计算完税价格。

计算价格法的计算

原料＋生产或其他制造的成本或价值·················　900

由相同国家的生产商生产、出口至进口国的

同等级或同种类货物的通常的利润和一般费用······ $\dfrac{+100}{1000}$

国际运输费用／成本·······························　＋50

计算价格·······································　＝1050

对于海关而言，计算价格可能是最不经常使用也最具挑战性的估价方法。核定计算价格需要进口国海关关员审查国外生产商的成本数据。海关可能会遇到语言不同、不同的记录方法及会计系统和原则等问题，另外还有在国外进行核实审查所必需的成本。

由于这些原因，WTO成员认识到计算价格的使用依赖于国外生产商的合作，实际上意味着仅在买卖双方存在特殊关系的情况下才能使用。

《协定》第6条为国外生产商提供了一定的保护。如果进口国海关希望去核实国外生产商的成本数据，第6条规定他们要获得国外生产商的同意，并且提前通知生产商的政府部门，获得他们同意前往核实的许可。国外生产商有权拒绝提供必要的数据或者拒绝审查，不得对拒绝合作的企业处以罚款或处罚。

截至2008年12月31日XYZ公司货物生产成本年表（单位：千美元）

直接材料：

原始库存，2008年1月1日	150
购买的直接材料	400
可供使用的直接材料成本	550
年底库存，2008年12月31日	（25）
已使用的直接材料合计	525

直接人工 200

工厂经常费用：

财产税	5
折旧：工厂设备	15
折旧：工厂厂房	25
水电费：工厂	20
保险费：工厂	10
间接生产人工	100
间接材料	30
工厂经常费用合计	205
生产成本合计	930
加项：期初半成品库存，2008年1月1日	50
	980
减项：期末半成品库存，2008年12月31日	（10）
货物生产成本	970

3.3.2 材料和加工成本或价值

材料和加工费用是生产成本，即生产商在进口货物生产中发生的材料、人工和经常费用。

通常，生产成本包括：

（1）直接人工（例如，支付给装配生产线上的雇员的工资和福利）。

（2）直接材料（例如，原材料、进口货物中包含的零部件）。

（3）生产经常费用，比如间接人工（例如，支付给工厂管理人员、维修人员、清洁人员或其他不直接参与生产的工厂员工的薪水和福利），间接材料（例如，货物生产中消耗的添加剂、催化剂或其他种类的材料），厂房和生产设备的折旧，运行工厂设备的用电、保险费以及工厂财产税等。

但是，如下述条件，《协定》并没有规定计算价格中"材料和制造"成本包括那些成本要素，或者此类成本应如何计算或分摊到进口货物上。所以，如注释[①]所述，接受生产商对材料和加工成本的会计核算，只要其会计核算符合生产国所采用的公认会计原则。

使用符合公认会计原则的生产商会计账册确认生产成本[②]

2. 第6条第1款（a）项所指的"成本或价值"应依据生产商或代表生产商提供的有关被估货物生产方面的信息予以确定。应以生产商的商业往来账册为依据，前提条件是此类账目与该货物生产国的公认会计原则相一致。

---

① 译者注：《协定》第6条注释。
② 《协定》第6条注释。

（关于"公认会计原则"的进一步讨论，见章节4.3.3）。

《协定》第6条注释所述的使用生产商会计账册的原则有两个例外：

第一，如果生产商在会计记录中没有包括进口货物的容器和包装成本，则应将该成本计入计算价格。

第二，《协定》条款8.1（b）所列的由买方向生产商提供的任何"协助"的价值，如果没有包括在生产商的会计记录中，同样也应作为材料或加工成本计入。你可能还记得章节2.2.4《协定》第8条讨论的"协助"是：

（i）进口货物包含的材料、部件、零件和类似货物；

（ii）在生产进口货物过程中使用的工具、冲模、铸模和类似货物；

（iii）在生产进口货物过程中消耗的材料；

（iv）生产进口货物所必需的、在进口国以外的其他地方进行的工程、开发、工艺、设计及规划和制图。[①]

如果这些协助是买方免费提供的，他们的价值可能没有反映在生产商的会计记录中。但是，由于这些项目通常会作为生产商的直接或间接材料或生产经常费用成本，因此这些成本必须计入计算价格中。

3.3.3 利润和一般费用

除了以上的生产成本外，生产商通常还会承担与货物生产和出口相关的销售和一般管理费用。

销售费用包括销售薪水、销售佣金、营销和广告费用以及运输／交货费用。一般管理费用与企业的一般经营管理相关，包括办公室员工薪水、办公设施、办公设备的折旧等。这些一般管理费用中的一部分很可能已经被生产商作为生产成本入账。例如，生产商可能已将水

---

① 如果买方提供的设计或类似作品是在进口国国内完成，那么仅在生产商为该作品付费的情况下，设计作品的费用方可计入计算价格。

电费或者涵盖工厂地板和行政办公室的财产税作为生产经常费用入账。因此，注释[1]规定："'一般费用'涵盖第6条第1款（a）项所未包括的生产和销售出口货物的直接或间接费用。"（重点标记）。

通常，这些销售和一般管理费用加上生产商的利润，作为生产商向进口商销售的价格。

因此，《协定》条款6.1（b）规定，利润和一般费用应当计入进口货物的计算价格中。在确定应当计入的利润及一般费用时，《协定》要求海关接受生产商提供的信息，使用生产商会计账册，除非有证据表明该金额与销往同一进口国"同级别或同种类"货物通常的销售情况不一致。

非生产成本—使用生产商会计账册，

除非与同级别或同种类货物销售不一致

第6条第1款（b）项所指的"利润和一般费用"应依据生产商或代表生产商提供的信息来确定，除非生产商的数据与出口国生产商为向进口国出口所制造的、与被估货物同级别或同种类货物的销售数据不一致。

《协定》第6条注释

此处的"同级别或同种类"货物与倒扣价格法中的含义是一样的（见章节3.2的论述）：指属于某特定产业或产业部门生产的一组或一系列产品货物，包括相同或类似货物。

---

[1]　译者注：《协定》第6条注释第7点。

在应用计算价格法时，只有与进口货物在同一国家生产的货物方可被视为同级别或同种类。

倒扣价格计算时也是如此，在确定利润和一般费用是否为通常时，应将两者视为一个整体，只要总体金额是通常的，一个不同寻常的过高或过低的利润要素（单独考量）并不能排除适用计算价格。

什么是同级别或同种类货物"通常的"利润和一般费用呢？这个应当取决于具体的商业销售环境。注释[①]列举了一些具体的情况来阐述这一点：

"通常的"利润和一般费用

如生产商能够证明由于特殊的商业环境而使进口货物销售利润偏低，只要生产商能以合理的商业理由证明，且生产商的定价政策反映了该行业通常的定价政策，则应考虑生产商的实际利润额。还可能存在以下情况，生产商因不可预见的需求量下降而被迫临时降低价格，或生产商销售货物是为补足在进口国生产的一系列货物，并接受低利润以保持竞争力。例如，生产商的利润和一般费用与出口国生产商为向进口国出口所制造的、与被估货物同级别或同种类货物销售中通常反映的数据不一致，则可依据该货物生产商或以委托方所提供的信息以外的其他信息确定利润和一般费用。

《协定》第6条注释

如果没有在生产商所在国家生产的同级别或同种类货物出口销售

---

① 译者注：《协定》第6条注释第5点。

到同一进口国，那怎么办呢？在这种情况下，如果生产商的会计账册是依据生产国所采用的公认会计原则来准备的，海关至少应该认为该生产商报告的销售和一般费用的数字可被视为"通常的"。[①]

3.3.4（实际发生的）国际运输费用

如果 WTO 成员中的进口方选择完税价格包括国际运输费用，那么这些费用必须计入以得出计算价格（见章节 2.2，《协定》第 8 条价格调整项目国际运输费用的论述）。

§ 3.4 合理方法

3.4.1 估价原则

第 7 条

1. 如进口货物的完税价格不能按照《协定》第 1 至 6 条的规定予以确定，则应使用符合《协定》和《GATT 1994》第 7 条的原则和总则的合理方法，以进口国可获得的数据为基础确定完税价格。

2. 按照本条规定，完税价格不得以下列内容为依据确定：

（a）进口国生产的货物在该国的销售价格；

（b）规定为海关估价目的而采用两种备选价格中较高价格的制度；

---

① 见例子，参见美国海关裁定函 546801（1998 年 11 月 5 日）。

（c）出口国国内市场上的货物价格；

（d）依照第6条规定为相同或类似货物确定的计算价格以外的生产成本；

（e）出口至进口国以外其他国家的货物的价格；

（f）海关最低限价；

（g）武断或虚构的价格。

几乎所有交易下的进口货物都可以应用从成交价格到计算价格这5种海关估价方法来确定完税价格。但是，因为《协定》的目的是希望建立一个全面的估价体系，因此它规定了最后一种估价方法即合理方法，在其他方法不能使用的情况下，给出一个估价结果。这些情况可能并不常见，但确实存在，如下面这些情况：

（1）《协定》第7条曾被用于给受损货物估价，这些货物出于修理目的被返回给进口国的生产商。[1]

（2）《协定》第7条可用于对物品估价，例如，个人在国外购买了一辆二手汽车运回进口国。[2]

---

[1] 例如，美国海关曾使用《协定》第7条对受损货物估价，货物进口是为了修理目的，它不是出口销售的标的（货物所有权仍然属于国外购买商）；之前没有此类受损状况的相同或类似货物进口；货物没有在进口国转售；并且无法获得被退回的已使用货物的原始成本和销售记录。参见美国海关裁定函HQ563407（2006年4月13日）。

[2] 见加拿大海关和税务局备忘录D13-10-2，旧汽车、机动车辆和其他车辆（2001年3月30日）。第7条可适用于个人自用进口二手汽车，如果该车在进口日期30天之前交付给国外购买者。在此类情况下，进口货物因为在进口前已经在国外使用过，因此不能被视为与"出口销售"货物相同；货物进口是为进口人自用，而非转售；并且，使用过的货物不是生产或制造而获得的，因此排除使用计算价格。除非可以找到其他相同或类似的旧车进口（而这很值得怀疑），否则应该适用合理方法。

（3）《协定》第7条也曾被用于在国外修理后返回给进口国客户的货物的估价。[①]

在以上这些案例中，进口货物并不是出口销售的标的，而替代成交价格方法的其他估价方法也因为条件不适当或缺乏信息而不能使用。

适用第7条的特殊情况

①进口供处理的废物。出口商为此处理服务向进口商支付费用。

②进口废物不是出口销售的标的（因此，成交价格不适用）。

③之前没有相同或类似的废物进口（因此，相同或类似货物成交价格不适用）。

④进口废物不是为了销售，而是为了处理/销毁（因此，倒扣价格不适用）。

⑤无法获得关于废物"制造"的相关信息（因此，计算价格不适用）。

谈判的历史表明，在起草《协定》第7条的过程中有两个相互冲突的关注点：一方面，如果上述所有估价方法均不能使用，必须赋予海关

---

① 根据《欧盟海关法典》，暂时出口的修理物品的完税价格可以视为"相当于修理费用的金额，只要这些费用是进口人支付给国外修理厂的唯一对价，且支付价款没有受到进口人和国外修理厂之间的任何特殊关系的影响。"参见欧共体理事会条例第153条，2913192（1992年10月12日）。

足够的自由裁量权以便在特定的交易环境中给出完税价格；另一方面，如果缺乏透明度和标准来指导自由裁量权，就会出现武断决策和"虚构"估价的风险。

第7条——谈判者的意图

我们希望绝大多数的估价案例都可适用《协定》规定的前几种估价方法来解决，但是我们也认识到会有一些做不到的情况。因此，我们必须提供一个所谓的合理方法，在这里我们研究了几种可能的补救方法。我们的目的是尽可能限制海关关员的自由裁量权范围，我们认为目前加拿大在一项法律文书（部长令，一项条例）中确定价格的方法是最好的限制关员自由裁量权的方法……此外，我们认为设法规定一些限制来避免武断或虚构的估价是非常重要的。你们会看到，我们提议根据本条规定确定价格应当基于与特定销售或其他销售环境有关的客观标准，并且应当适当考虑法典的原则和总则。而且，我们提议应当在法律文书中说明得出估价的理由依据，以便让进口人可以在法庭上质疑估价决定。

资料来源：欧盟委员会，MTN/NTM/W/126第5页，1997年11月21日。

因此，《协定》第7条规定海关有自由裁量权去确定适合他们自已的估价方法，而这一估价方法适用某一进口交易的特定情况。但是，自由裁量权不是不受约束的：海关选择用来确定价格的方法必须是"合理的"且"符合《协定》和GATT第7条的原则和总则"，并且所使用的方法必须是透明的（如进口人申请，海关必须向进口人做出书

面解释）。①

另外，为避免海关国外审查的实际困难，《协定》第7条规定价格必须基于进口国可获得的数据。②

注释和技术委员会咨询性意见就根据《协定》第7条判断何种估价方法可被视为"合埋的"且"符合《协定》和GATT第7条的原则和总则"，提供了一些指导意见：

（1）海关应当使用《协定》规定的前5种方法之一，但为了得出进口货物的完税价格，可采用"合理的灵活性"或对要求做出较为宽松的解释。

例如，注释建议，当使用相同或类似货物成交价格时，可以考虑在一个更为宽松的期限内出口的相同或类似货物，或者在出口国以外的其他国家生产的货物。或者，当使用倒扣价格方法时，灵活掌握"90天"要求。例如，可以考虑进口后超过90天期限的销售。

（2）海关应当按照《协定》依次考虑灵活适用前几种方法，首先是成交价格。③

（3）根据《协定》第7条确定的完税价格，应当尽最大可能地以之前确定的完税价格为基础。

---

① 从摘录的欧盟委员会发言中可以清楚地看出，《协定》第7条的本意是要求有一个高层官员（如部长）来发布一项法律文书，界定每一个适用第7条的案例所用的估价方法。显然，第7条的最后版本并未采纳这一要求，它不要求这个层级的形式。但是，第7条确实抓住了核心原则即必须书面说明"得出价格的理由依据"，从而使进口人在需要时可以向法庭提出质疑。

② 即海关必须能够在进口国获得并核实数据。只要满足上述条件，则所使用的文件和信息可以源自国外。参见《海关估价纲要》技术委员会咨询性意见12.3：适用《协定》第7条时对国外资料的使用。

③ 参见《海关估价纲要》技术委员会咨询性意见12.2：适用《协定》第7条时的先后顺序。

第7条"合理的灵活性"

一家餐饮公司与一家航空公司议定，向其国内航班提供包装食品。因为用来包装食品的机器是独特和昂贵的，因此这家餐饮公司租用了一台机器，租期3年。这种机器的平均使用寿命是3年。月租金每月2000美元。

因为没有销售，也没有相同或类似货物。货物没有转售（也不能适用倒扣价格法）。因此，可以使用合理方法去灵活地解释成交价格，即将代表机器使用寿命的全部的租金（36个月×2000美元）作为完税价格。

资料来源：参见《海关估价纲要》技术委员会案例研究4.1：租借或租赁货物的审价问题。

3.4.2 禁止使用的估价方法

在运用"灵活性"时，海关应当符合《协定》和GATT第7条的原则。因此，《协定》第7条明确禁止使用与这些原则不符的特定清单中的估价方法。如《协定》的发展历史论述（见章节1.2）中所提到的，第7条所禁止的大多数估价方法都是在东京回合谈判之前被一些国家作为"第2位"的估价方法来使用的（即当发票价格不能作为估价基础时采用），而被其他GATT缔约方所反对的，包括以下几种价格：

1. 进口国生产的货物在该国的销售价格

这个与贸易保护主义的"美国销售价格"（ASP）估价方法相类似，目的是为了平衡进口货物和国内生产货物的生产成本差异。此类制度与关税或类似措施一样具有抑制贸易的作用，违反了GATT第7条第2点：禁止以本国商品为基础实施估价。

2. 规定为海关估价目的而采用两种备选价格中较高价格的制度

东京回合谈判之前的一些估价制度（例如澳大利亚，南非）是基于发票价格或出口国市场的货物现价，以价高者为准。据称，这样会因为贸易商不能预知货物的完税价格而造成不确定性。[①]

3. 出口国国内市场上的货物价格

在东京回合谈判之前，一些国家一直使用"国内价格"方法。反对使用该方法是因为在出口国国内市场的主流价格不一定必然反映出口商销往国际市场的通常的货物价格，尤其是进口国的价格。另一个考虑是在出口国进行价格调查时给出口商带来的困难和负担。[②]

4. 依照《协定》第6条（计算价格）规定为相同或类似货物确定计算价格以外的生产成本

第6条明确了基于进口货物生产成本的估价方法。第7条规定允许海关扩大第6条的适用，以相同或类似货物的生产成本为基础确定进口货物估价。

5. 出口至进口国以外其他国家（地区）的货物价格

这个方法的缺陷与以出口国国内市场上的货物价格为基础的估价方法相同［见上文第3点］。

---

① 参见 GATT 多边贸易谈判秘书处说明《非关税措施目录第2部分：海关通关管理程序》，MTN/3B/2(1974年2月12日)。另见GATT缔约方第9次会议《海关管理技术小组审议第2工作组的报告》，审议第2工作组关于关税、税则和海关管理，第5条、第7条、第8条和第9条，W.9/155(1955年1月24日)，其中GATT工作组合决了对第7条的修正提案，禁止使用"两个价格中的较高价格"，而遵循"普遍同意有正当理由拒绝通过选择性标准采用较高价格的估价方法，因为这些标准使得相关贸易商不能提前预知哪一个是较高价格从而无法计算税款，而这样可能严重阻碍贸易发展"。

② 如章节 1.2 所述，由于发展中国家普遍存在供应短缺、结构失衡以及通胀压力，他们抱怨本国市场的价格可能比出口价要"虚高"。而有些小一点的国家（如瑞士）则声称其本国价格普遍高于国际市场，因为国内销量较小。参见MTN/3B/2（1974年2月12日）。

6.海关最低限价

在《协定》之前，有一些国家（尤其是发展中国家）使用官方价格或最低限价来保护本国产业，当然还有其他原因（见章节1.2）。发展中国家继续使用最低限价是需要依据保留条款并获得其他WTO成员的同意（见章节4.4）；否则，禁止使用。

7.武断或虚构的价格

《协定》并没有对"武断或虚构的价格"一词做进一步的阐述。该词直接取自GATT条款7.2（a）的规定：

征收从价税的进口货物的完税价格应该以进口货物或者类似货物的实际价格审核确定，不得使用本国产货物的价格或武断或虚构的价格。

鉴于GATT第7条对"实际价格"（进口货物或类似货物的价格）与"武断或虚构的价格"做了比较，"武断或虚构的价格"已经被理解为一种使用"与所涉进口货物或类似进口货物无关"的价格的估价方法。[①]例如，一个以进口国生产的货物的价格为基础的估价方法被认为是武断的。

一种制度赋予海关关员或其他政府官员充分的自由裁量权去估定进口货物的价格，那么这种制度可能是"武断的"，因为一种方法可能将某一类型下所有进口货物的价格都固定为一个价格（例如，每千克旧衣服都是一个固定的价格，不管品质、原产国、出口价格等）。[②]

3.4.3《WTO估价协定》第7条和旧物品估价

对旧物品的估价历来是海关工作的难点。通常，难点并不在于海关估价原则的适用，而在于海关怀疑申报价格的真实性或准确性。因为旧物品的进口人多为个人，而不是海关所知的商业实体；交易可能是非正

---

① GATT海关估价《第9次会议问题集》，L/228（1954年9月20日）。

② MTN/3B/2（1974年2月12日）。

式的现金交易；旧物品的市场价格取决于它的具体状态，因此可能大相径庭。旧物品尤其是汽车经常被低估价格。

旧物品的进口：海关估价及其他实际困难

—— 位WTO成员的报告

【旧轮胎】轮胎的申报价格通常不到新轮胎成本的5%。而且，轮胎非常破旧，达不到该类产品的安全标准。尤其是此类产品没有相关证明文书，加上进口人申报的最低货物价格，对此类新品的进口人构成了不正当竞争。

【旧衣服】进口旧衣服对经济有负面影响，直接影响中小型服装和鞋类生产企业的发展。另外，该产业部门创造了大量的就业，现在却深受此类进口产品竞争的影响。此类产品申报的价格微乎其微，而税务当局又没有足够的人力物力去确定真实的交易价格，而将廉价进口对国内生产的负面影响降到最低。

更为严重的是，在一个有600万居民和200万经济活跃人口的国家，大约10%的人是小雇主，每个小作坊几乎创造了5个工作机会，其中一些是为大多数不买进口产品的人生产服装和鞋子。他们受到进口旧货的严重影响。

【旧家用电器】关于旧家用电器进口，其中许多是发达国家淘汰的产品，因为根据《蒙特利尔议定书》的规定，他们对洪都拉斯臭氧层有损害作用，我们是该议定书的签署方，有义务制订措施来帮助消费者转向新的物品或符合环境保护要求的旧物品消费上。

【旧车】由于下列原因，机动车辆依然保留了参考价格以确保公平的市场竞争和人民健康与安全：

①这些货物通常由非正规部门提供，大多数情况下不能提交正当的销售文书，几乎无法适用任何方法或价格概念，因此造成对从事新车正规贸易的公司的不公平竞争。

②由于它们是磨损较大的"二手"产品，很多情况下会造成安全问题及环境污染，对提高发展中国家居民的生命质量毫无益处。

另外，必须采取措施去保护消费者和保护环境，也有必要防止道路交通事故，因为汽车型号及部件老旧磨损通常会出现上述问题。

《洪都拉斯声明》，G/VAL/W/44/Rev.1（1999年11月16日）。

根据《协定》，如果存在有效的成交价格，则应当作为进口货物的完税价格。这条原则同样适用于个人自用进口的二手货物，就如同适用于商业企业进口的用于转售或分销的新货一样。当然，根据WTO《关于海关有理由怀疑申报价格真实性或准确性的情况的决定》（见章节4.3），如果海关有合理理由质疑进口人申报及佐证文件的真实性或准确性时，就可以拒绝以申报价格作为完税价格的基础。

可能会有一个问题，即进口的旧货是否与出口销售的货物相同。成交价格的定义是"货物出口销售时的实付、应付价格"。在汽车的例子中，个人在出口国购买的"货物"可能与最终进口的货物并不相同，如果这辆汽车在运进（或驶入）进口国之前曾在国外使用了一段时间。在此类情况下，国外市场的购买价格可以作为成交价格的基础吗？

根据技术委员会的研究，这个问题应该留给各国海关斟酌裁量，因为在这个领域可能出现各种不同的情况，不宜在实际执行中予以统一[①]。例如，加拿大海关回应的是"30天规则"：如果车辆或船只是在向国外买方交货之日起30天内进口，那么视为存在有效的向加拿大的出口销售，进口前对车辆或船只的使用被视为向加拿大交付车辆或船只所附带的[②]。如果超过30日进口，则不应基于向购买者的销售使用成交价格方法。

以进口旧车为例，如果海关不能使用成交价格，而且依次使用其他方法也不能确定完税价格，则可以根据《协定》第7条合理方法估价来评估进口旧车。技术委员会的研究对如何通过合理灵活地应用《协定》第1~5条的方法来得出《协定》第7条的估价结论给出建议：

（1）灵活的成交价格：使用进口货物的实付、应付价格，并根据车辆的使用年限或里程表确定折旧率向下调整价格。

（2）灵活的相同货物成交价格：使用之前接受过的相同品牌型号的进口新车的成交价格，根据进口汽车的使用情况和车辆状态向下调整价格，或者也可根据旧车所附带的而新车没有的任何附件/特征向上调整价格（加上《协定》第2条关于不同商业水平和/或不同数量的通常调整）。

（3）灵活的类似货物成交价格：同上，但是从曾经接受过的不同品牌或型号的新车的成交价格入手（但其他方面类似）。

（4）灵活的倒扣价格：使用在进口国销售的相同品牌和型号的进口新车的价格目录，做折旧调整或根据进口车辆的实际状态进行必要调整，再加上通常的倒扣价格调整（即关税、境内运输费用等）。

海关估价不得以下列价格目录的内容为基础：

①进口国生产的新车或旧车的价格，或

---

① 《海关估价纲要》技术委员会研究1.1：旧机动车辆的处置。

② 加拿大海关和税务局备忘录 D13-10-2，旧汽车、机动车辆和其他车辆（2001年3月30日）。

②供出口国国内市场销售的新车或进口车的价格。[①]

【测试】根据第7条对旧车估价的案例研究

在WTO的一次会议上，该组织的一个东欧成员这样描述其进口旧车的估价方法：

作为一种规则，为评估关税和增值税目的，旧车的完税价格是以实付、应付价格为基础，并加上运费和保险费。

作为进口汽车销售的证明，海关关员可接受包含以下要素的任何文件：类型、型号、价格、底盘参数、技术规格。文件可以是证明销售和实际支付价格的发票或销售合同。

在确定旧车的完税价格时，海关关员使用《超级施瓦克汽车价目表》作为参考价格表。这是一个在德国出版的目录或价格表，包括新车价格及过去12年在德国市场销售的旧车、越野车和轻型商务车的平均价格。在海关通关时，将会使用最新一期的《超级施瓦克汽车价目表》。

依据提交的旧车通关文件（汽车规格，发票和其他证明文件），海关关员将查阅《超级施瓦克汽车价目表》中适合的生产年份的进口汽车的高价和低价。

如果发票价格介乎目录高低价格之间，则使用成交价格方法确定完税价格。在这种情况下，完税价格是发票价格加运输和保险费用。

如果旧车的申报价格低于较低的目录价格，则使用合理方法来确定完税价格。在这种情况下，完税价格是较低的目录价格加运输和保险费用。

---

① 但是，可能会出现国内市场与出口市场目录价格一样的情况。"对于不是出口销售给加拿大的进口旧车，进口人可能会参考出口国出版的《旧车估价指南》来申报完税价格。《旧车估价指南》列出了在一般条件下的汽车零售价格，这个价格是任何购买者预期为汽车所支付的价格，无论是购买在出口国使用还是出口到加拿大。此类出版物有《美国汽车红皮书——官方旧车估价和帕克旧车》《新车和贸易》及英国出版的《汽车价格指南》。被估汽车中所包含的任何选配价格是没有包括在《旧车估价指南》所列的汽车基本标配价格中的；必须加入车价以确定完税价格"。加拿大海关和税务局备忘录D13-10-2(重点标记)

这个估价方法符合《协定》的原则吗?

【答案】

如章节3.4所述,根据《关于海关有理由怀疑申报价格的真实性或准确性的情况的决定》,海关如有合理理由怀疑申报价格或其证明文件的真实准确性,可以拒绝申报价格。但是,申报价格低于目录价格的事实本身通常并不能作为拒绝申报价格的充分理由,因为低价可能是折扣的结果,可能由于市场情况发生变化,或者由于进口汽车的状况所致,或者由于在各方交易时发挥作用的其他一些因素等。而且根据事实情况,用目录价格替代申报的成交价格可能被视为使用了《协定》第7条所禁止的"最低限价方法"。

第 4 章
实施和应用

§ 4.1 货币换算

第9条

1.如确定完税价格需进行货币换算，则使用的汇率应为有关进口国的主管部门正式公布的汇率，并且该汇率应尽可能有效地反映出在所公布汇率适用期间内以进口国货币表示的该种货币在商业交易中的现值。

2.所使用的汇率应为各成员规定的进口或出口时适用的汇率。

进口商通常被要求以进口国的本币申报完税价格。这就要求进口商进行外币换算，但是汇率如何计算？

如果没有规则，那么一国可能使用汇率来达到贸易保护或贸易歧视的目的。例如，它可能要求某些产品的进口商使用一个特别的（不利的）汇率，这会抬高进口货物的完税价格，从而增加进口商支付的关税和其他税额。

《协定》没有规定使用任何一种特定的汇率或换算方法。但是《协定》第9条的确提出了3点要求，旨在提升透明度和可预测性：

（1）使用的汇率必须由"主管部门"正式公布（可能是中央银行、财政部门或交易市场）。

（2）汇率应尽可能有效地反映出该外币在商业交易中以进口国货币所体现的现值。

（3）各国必须确定使用货物出口或进口时的适用汇率，并适用于所有的货物。

货币的商业汇率每天都在变化（即使只是微小变化），但是要求海关和进口商去跟进这些变化在管理上是非常困难的。例如，向所有海关关员发布最新汇率，或是更新通关系统中的汇率表。

因此《协定》允许各国采用灵活的措施，海关可以使用定期汇率来进行估价。例如，海关可以在一段时期内，例如，一周甚至一个公历季度对与本币换算汇率相对"稳定"的外币使用相同的没有变化的汇率，而对与本币换算汇率不太稳定的外币使用每日汇率。定期汇率必须"尽可能有效地"反映在指定时期内的商业交易中的货币现值，且在所有情况下，都必须公布汇率及其适用期限。

§ 4.2 进口商的程序性权利

4.2.1 保守秘密信息

《协定》要求进口商和海关之间应通力合作。海关估价所需的信息大多掌握在进口商手上：货价、合同条款、相同或类似货物之前的销售信息、国外的生产成本或是国内市场的转售成本等。因此，《协定》一方面赋予海关可以质疑并从进口商处获取信息的权力，另一方面，为确保估价过程公平透明，从而鼓励海关和贸易商之间开展更多的合作，《协定》也为进口商提供了一些程序性的权利和保护。

这些的权利和保护必须在 WTO 成员立法时予以考虑，具体如下：

第10条

对于所有属秘密性质的信息或在保密基础上为海关确定完税价格而提供的信息，海关应严格按照秘密信息处理，未经提供信息的个人或政府的特别许可，海关不得披露，除非在诉讼程序中要求予以披露。

海关和其他政府机构应当保守他们为海关估价目的所获得的秘密信息，无论是来自进口商、其他人或是政府部门。仅当在诉讼程序中要求披露或提供信息的人或政府的特别许可时方可披露。

《协定》规定了海关和其他政府部门应当严格保守秘密信息的两个一般性标准：

（1）"性质上"是秘密的信息；

（2）在保密基础上提供的信息。

在具体情况中对这些标准的解释由WTO成员自行决定。通常来说，"性质上"是秘密的信息包括进口商的价格、供货商的身份、具体的合同条款或其他此类进口商通常不会公开披露以免损害其竞争力的财务或商业信息。

4.2.2 上诉的权利

第11条

1.各成员的立法应规定，在完税价格确定方面，进口商或其他纳税义务人拥有上诉而不受处罚的权利。

2. 行使上述权利，可向海关内部的一个部门提出，或向一个独立机构提出。各成员的立法均应规定进口商或其他纳税义务人拥有向司法机关提出上诉而不受处罚的权利。

3. 应将上诉决定的通知送达上诉人，并以书面形式告知其做出该决定的理由。其他涉及进一步上诉的权利也应一并告知上诉人。

进口商或其他纳税义务人（比如进口商责任的担保人）必须有权利就不服海关估价决定向司法机构上诉，并获得书面裁定。

WTO 成员可以要求进口人首先向海关（例如，就地方海关做出的决定向海关总署提出复议）或另一个独立机构，比如行政仲裁机构提出复议。

上诉权必须在不受处罚的情况下获取，即不应以处罚或罚款相威胁来阻止进口人行使上诉权。在《GATT估价守则》谈判时，有些国家的估价案件由刑事法庭审理，如果进口商败诉，则会被处以罚款[①]。

但是，正如《协定》第11条注释所述，支付正常的法庭费用和律师费用不得视为由此而来的"罚款"（明显是为了适应实施所谓"英国法则"的司法管辖区，即民事诉讼的败诉方支付法庭和法律费用），而且WTO成员可以要求进口人在上诉前支付有争议的税款。

---

① 参见GATT多边贸易谈判组，"非关税措施"分组 "海关事务"《海关估价》，MTN/NTM/W/20，第8页，（1975年9月29日）。

4.2.3 解释权

第 16 条

通过提出书面请求，进口商有权要求进口国海关以书面形式说明进口货物的完税价格是如何确定的。

与上诉权密切相关的是进口人有权从海关获取如何确定价格的说明。进口商必须知道海关做出决定的理由，以便针对海关决定提出有效的上诉，或是决定是否提起上诉。

仅当进口商提出申请时，海关方需做出书面说明。如果海关估价是基于进口商自己申报的成交价格，那么通常不需要做出说明。但是，当海关拒绝申报价格并依据其他方法对进口货物进行估价时，这个说明就非常重要了。因为在这些情况下，估价的基础、计算的方法和/或海关考量的信息进口商可能并不清楚。[①]

《协定》第 16 条更加具体地重申了其他条款中关于使用其他估价方法的原则。而条款 1.2（a）的成交价格法也特别要求海关就其认为价格受到特殊关系影响而拒绝关联价格的理由进行沟通。

同样，如果使用合理方法估价，《协定》条款 7.3 规定，如果进口商申请，则海关应就确定价格所使用的方法做出书面说明。最后，如果海

[①] 第 16 条似乎是从 1971 年工业品贸易委员会编写的第 11 号注释草案中演变而来的（见第 1 章，第 16 页注释③），其中规定：“海关应进出口商的申请，在保守商业秘密的前提下，就其货物完税价格如何计算做出说明，尤其是在不接受发票价格的情况下”。

在《GATT 估价守则》谈判中，有些国家提议新协定应当采纳工业品贸易委员会提出的上述原则，从而在海关使用其他估价方法时提供更高的透明度。参见 MTN/NTM/W/20，第 9~10 页，(1975 年 9 月 29 日)。

关使用了非生产商提供的信息去核算计算价格,《协定》第6条注释要求海关应根据进口商的申请通知其该信息的来源及使用情况。

《GATT 估价守则》的谈判历史表明,除了提高透明度和便利有效上诉之外,要求在以上特定情况下给予书面说明,也是为了制约海关武断估价,减少基于自由裁量权拒绝关联交易申报价格而代之以较高价格的做法。[①]

4.2.4 法律和决定的发布

第12条

为实施本《协定》所颁布的法律、法规、司法决定和行政裁定,应由有关进口国按照 GATT 第10条所规定的方式予以公布。

《协定》第12条要求 WTO 成员以 GATT 第10条"所规定的方式"发布为实施《协定》而普遍适用的所有的国内法律、法规、司法决定和行政裁定。

GATT 第10条是正当程序的保障,它要求 WTO 成员应当:

(1)及时公布与贸易相关的法律、法规、裁定和协定,以使各国政府及贸易商了解相关规定(条款10.1);

[①] "美国出口商已经对使用 BDV 的国家在进出口商之间是'关联交易'时采取'加价'的做法提出异议。那些海关关员根据 BDV 对关联交易货物或独家采购的进口货物固定增加一定的百分比进行估价。这或许并不总能反映交易的实际成本。这个问题的出现主要是由于海关在计算加价时没有掌握实际的成本,并且不能说明他们是如何得出加价百分比的。因此,海关估价的国际规则应当体现工业品贸易委员会第11条注释的原则。换言之,应当要求海关关员应进出口商申请就如何计算其货物的完税价格做出说明。"MTN/NTM/W/20,第10页。

（2）在相关措施公布之前，不得普遍适用（条款10.2）；并且

（3）应以统一、公正、合理的方式实施上述法律、法规、裁定和协定。为此，各缔约方应建立或维持司法及相关程序，包括但不限于迅速审查并纠正与海关事务相关的行政行为（条款10.3）。①

《协定》第12条和GATT第10条的发布义务仅针对"普遍适用"的贸易措施，并不适用于处理具体交易的措施。例如，对具体货物或具体公司的行政裁定或法庭决定。②另外，还允许成员为保守秘密信息必要时可不公布决定或其他法律措施。③

海关估价委员会一项早期的决定要求成员以WTO的3种官方语言之一（即英语、西班牙语和法语）向WTO秘书处提交本国海关估价的所有立法文本（法律法规等）。④成员提交的法律法规文本可以通过WTO官方网站⑤公开查询。并且，《协定》第22条要求成员应将"与《协定》有关的本国法律法规及其管理方面的任何变更情况"通知海关估价委员会。这些通知同样可以通过WTO官方网站公开获取（WTO成员的估价立法可以通过WTO官方网站获取，文件名G/VAL/N/*）。

---

① 参见WTO贸易便利化谈判组，秘书处说明《GATT 1994第10条范围和适用》，TN/TF/W/4(2005年1月12日）。

② 同①。根据GATT第10条第1款审议WTO上诉机构和专家组解释。通过一项行政裁定，如果"建立或修改了在今后案例中适用的原则或标准"，则可能被认为是普适的，因此必须予以公布。

③ 根据GATT第10条第1款："本款规定不应要求任何交易方披露会妨碍法律实施或有损公共利益或损害特定的公私企业的合法商业利益的秘密信息。"

④ 参见WTO海关估价委员会《关于〈关于实施GATT 1994第7条的协定〉注释和行政管理的决定》，G/VAL/5，1995年10月13日（附录3）。

⑤ 译者注：WTO官方网站网址，https://www.wto.org/。

4.2.5 凭保放行

第13条

在确定进口货物的完税价格的过程中，海关如需推迟完税价格的最终确定，进口商仍然可以从海关提取货物；如有此要求，进口商可以足够涵盖该货物最终应付税款的保证金、存款或其他适当方式提供充分的担保。各成员的立法应对此做出规定。

当海关质疑进口商的申报价格时，进口商通常需要收集并提供有关该笔交易的销售证明文件及其他的文件，这些文件进口商可能不一定能即时获取。或者进口商可能没有提供海关通关所需的单证（如商业发票）。解决这些情况可能牵扯到一些复杂的问题并延迟货物清关。

在这些或其他一些海关不能在进口时确定最终价格的情况下，《协定》给进口商提供了重要的程序性权利，即如有必要，在提供涵盖可能的税负担保（保证金或存款）的前提下可以从海关提取货物。如果没有这个规定，货物会被海关滞留在边境，由此产生滞期费用及使进口商面临延误向客户交货的风险，直到估价问题得到解决。

§ 4.3 海关审查

4.3.1 审查真实性或准确性的权利

第 17 条

对于企业为确定完税价格向海关提交的任何陈述、单证或申报，海关有权对其真实性或准确性进行审查。本《协定》的任何内容不得解释为对海关此项权利进行限制或提出质疑。

根据《协定》，实付、应付的成交价格是海关估价的主要基础。如果进口商无论是由于疏忽、过失或欺诈，向海关申报了非实付、应付的金额，《协定》并不强制海关接受该价格，而是《协定》第17条重申海关有权质疑或审查进口商提交的任何申报单或证明文件的真实性或准确性。

《协定》附件3第6点重申了海关审查的权利，规定：

第17条表明，在适用《协定》时，海关为确定完税价格可能需要对企业提交的任何陈述、单证或申报的真实性或准确性进行审查。因此，该条认可海关具有审查的权利，例如，为确定完税价格而对进口商向海关申报或提交的价格要素的完整性和准确性进行审查。各成员在遵守各自法律和制度的前提下，有权要求进口商全面配合海关的审查。

虽然这条海关管理的原则可能看起来平淡无奇，但在实际执行中，一直是某些海关尤其是发展中国家的海关长期关注的问题。这事关举证责任：拒绝成交价格，海关必须举证进口商申报的发票价格是不正确或不完整的，并且如果是这样的话，需要哪个层级的证据呢？由于实际支付金额的证据掌握在涉嫌欺诈的进口商手中，海关在确立证据方面可能存在困难，尤其是当进出口商串通的情况下。

1.技术委员会咨询性意见

由于上述关注，技术委员会在20世纪80年代通过一系列咨询性意见对东京回合谈判规则下的海关权利进行了阐述。意见如下：

（1）在符合《协定》第17条规定的前提下，价格低于相同货物的现行市场行情这一事实本身并不能作为拒绝成交价格的依据；①

（2）《协定》并不要求海关信赖虚假的单证；并且②

（3）由本国法律法规而非《协定》条款来规范海关或进口商在确定完税价格过程中的举证责任。③

然而，举证责任始终是发展中国家成员关注的问题，有些国家因此没有加入《东京回合海关估价守则》。④

2.乌拉圭回合谈判部长级决定

由印度政府提议的举证责任问题，成为乌拉圭回合谈判的主要焦点。印度提议《协定》应当给予"足够的灵活性"来允许海关将证明申报价格有效的举证责任转给进口商，如果申报价格"低于此前一系列交易中的价格"或"低于直接从生产国进口的相同货物的交易价格"。⑤

印度提案的条款未被接受。然而，谈判确实通过了一项部长级决

---

① 参见《海关估价纲要》技术委员会咨询性意见2.1：低于相同货物市场行情的价格是否可以接受。

② 参见《海关估价纲要》技术委员会咨询性意见10.1：对伪造单证的处置意见。

③ 参见《海关估价纲要》技术委员会咨询性意见19.1：关于《协定》第17条及附件3第6点的适用；GATT货物谈判组，多边贸易谈判协定和安排谈判小组《海关合作理事会信函》，MTN.GNG/NG8/W33(1988年8月29日)。

④ GATT货物谈判组，多边贸易谈判协定和安排谈判小组，秘书处的说明《多边贸易谈判协定和安排：对发展中国家的特殊和差别待遇》，MTN.GNG/NG8/W/2(1986年5月4日)。

⑤ GATT货物谈判组，多边贸易谈判协定和安排谈判小组《印度的信函》，MTN.GNG/NG8/W/9(1987年9月30日)。参见章节1.2关于《协定》的历史，巴西和其他几个发展中国家支持印度的提案。

定，阐明了举证责任问题，即《关于海关有理由怀疑申报价格真实性或准确性的情况的决定》。该决定规定，如果海关"有理由怀疑"申报价格或证明文件的真实性或准确性，进口商有义务提供信息或单证来证明其申报价格反映了实付、应付的全部金额。

如果海关"有理由怀疑"申报单或证明文件的真实性或准确性

①海关可要求进口商提供更多的信息/单证。

②基于收到的信息（如果有），如果海关仍有理由怀疑，可拒绝成交价格，但：

a.如进口商有此要求，海关应书面通知其怀疑的理由；

b.海关必须给予进口商合理的回复机会；

c.海关必须书面通知进口商最终的决定。

3.有理由怀疑

什么是海关充分"有理由怀疑"而要求进口商提供信息呢？向海关提交的货物通关单证存在不一致或不合规情况就是明显的"有理由怀疑"，但是欺诈并不总是那么明显。乌拉圭回合谈判部长级决定对此没有做进一步的阐述。[①]但将该决定置于海关通常管控欺诈的方法背景中，让我们看到一些曙光。

如《京都公约》所明确的，现代海关管理重点是对贸易商的账册记录进行后续稽查，而不是基于对进口货物的逐票管理，更多的是依靠风

---

① 该决定条款可能来自美国海关处理涉嫌虚假发票的实例。参见GATT海关估价委员会《海关估价技术委员会关于虚假发票对海关估价的影响的报告》，VAL/W/32（1985年11月7日）。

险分析来确定应当被审查的贸易商和交易及审查范围。[①]WCO和WTO成员认为，以情报为基础的风险评估和后续稽查体系对有效实施海关估价管理至关重要。[②]

风险管理体系的目标是将海关资源集中到呈现出高违法可能性、如果不加控制则影响恶劣的交易上，而对其他贸易实行无障碍通关。在一个风险管理体系下，海关将根据情报、过往经验或概率建立"风险画像"或风险指标整合，如果向海关申报，则识别出哪些交易需要海关审查。风险指标可能是一个具体的商品编码、货物原产国、交易方以往的守法记录情况、申报的海关手续、运输工具的类型或运输线路等。

因此，"有理由怀疑"可被视为一种海关运用风险评估原则识别出来的具有高风险价格错误或欺诈的"风险画像"。如果进口交易与这种画像吻合，海关适用乌拉圭回合谈判部长级决定，可能据此要求进口商提交补充信息或单证来证明其申报的可疑价格。

4.3.2 价格资料库

发现申报价格与相同货物的历史价格不一致可以支持"有理由怀疑"进口人申报价格的真实性或准确性。为此，也为了通常使用相同或类似货物的价格认定来支持估价决定，一些海关开发了价格资料库。这些资料库存储了以往接受过的完税价格及相关交易信息，并且还包括其他来源的价格信息，例如，价格目录、海关稽查结果或装运前检验公司的价格数据。通过访问价格资料库，海关关员可以更加迅速准确地交叉审查可疑的申报单或获取为适用《协定》第2条或第3条所需的价格。

2004年，为便利各国海关，技术委员会发布了《关于开发和应用本国

---

① 《京都公约》，标准6.4和6.6。
② 参见WTO海关估价委员会《2002年9月30日至10月1日的会议纪要》，G/VAL/M 31（2002年10月31日）。

价格资料库作为风险评估工具的指南》（以下简称《价格资料库指南》）①。
《价格资料库指南》是对WTO部长级多哈宣言"找到和评估切实可行的方式"的回应，并解决发展中国家对于价格瞒骗的关切。②《价格资料库指南》包括应纳入资料的来源、资料保密、记录保留时限及资料库的潜在用途等方面的建议（见表4-1）。另外，对于一些WTO成员担心价格资料库可能会被错误使用的情况，例如，用曾经接受过的价格替代申报价格，或作为建立最低限价制度的一种手段，《价格资料库指南》也予以回应。

WCO《价格资料库指南》

使用价格资料库作为风险评估工具	
海关关员可： ①（通常）仅当存在其他风险要素的情况下，方可基于与价格资料库的差异来管控交易。 ②使用价格资料库进行交叉审查以锁定具体的进口申报单进行审查	海关关员不应： ①仅依据与价格资料库价格的差异拒绝申报价格。 ②使用价格资料库价格替代申报价格。 ③使用价格资料库价格建立最低限价机制。 ④为使用价格资料库，无视《协定》第13条要求（允许凭保放行进口货物）。 ⑤单纯依靠价格资料库来评估申报价格的真实性或准确性

关于海关使用历史价格作为"有理由怀疑"申报价格的依据，技术委员会《价格资料库指南》指出，相同货物的申报价格与历史价格的差异对于申报价格的真实性或准确性来说，并不是一个反映潜在风险的可靠指标（除非价格可能存在巨大差异）。这是因为价格差异，包括大幅降价，都是国际贸易的一部分。然而，价格差异如果与其他风险要素相结合，则可用于筛选需管控的进口货物。

---

① 增补《海关估价技术委员会对其与申报价格准确性的关切相关的工作职责范围的回复》，G/VAL/54/Suppl.1（2004年10月13日）（包括《关于开发和应用本国价格资料库作为风险评估工具的指南》文件）。

② 技术委员会《技术委员会对其与申报价格准确性的关切相关的工作的职责范围》，G/VAL/51（2002年12月11日）

技术委员会《关于开发和应用本国价格资料库作为风险评估工具的指南》完整文本见附录4。

【测试】价格资料库的使用

据报告，下面这个估价实例来自一个亚洲国家：

海关关员根据他们的价格资料库对进口商的申报价格进行审查。如果申报价格大幅低于之前进口的相同税号货物的平均价格，海关关员可以要求进口商补充单证或信息来证明其申报价格。在做出最终估价决定之前，海关允许有条件的放行货物，只要报关人提供与基于资料库均价估算的税款金额相当的担保或押金。

如果进口商不能在60日内提交海关要求的证明文件或信息，海关将拒绝申报价格，引用《协定》第7条作为估价依据，基于有条件放行货物的押金或担保金额（例如，根据价格资料库的货物均价为基础），征收关税和其他税。

这样使用价格资料库的价格去估价符合《协定》的原则吗？

【答案】

如果海关有理由怀疑进口商申报价格的真实性或准确性，而进口商没有做出回应去提供信息以消除这些怀疑，则海关可以适用《关于海关有理由怀疑申报价格真实性或准确性的情况的决定》中规定的程序，拒绝使用成交价格方法。但是，根据《协定》，海关必须依次使用其他估价方法对进口货物进行估价。

在本案例研究中，如果进口商不能依要求提供信息和证明文件，则海关直接使用《协定》第7条（合理方法），而没有考虑使用相同或类似货物成交价格、倒扣价格或计算价格方法。

另外，海关使用价格资料库中相同税目货物的历史平均价格来替代进口货物价格，可能被认为是《协定》第7条所禁止的"武断"价格。一个税目可以包括比《协定》中相同或类似更为宽泛的商品范围。例如，税目"袖珍打火机"即包括进口的一次性塑料打火机，也包括进口的可重复使用的镀金打火机，而这两种打火机不能被视为《协定》中定义的相同或类似货物。因此，基于相同税目货物计算而得的平均价格可能被认为是武断的。

即使数据库中将货物按照《协定》意义上的相同或类似进行分类，用平均价格替代申报价格也仍然会有问题的。根据《协定》第 2 条和第 3 条，如果找到一个以上的相同或类似货物成交价格，"则应使用其中最低的价格来确定进口货物完税价格"。值得注意的是，在东京回合谈判第 1 次估价协议谈判时，有提议建议如果找到两个或以上的相同或类似货物交易时，允许使用平均价格，但是这些提议并未被采纳。[①] 如果价格资料库按照相同或类似货物对价格进行组合，那么应该选择一个之前的交易价格，而不是平均价格。

如技术委员会《关于开发和应用本国价格资料库作为风险评估工具的指南》（见章节 4.3）所述，通常相同货物的申报价格和价格资料库价格的差异并不足以令人怀疑申报价格的真实性或准确性。通常还会存在其他的风险要素，例如，货物的原产国、交易方过往的守法情况等，通过对这些情况进行核实做出管控决定。不过这仅仅是个指南，而非《协定》的原则。

4.3.3 公认会计原则

《协定》的注释总则要求海关当局"使用与所涉条款中相关国家公认会计原则相一致的方式编制的信息。"换言之，海关不能拒绝进口商提交的依据与公认会计原则（GAAP）相一致的会计方法编制的成本或价格数据。

---

① 西班牙提议"如果有一个以上的相同或类似货物价格，我们建议使用加权平均价格来确定进口货物的完税价格"。参见 GATT 多边贸易谈判组，"非关税措施"分组"海关事务"《海关估价：西班牙》，MTN/NTM/W/189（1978 年 9 月 18 日）。

公认会计原则定义

公认会计原则是指在特定时间内一国关于下列内容的公认的一致意见或实质性权威支持：何种经济来源和债务应记为资产和债务，资产和债务的何种变化应予记录，如何衡量资产和债务及其变化、何种信息应予披露及如何披露，以及应编制何种财务报表等。这些标准可以是普遍适用的概括性准则，也可以是具体的做法和程序。

资料来源：《协定注释总则》。

其目的是，海关在评估进口商提交的成本或价格时所使用的标准与工商企业在编制财务报表和会计记录时通常使用的标准相同。这个要求再次证明了《协定》的基本原则之一：海关估价应当最大可能地以商业单证和商业惯例为依据。①

一方面，因为会计标准在国际上还没有完全统一，一国的公认会计原则可能与另一国的并不相同。因此，注释规定用于海关估价目的的公认会计原则必须是"适用"《协定》规定的估价方法的。

例如，如果是根据《协定》第6条计算价格法提交的生产商的利润和一般费用数据，则海关必须根据生产国的公认会计原则对数据进行评估。

另一方面，如果是依据《协定》第5条倒扣价格法涉及分销商的利润和一般费用，那么相应的公认会计原则是分销商转售货物的进口国的公认会计原则。

---

① 该原则直接体现在《协定》的序言中，完税价格应依据"符合商业惯例的简单、公正的标准"。（工业品贸易委员会的估价原则草案6："估价制度……应当尽可能地以商业单据为基础"）。

符合会计原则的问题最常出现在以下情形中：

（1）根据计算价格法（第6条）确定材料和制造的成本或价格

正如第6条注释中所指出的，生产商承担的一项特定的成本是否应计入计算价格"应以生产商的商业往来账目为依据，前提条件是此类账目与该货物生产国的公认会计原则相一致"。

（2）确定买方提供给卖方的协助的成本或价格（第8条）

进口货物涉及的协助的成本或价格的分摊方法，无论是分摊到第1批进口交易，还是分摊到一系列的交易，或是按资产的使用年限分摊等，都必须符合公认会计原则，如第8条注释所述（见章节2.2.4关于协助的论述）。

同样，在确定一项协助的申报成本或价格是否计算正确，也与公认会计原则相关。例如，应当依据公认会计原则来界定买方提供给生产商的旧工具、冲模具的申报价格是否反映了正确的折旧方法或折旧率。

4.3.4　海关之间的信息交换

除计算价格法外，大多数情况下海关应当根据进口国国内可获取的商业记录来核实申报的完税价格，因为税款在进口国内支付，货物存放在进口国，交易的法人也在进口国。[①]因此，买方为进口货物所支付的货款，买方向国外生产商提供的协助的价值，进口国国内赚取的销售收益等应当在进口国国内买方的商业和银行记录中体现。

然而，有些情况海关可能需要从货物原产国或出口国的卖方或生产

---

① 如历史记录所示，立足于进口国的记录是指导《协定》发展的一项基本原则："完税价格的确定应当最大可能的基于进口国可以获得的与货物有关的商业单据……这是源自在支付税款的国家能够审查报表的实际需要。只能在进口国之外进行的审查可能是复杂且无结果的"。参见GATT多边贸易谈判组，"非关税措施"分组"海关事务"《海关估价：附录》，MTN/NTM/W/20/Add.9(1976年2月17日)。

商处获取交易的相关信息。一个明显的例子就是货物适用计算价格法估价，但是国外生产成本存在争议。不过，在使用其他估价方法时，国外卖方的记录或申报单据对进口国海关来说也可能有用。尤其是在一些涉嫌欺诈的具体案例中，可能需要这种信息来对比。例如，把买方申报的进口货物价格与卖方的单据和实际收据进行对比。

目前《协定》本身还没有规定在此类审查中海关合作的法律义务和机制。乌拉圭回合谈判部长级决定《关于海关有理由怀疑申报价格真实性或准确性的情况的决定》只谈到"在实施《协定》中，在双方同意的条件下，一成员方对另一成员方予以协助"。①不过，在其他国际法律文件中也可以找到此类规定。

1.双边/区域互助协定

常见的信息交换机制是海关与海关之间的"互助协定"。根据这些双边或区域协定，海关确定了为执行本国海关法律而需交换信息的条件。例如，这些协定可以建立一个正式的请求和回复机制，进口国海关可据此从出口国海关获取出口报关单、发票、运输单据等，来审查进口商的申报价格或调查涉嫌价格瞒骗的案件。

WCO "海关事务行政互助双边协定模板"提供了一个范本供成员方在双边谈判中使用，可在WCO官方网站（http://www.wcoomd.org/）查阅。

---

① 这个鼓励成员方海关之间加强合作的部长级决定，显然是为了回应发展中国家在打击价格瞒骗中遇到的"实际困难"。参见WTO海关估价委员会《关于海关估价的马拉喀什部长级决定和文本》，G/VAL/I（1995年4月27日）。

"6.除了……发展中国家资源匮乏及相应的基础设施问题之外，缺乏国际化的可使用的数据库及许多贸易伙伴在提供信息方面（以便确定进出口商之间的关系，或进行价格比对等）所给予的合作比较有限，都是巴西海关非常关切的问题。

7.因此，巴西认为谈判小组应当审查改进《协定》中技术合作和信息交换机制的方法。"参见GATT货物谈判组，多边贸易谈判协定和安排谈判小组《关于实施GATT第7条的协定》（巴西提交），MTN.GNG/NG8/W/57(1989年11月22日)。

2.《内罗毕公约》

最重要的海关行政互助多边协定是1977年签订的《内罗毕公约》[①]。《内罗毕公约》附件2对估价信息交换做出规定。如果进口国海关有"充分的理由认为存在严重的违反海关法规行为",它可以请求出口国海关提供与交易相关的诸如发票、出口报关单、价格清单和贸易目录等信息,只要两国均为《内罗毕公约》成员并且接受《内罗毕公约》的估价附件。

《内罗毕公约》的成员数量有限,其中发达国家很少。[②]它的适用范围也受到限制,如果它认为侵犯了"主权、安全或其他重要的国家(地区)利益,或是损害了任何公私企业的合法商业利益",那么《内罗毕公约》允许一方海关拒绝协助的请求。

3.关于信息交换的《多哈决定》

1998年WTO日内瓦部长级会议之后[③],印度政府提议出台一个正式的、以WTO为基础的多边解决办法,允许进口国海关在"有理由怀疑"进口申报价格时,可以从出口国海关获得出口商的货物申报价格。[④]尽管一些WTO成员支持该提议作为当前缓解发展中国家执行压

[①]《内罗毕公约》即《关于预防、调查和打击违反海关法规行为的行政互助国际公约》,是在CCC(现WCO)的支持下缔结的公约。《内罗毕公约》第18条允许各成员在对其任一条款或附件有所保留的条件下接受《内罗毕公约》。《内罗毕公约》的文本和评论可通过WCO官方网站(http://www.wcoomd.org/)查阅。

[②] 截至2006年7月,与价格瞒骗领域的协助相关的附件2仅得到35个缔约方的认可,且主要是发展中国家。

[③] WTO部长级会议第2次会议《部长级宣言》,WT/MIN(98)/DEC/1(1998年5月25日)。日内瓦部长级宣言第9段授权WTO总理事会对WTO今后的工作提出建议,包括WTO成员可能就实施乌拉圭回合谈判的协定和决定所提出的建议。

[④]"提议一个多边的解决办法,使得进口国海关在有怀疑时,可以寻求并在时限内获得向出口国海关申报的出口报关单上的价格"。参见WTO总理事会,1999年部长级会议筹备材料,印度的信息交流提案——关于日内瓦部长级宣言条款9(a)(i)《关于实施GATT 1994第7条的协定》的提案》,WT/GC/W/227(1999年7月5日)。为支持多边基础上的解决办法,印度指出与所有贸易伙伴商谈各自的行政互助双边协定这种替代方法对解决问题而言"是不切实际也不可持续的"。

力的手段，其他成员则质疑该方法在应对欺诈问题上的有效性，尤其是如果买卖双方串通起来都向各自的海关申报一个虚假价格的情况。另外，也有担心与本国数据保密的法律相冲突的问题、出口申报数据质量问题（在所有国家都不是海关必须管控或核实的）及出口国海关的潜在负担。[①]

然而，在WTO海关估价委员会和WTO总理事会随后对该提案进行多轮研讨和协商后，WTO部长于2001年11月做出以下决定：

当一进口成员方海关确有理由怀疑申报价格的真实性或准确性时，可就相关货物价格请求出口成员方海关协助。在此情况下，出口成员方海关应当提供符合其国内法律和程序的合作和协助，包括提供相关货物的出口价格信息。在此方面提供的任何信息均应根据《协定》第10条进行处置。

此外，注意到几个进口成员方对申报价格的准确性所表达的合理关切，海关估价委员会的任务是确定并评估解决此类关切的切实可行的方法，包括出口价格信息交换，并最迟于2002年底向总理事会报告。[②]

因此，关于信息交换的《多哈决定》相比于《内罗毕公约》而言是一个"更柔性的"标准：进口国海关在确有理由怀疑进口商申报价格的真实性或准确性时，可以请求协助，而不是像《内罗毕公约》所要求的"有充分理由相信存在严重的违反海关法规情况"。此外，《多哈决定》在适用范围上限制更多（仅适用于交换出口价格信息），并允许出口国

[①] 参见WTO海关估价委员会《2000年11月7日、13日、24日和29日会议纪要》，G/VAL/M/17(2001年2月14日)；WTO《海关估价委员会主席向总理事会的报告》，G/VAL/36（2000年12月7日）；WTO总理事会《海关估价委员会主席向总理事会主席的报告》，WT/GC/49(2001年9月24日)。

[②] WTO部长级会议第4次会议《2001年11月14日的决定：实施相关事项及关切》，WT/MIN（01)，条款8.3（2001年11月20日）。

海关拒绝与其国内法律和程序不符的请求。

如决定文本所述，在交换此类信息时，《协定》第 10 条规定了所涉海关通常的保密义务：没有提供信息的政府的特别许可，秘密信息不得披露，除非是司法程序要求。[①]

最后，正如《多哈决定》条款所表明的那样，《多哈决定》既是WTO关于信息交换的部长级决定，也是技术委员会的任务——"确定并评估切实可行的方法"来解决发展中成员方关于价格瞒骗的关切，包括出口价格信息交换。

截至本书撰写之日，这些关于解决价格瞒骗问题的"切实可行的方法"的探讨仍在继续。[②]但是，技术委员会已经有了重大突破。应WTO海关估价委员会的建议请求，技术委员会发布了关于海关能够并且应当采取的打击价格瞒骗的方法的详细报告。[③]这份报告还包括一份《海关估价信息交换指南》，分为两个部分：①关于进口国海关在请求出口国海关提供信息之前采取价格审查行动的清单；②推荐一套适用于进出口国海关的估价信息交换程序。

该技术委员会报告全文见附录 5。

---

① 然而，对于机密信息，未经出口国政府特别许可，是否可在进口国的司法程序中予以披露，WTO成员对此似乎意见不一，因为此类披露可能违反出口国的法律。参见 G/VAL/35（2003 年 9 月 30 日）。

② 参见WTO海关估价委员会就执行相关事项与关切的部长级决定条款 8.3 向总理事会提交的报告，WT/MIN（01）/17,G/VAL/50，2002 年 12 月 11 日（截至 2002 年底多哈授权情况）。多哈回合贸易便利化谈判正在考虑海关相关信息交换的提议，从而可能使得关于出口价格信息交换的多哈授权变为多余。参见WTO贸易便利化谈判小组《印度提交的函件》，TN/TF/W/123/Rev.1（2007 年 10 月 1 日）。

③ WTO海关估价委员会《技术委员会对其与申报价格准确性的关切相关的工作职责范围的回复》（G/VAL/51），G/VAL/54（2003 年 5 月 16 日）。
《协定》条款 5.2，在适用倒扣价格法时，如果进口货物，相同或类似货物均未以进口时的原状销售，在进口商的请求下，海关应采用进口货物经进一步加工后的销售价格进行倒扣。《协定》附件 3 第 4 点规定，发展中成员可以保留做出如下决定的权利：如果货物进行了进一步加工，无论进口商是否同意，海关均应按照《协定》条款 5.2，根据加工后的价格来确定完税价格。

§ 4.4 特殊和差别待遇

同其他WTO协定一样，海关估价《协定》给予发展中国家成员一些减让或"特殊和差别待遇"，旨在减少实施中的困难和降低实施成本。根据《协定》，发展中国家成员可获得的减让有以下内容。

4.4.1 延迟实施《WTO估价协定》（条款20.1和附件3第1点）

没有加入1979年《东京回合海关估价守则》的发展中国家成员可在通知WTO总干事的情况下"延迟在其国家全面实施《协定》，延期自《协定》对此类成员生效之日起不得超过5年"。

"发展中国家"和"最不发达国家"

《协定》或其他协定中，没有关于"发展中国家"和"最不发达国家"的定义，这是WTO成员自己宣称他们是"发达国家"还是"发展中国家"。大约三分之二的WTO成员是发展中国家。

目前"最不发达国家"是联合国名单上的50个国家，[1]他们被认为是发展非常落后而且极有可能陷于贫困的国家。

更多关于WTO发展中国家的资讯，可通过WTO官方网站（http://www.wto.org/）查阅。

---

[1] 译者注：根据WTO官方网站，"最不发达国家"截止2021年是46个，后续如有变更，请以官网最新发布为准。

《协定》附件3第1点允许发展中国家申请延期，对此，其他WTO成员在其理由充分的情况下，必须予以积极考虑。截至2002年底，所有根据上述条款给予发展中国家的延迟及其延展期均已到期。

4.4.2　继续使用价格清单/官方最低限价（《协定》附件3第2点）

完税价格的首要基础是成交价格，即进口货物的实付、应付价格。这意味着完税价格必须基于贸易商之间确定的价格，无论价格是高还是低，除非根据《协定》第1条规定的某个理由成交价格不被接受。因此，原则上禁止海关使用一个"官方的"价格清单去取代进口商的成交价格来对进口货物估价，或者由于价格低于"官方的"最低限价而拒绝接受进口商的申报价格。

但是根据《协定》附件3第2点，禁止规定有一个例外的情况：

发展中国家目前如根据官方设定的最低限价确定货物的完税价格，可能希望在限定范围内和过渡性基础上保留该项权力；在上述条款和条件下，各成员可以同意。

新加入的国家在进行减让条款谈判时可以提出减让申请，条款也清楚地规定了不允许之前未使用最低限价的成员开始使用最低限价估价。

截至2007年4月，没有WTO成员在该保留条款下运作[①]。

4.4.3　延期适用计算价格法（《协定》条款20.2和附件3第3点）

发展中国家在适用计算价格法时可以获得两项减让。实施计算价格法要求海关从国外获取并核实成本信息，这存在一些特定的困难，因此发展中国家可以：

---

① WTO海关估价委员会秘书处说明《关于实施GATT 1994第7条的协定》：启用适用于发展中国家成员的特别条款，G/VAL/2/Rev.24（2007年4月27日）。

（1）延期适用计算价格法。此项减让是给予那些非《东京回合海关估价守则》成员的发展中国家的，期限为3年，仅自本《协定》其他条款全部生效之日起开始（即在成员延期适用《协定》5年期届满后）。

（2）限制进口商颠倒倒扣价格法和计算价格法适用顺序的权利。发展中国家可以做出保留，即海关可以拒绝进口商在倒扣价格法之前适用计算价格法的申请，这是对《协定》第4条的减让，第4条规定进口商享有单方面颠倒顺序的权利。

4.4.4 适用倒扣价格法，无须经进口商同意（《协定》附件3第4点）

无论进口商是否提出要求，发展中国家成员可以根据倒扣价格方法对货物估价，即使货物在进口国已经进一步加工。

已经申请或正在上述任一特殊和差别化待遇条款下运作的发展中国家名单载于WTO秘书处的一份文件，该文件定期更新。最新版可通过WTO官方网站（http://www.wto.org/）查阅，文件编号为"G/VAL/2"。

第 5 章

管理和争端解决

§ 5.1 WTO和WCO委员会

第18条 机构

1.特此设立海关估价委员会（本《协定》中简称"委员会"），委员会由来自每个成员的代表组成。委员会应选举自己的主席，通常应每年召开一次会议，或按本《协定》有关条款规定的其他情况召开会议。目的在于为各成员提供磋商机会，就成员涉及海关估价体系管理的、可能影响本《协定》执行或《协定》目标实现的事项进行磋商，同时履行各成员所指定的其他职责。WTO秘书处应担任委员会的秘书处。

2.应设立海关估价技术委员会（本《协定》中称为"技术委员会"），在海关合作理事会（本《协定》中简称"CCC"）的协助下，技术委员会应履行本《协定》附件2中所述的职责，并依照其中所规定的议事规则运作。

《协定》第18条规定设立两个委员会来支持《协定》的管理：即由所有WTO成员代表组成的海关估价委员会（本章中简称"委员会"），以及在WTO协助下开展工作的海关估价技术委员会。

5.1.1 WTO海关估价委员会

委员会为WTO成员提供了一个论坛，方便成员们就实施《协定》中出现的问题进行探讨。特别是就成员间彼此的海关估价制度或全面实施本《协定》中的问题和关切进行讨论。

例如，在委员会会议期间，一个WTO成员可能向另一成员咨询具体货物参考价格的使用、可能错误适用估价方法或者其出口商遇到的与《协定》不符的其他管理问题。期望成员们在委员会会议上通过对话来澄清和解决实施中的问题，从而避免进入正式的争端解决程序。

WTO委员会成员对话

4.2 巴拿马代表通知各成员……由于哥伦比亚实施的一些海关措施生效，……巴拿马在向哥伦比亚的出口中遇到了严重问题。

4.3 海关估价措施对于巴拿马在科隆自由区的活动产生了负面影响。科隆自由贸易区是巴拿马最重要的自由区，位于巴拿马运河的大西洋侧，是巴拿马主要的经济口岸，占巴拿马国内生产总值的8%……哥伦比亚采取的措施影响了包括鞋袜、纺织品、天然气、其他家用电器产品、火柴、毯子及其他产品在内的多种多样的各类货物。需要在《GATT 1994》第7条和《协定》的背景下对其估价措施进行评估。

其代表团已向哥伦比亚书面提出问题……以更详细地了解这些措施。

4.4 哥伦比亚代表团称已收到巴拿马方的相关问题，但是尚未完成必要的内部审议，将会尽快回复。

4.5 加拿大代表称其代表团希望收到哥伦比亚对巴拿马问题的回复。

4.6　巴拿马代表称其代表团期待收到哥伦比亚的回复，并且希望将该议题留置委员会的下一次会议议程。

4.7　中国代表对提出的关切表示赞同。由于其代表团刚刚收到巴拿马方的来函，所以难以详细评论。但其初步回应，看起来值得当事方就有关海关措施的实施进行商讨，并且也请哥伦比亚海关向委员会提交相关决议。

4.8　哥伦比亚代表称，他已经谨慎地注意到这些问题和评论，并向其首都报告，以便在下次会议上做出全面的回应。

4.9　中国香港代表也要求及时通知其代表团关于该事项的回应。

4.10　马来西亚和泰国代表同意中国香港代表的发言。

4.11　委员会同意上述发言，并将在下一次会议上审议该事项。

WTO海关估价委员会《2006年4月25日会议纪要》，G/VAL/M/41（2006年5月24日）。

多年来，委员会通过了一些重要的决定来解释《协定》条款，例如，利息费用和软件的处理①，以及《协定》的管理和委员会的工作程序。所有这些解释和管理决定的文本可参阅委员会的文件G/VAL/5（1995年10月13日），其副本见附件3。

委员会的另一个重要职责就是审议成员们的估价立法。《协定》第22条要求各成员的国内（地区）立法和程序应符合《协定》规定。《协定》明确规定下列要素应纳入本国（地区）立法：

（1）进口人的上诉权（《协定》第11条）。

---

① 见章2.1，委员会关于利息费用和软件的决定的论述。

（2）在等待最终估价决定期间，进口人有权从海关提离货物（《协定》第13条）。

（3）完税价格中包括或不包括国际运输费用（《协定》第8条）。

除此之外，本国（地区）立法制定框架即一国（地区）在其法律中如何实施《WTO协定》条款，由各成员在其各自的宪法和法律框架内自行决定。

为便于委员会审查，各成员需向WTO秘书处提交其估价法律法规的副本，秘书处再转发给所有成员。①此外，各成员必须填报一份《事项清单》，要求说明其实施《协定》特定条款和委员会决定的方式；该"清单"旨在作为委员会审查该成员国内（地区）立法的起点。②

委员会的其他重要的常规工作：

（1）向WTO货物贸易理事会提交一份关于委员会工作和《协定》执行情况的年度报告，例如，通知国内立法最新情况、延期申请等（《协定》第23条规定）。

（2）对发展中国家推迟实施《协定》的申请或特定条款的保留申请做出决定。包括处理成员对此类申请的反对意见，以及设定同意保留的条款和条件（见章节4.4，特殊和差别待遇）。

（3）监督由WCO或WTO成员提供的与海关估价相关的技术援助和能力建设活动。

（4）监督《装运前检验协定》（PSI，该协定没有设立自己的委员会）的执行和运作情况，包括确认实施PSI制度的国家。

委员会通常每年春秋两季在日内瓦召开两次正式会议，需要时也可

---

① 见章节4.2，《协定》第12条估价法律和决定的发布的论述。

② 根据《协定》第22条和《事项清单》做出的《关于国内立法的通知和报送的决定》，G/VAL/5(附录3)；GATT海关估价委员会《1981年1月13日会议纪要》，VAL/M/1 11(1981年2月27日)。

增加会议。所有 WTO 成员均可参加。遵循一般 WTO 决策程序（《协定》第 9 条），参会成员达成共识后做出委员会决定。

加入 WTO 的国家，以及其他被 WTO 总理事会授予观察员身份的政府，可以作为观察员出席会议。与 WTO 密切相关的组织，例如，联合国贸易和发展组织、世界海关组织、世界银行和国际货币基金组织也可以观察员身份出席会议。根据委员会适用的程序规则，观察员也可受邀做会议发言，但不能提出议案（除非特别申请）或参与决策。[①]

委员会从 WTO 成员中选举一位主席，任期一年。由 WTO 秘书处提供协助，其中一人担任委员会秘书。委员会会议纪要可通过 WTO 官方网站（https://www.wto.org/）查阅，文件编号 G/VAL/M/*。

5.1.2 WCO 海关估价技术委员会

《协定》附件 2 规定技术委员会的使命是确保"在技术层面统一对《协定》的解释和适用"。

技术委员会由 WTO 成员的代表组成，他们通常都是海关专家（非 WTO 成员的 WCO 成员可以观察员身份参加技术委员会会议）。会议每两年在布鲁塞尔 WCO 总部召开（为期 5 天）。技术委员会向委员会及 WCO 做报告。关于技术委员会活动情况的报告通常由 WCO 代表在委员会日内瓦会议期间亲自提交。

和委员会一样，技术委员会从成员代表中选举一名主席，任期一年。由 WCO 秘书处协助技术委员会，其中一人作为委员会秘书。

《协定》赋予技术委员会一些重要的任务，包括以下内容：①为成

---

① WTO 海关估价委员会适用与 WTO 总理事会相同的会议规则，但进行了一些修改。参见海关估价委员会《1995 年 5 月 12 日会议纪要》，G/VAL/M/1(1995 年 8 月 11 日)；WTO《部长级会议和总理事会议事规则》，WT/L/161(1996 年 7 月 25 日)；WTO《海关估价委员会议事规则》，G/L/146(1997 年 2 月 24 日)

员就日常海关估价制度管理中出现的具体技术性问题提供意见（例如，如何进行旧车估价）；②为成员提供培训或其他形式的技术援助；③根据《协定》第19条为WTO争端解决小组提供技术支持；[①]④应要求，通过研究和报告为委员会提供一般性支持。

海关估价技术委员会

主要职责

技术委员会应：

（1）编写解释性说明、案例研究和其他指导性文件来指导《协定》的解释。

（2）向WTO委员会和WCO理事会报告工作。

（3）向WTO专家组报告根据《协定》第19条涉及其的事项。

运作方式

技术委员会应：

（1）审查和编写解释性说明、案例研究和其他指导性文件来指导《协定》的解释。

（2）根据WCO理事会的指导方针，设立其职责范围内必需的工作机构并指导其工作。

（3）就其职责范围内的事务与相关的WCO组织工作机构、国际政府和贸易组织开展合作，推进合作项目，分享信息和经验。

（4）将每一次轮值会议的部分时间用于"主题"研讨，以期为发展中国家成员提供更有规划的技术援助形式。

---

① 见章节5.3，争端解决。

所需资源

技术委员会会议通常每年在布鲁赛尔世界海关组织总部举办两次，为期5天。

WCO秘书处负责：

（1）历次会议准备，包括：①行政准备；②在上届会议后8周内，邀请技术委员会成员就技术性问题或其他事项发表意见；③在上届会议后8周内，以3种官方语言分发一份日程草案，并视情更新；④起草对工作文件的评论意见等；⑤确保技术委员会成员在会议日期前3周收到3种官方语言的工作文件。

（2）会议本身，包括：①提交报告和提案；②推进会议进程；③记录讨论情况；④编写报告草案。

（3）跟进会议情况，包括：①编写最终会议报告，并分发给技术委员会成员；②经WCO理事会和WTO委员会批准，以活页简编的形式发布技术委员会通过的文件。

资料来源：世界海关组织

技术委员会向成员提供建议可采用"咨询性意见"的形式，来回答某一成员或多个成员就所关切的具体事项提出的问题。或者，如果建议或信息比较具有普遍性，技术委员会可发布：

（1）评论。"一篇专门文章，包括一系列关于《协定》适用指南的部分文本的评论，目的是对文本本身进行解读时提供指引作为有益补充。"

（2）解释性说明。"阐述技术委员会对于《协定》某个或多个条款所引发的具有普遍性的问题的意见。"

（3）案例研究。"对于一个基于实际商业交易的一整套复杂事实的阐述，可用来演示《协定》某一或多个条款的具体适用。"

（4）研究。"就与《协定》相关的任一问题，经过深入地审查之后，陈述其结论，尤其是根据《协定》附件2第2点（b）款向技术委员会提出的且不太适合纳入上述其他文件的问题。"[1]

技术委员会的咨询性意见及其他文件，本书中也提到一些，由WCO秘书处整理结集成册并以《海关估价纲要》为名发布。

§ 5.2 通知

为提高WTO成员在《协定》管理中的透明度，《协定》及委员会的决定要求成员就特定的规定事项正式通知WTO秘书处以知会其他成员。

所有WTO成员必须就其与估价相关的法律、法规和行政程序的任何变化知会其他成员（《协定》第22条）。同样，如前所述，委员会的一项决定要求所有成员提交其估价立法副本，并书面回复问题清单或《事项清单》，以便获取估价实践方面的信息。

部分WTO成员根据《协定》负有额外的通知义务。发展中国家如果希望申请推迟5年适用《协定》，或申请推迟3年适用第6条（计算价格法），必须就此通知WTO成员。

关于《协定》所要求通知的进一步的详细说明，以及在编写通知时需要的协助，请参阅附录6——WTO《关于通知要求的技术合作手册》，WT/TC/NOTIF/VAL/1（1996年9月9日）。

---

[1] 技术委员会发布的文本，参见《协定》附件2第2点（b）项规定，技术委员会的职责应当包括"根据请求，研究与《协定》有关的估价法律、程序和做法，并形成研究报告"。

§ 5.3　争端解决

第19条　磋商和争端解决

1. "争端解决谅解"适用于本《协定》下的磋商和争端解决，本《协定》另有规定的除外。

2. 如任何成员认为，由于另一成员或其他成员的行动而使其自身在本《协定》下直接或间接获得的利益丧失或减损，或阻碍本《协定》任何目标的实现，则该成员可请求与所涉成员进行磋商，就相关事项达成双方满意的解决办法。各成员应对另一成员提出的磋商请求给予积极考虑。

3. 技术委员会应依请求向进行磋商的成员提供建议和协助。

4. 为审查与本《协定》规定有关的争端事项而设立的专家组，可在争端一方的请求下或自行请求技术委员会对任何需要做技术性审议的问题进行审查。专家组应确定技术委员会对于特定争端的职权范围，并设定技术委员会报告审查结果的时限。专家组应将技术委员会的报告纳入考虑。如技术委员会无法就按照本款规定提交其审查的事项达成一致意见，则专家组应向争端各方提供表达意见的机会。

5. 未经提供机密信息的个人、机构或主管机关的正式授权，向专家组提供的机密信息不得对外披露。如专家组被要求提供此类信息，但未获得发布此类信息的授权，则经提供该信息的个人、机构或主管机关授权，专家组可提供相关信息的非机密内容摘要。

在委员会2006年10月的会议上，菲律宾代表提出一个问题，称该国一重要出口商正在与泰国海关交涉。该菲律宾公司生产并向其泰国关联分销商出口香烟。自当年8月开始，泰国当局明确拒绝接受其香烟的申报价格，因为他们怀疑交易双方为降低税负而设定了一个低价。然而该公司声称，泰国海关事实上有计划有步骤地对其所有进口商品的申报价格提价13%～16%，使该公司每年增加3700万美元的关税和其他税支出，从而保护泰国烟草专卖公司的利益，该专卖公司为国有企业，据说掌握了泰国80%的香烟市场。

受到泰国海关估价措施影响的欧共体及其他WTO成员出口商，都参加了此次及随后的委员会会议。虽然讨论澄清了有争议的做法，但是成员们并未达成让菲律宾满意的解决方法。因此，在2008年初，菲律宾决定启动正式的WTO争端程序。[①]

诸如此类的WTO成员之间的海关估价争端，是根据WTO《关于争端解决的规则和程序的谅解》（以下简称《争端解决谅解》）中规定的磋商和争端解决程序来解决的。该谅解被纳入《协定》条款19.1，用来解决WTO成员之间的争议，无论是在GATT项下还是其他某一WTO多边协定项下产生的争议，通常都是使用该谅解作为解决WTO成员间争议的争端解决机制。《协定》第19条确实还包括除《争端解决谅解》之外的一些特别程序，主要是关于技术委员会在争端过程中的作用。

WTO正式的争端程序（见表5-1）从磋商阶段开启，在此阶段，相关政府必须设法通过谈判解决彼此之间的争议，以避免进入正式诉

[①] 参见WTO海关估价委员会《2006年10月会议纪要》，G/VAL/M/42（2006年12月14日）；WTO海关估价委员会《2007年5月8日会议纪要》，G/VAL/M/43（2007年11月8日）。费利佩·福·萨尔瓦多二世要求WTO解决菲律宾–泰国香烟争端，GMA电视新闻，2008年2月14日，https://www.gmanews.tv/story/80640/BusinessWorld。

讼。[①]受害国将以书面形式向实施伤害行为的一国或多国提交"磋商请求"，并说明所涉措施及诉求的法律依据。在争端中如涉及其他WTO成员"重大商业利益"的，相关成员可要求加入磋商，但需经回应方同意方可加入。此外，《协定》条款19.2允许各方为解决争端向技术委员会请求技术性建议和协助。

如果磋商成功，当事方通常会将"双方商定的解决办法"通知争端解决机构（DSB）。事实上，大约半数的WTO争端是以某种方式在磋商阶段解决的。

---

① WTO争端程序的后续说明可参照WTO官方网站"争端解决（Dispute settlement）"门户链接下关于"WTO争端解决的介绍"。

表5-1 争端解决程序

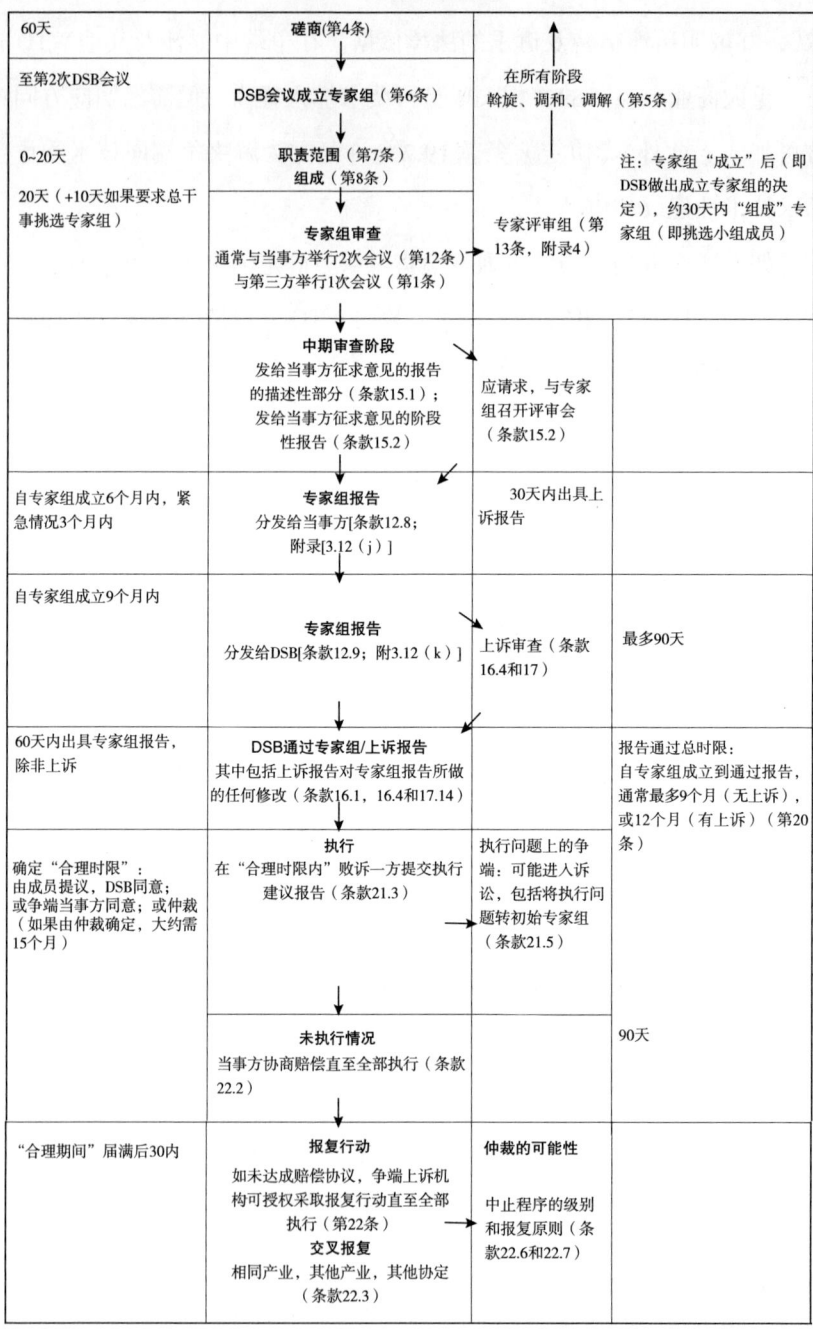

时限	程序	平行程序
60天	**磋商(第4条)**	在所有阶段 斡旋、调和、调解（第5条）
至第2次DSB会议	**DSB会议成立专家组（第6条）**	
0~20天	**职责范围（第7条）** **组成（第8条）**	注：专家组"成立"后（即DSB做出成立专家组的决定），约30天内"组成"专家组（即挑选小组成员）
20天（+10天如果要求总干事挑选专家组）	**专家组审查** 通常与当事方举行2次会议（第12条） 与第三方举行1次会议（第1条）	专家评审组（第13条，附录4）
	中期审查阶段 发给当事方征求意见的报告的描述性部分（条款15.1）； 发给当事方征求意见的阶段性报告（条款15.2）	应请求，与专家组召开评审会（条款15.2）
自专家组成立6个月内，紧急情况3个月内	**专家组报告** 分发给当事方[条款12.8；附录[3.12（j）]	30天内出具上诉报告
自专家组成立9个月内	**专家组报告** 分发给DSB[条款12.9；附3.12（k）]	上诉审查（条款16.4和17） 最多90天
60天内出具专家组报告，除非上诉	**DSB通过专家组/上诉报告** 其中包括上诉报告对专家组报告所做的任何修改（条款16.1、16.4和17.14）	报告通过总时限： 自专家组成立到通过报告，通常最多9个月（无上诉），或12个月（有上诉）（第20条）
确定"合理时限"： 由成员提议，DSB同意； 或争端当事方同意；或仲裁（如果由仲裁确定，大约需15个月）	**执行** 在"合理时限内"败诉一方提交执行建议报告（条款21.3）	执行问题上的争端：可能进入诉讼，包括将执行问题转初始专家组（条款21.5）
	未执行情况 当事方协商赔偿直至全部执行（条款22.2）	90天
"合理期间"届满后30内	**报复行动** 如未达成赔偿协议，争端上诉机构可授权采取报复行动直至全部执行（第22条） **交叉报复** 相同产业，其他产业，其他协定（条款22.3）	仲裁的可能性 中止程序的级别和报复原则（条款22.6和22.7）

什么是争端解决机构?

　　争端解决机构（总理事会的另一种形式）由所有 WTO 成员组成。争端解决机构拥有唯一授权来成立专家"小组"审议案件，接受或驳回专家小组的审议结果或上诉结果，监督裁定和建议的执行情况，如一国不遵守裁定，争端解决机构有权授权采取报复行动。

资料来源：WTO 官方网站争端解决门户

　　如果磋商不成功，60 天后，受害方可请求 DSB 成立专家组来裁定案件。专家组是一个临时裁决机构，由 3 个（或 5 个，如果当事方同意如此）独立且资质良好的非争端当事方的公民组成（同样，除非当事方另有商定）。争端当事方在 WTO 秘书处提名的（通常来自秘书处根据成员们报送的人选而设置的常设专家名单）基础上，尽量通过相互协商来选定专家组成员。如果当事方无法达成一致，则根据任一方请求，由 WTO 总干事指定专家组成员。

　　专家组将根据当事方提交的书面或口头证据和论据及专家们的报告或论证来裁定案件。考虑到海关估价的专业性，《协定》条款 19.4 规定技术委员会为专家组提供协助，"对需要技术性审议的问题进行审查"并报告其结果。

　　根据《争端解决谅解》规定的时限，专家组通常应在 6~9 个月内提供最终报告，但是在涉及诸如易腐货物等紧急情况时，最终期限为 3 个月。专家组报告一旦提交，DSB 应在 60 天内通过报告，除非 DSB 成员（即 WTO 成员）一致不同意该报告，或争端的当事一方或双方提出上诉。

　　上诉由 7 人上诉机构的其中 3 名成员负责审理。他们是"公认的权威人士，一般具有法律、国际贸易、WTO 估价和其他 WTO 协定等事务方面令人信服的专业知识"，且不隶属于任何政府。上诉机构成员任期4年，可连任一次。在进行上诉裁定时，上诉机构不得考虑新的证据，除非是专家组的法律意见或法律解释。上诉裁定可以维持、变更或推翻专家组的法律调查结果和结论。通常，上诉程序必须在60天内结束，最长不得超过90天。DSB必须在30天内接受或驳回上诉报告，仅当达成"否决"共识时才可驳回。

如果DSB的决定不利于某WTO成员，该成员必须在规定的时间期限内遵循专家组报告或上诉报告的建议；一般来说，这意味着该成员必须撤销伤害性措施。《争端解决谅解》还设置了关于执行DSB裁定的进一步的规则和程序，包括规定如果未撤销措施则应协商赔偿，以及使用贸易制裁作为最后手段等。

关于WTO争端解决程序的详细指引、培训材料和案例研究，以及争端个案的文件，可通过WTO官方网站的"争端解决"门户查阅。

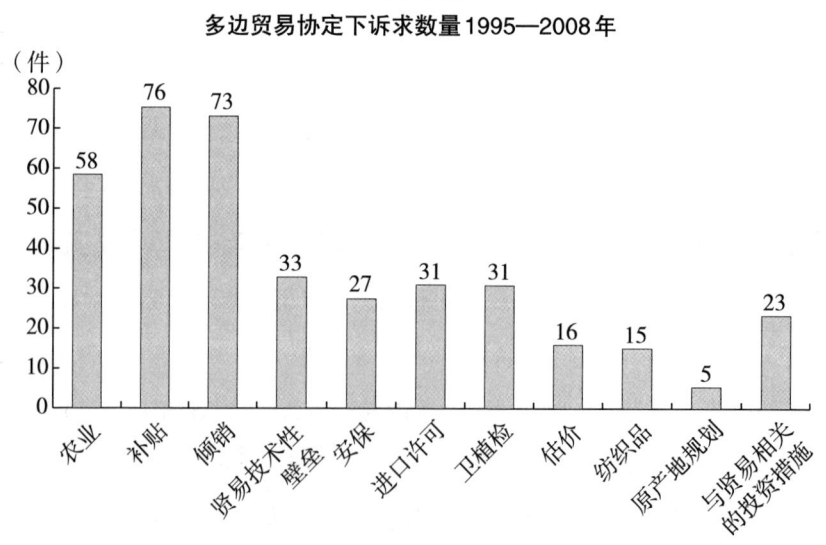

图5-1　WTO主题事务争端案例诉求 1995—2008年

在 WTO 的前 15 年，涉及海关估价事项进入正式的争端解决程序的情况相对很少。自 1995 年至 2008 年 5 月期间，共有 376 个由请求磋商发起的争端案例（见图 5-1），其中仅 16 个案例涉及估价诉求（约占 4%）。在此期间更为常见的案例是违反其他多边协定，尤其是《反倾销协定》《农业协定》《反补贴税协定》等。[①]

归纳截至目前的估价争端案例，我们可以发现：第一，几乎所有案例都涉及同一个问题或事项，即使用最低限价或参考价格来替代选定货物（通常是敏感货物，如纺织品或课税货物）的成交价格；第二，估价案例通常涉及《GATT 1994》或者一个或多个其他多边协定诸如《反倾销协定》项下的诉求；第三，几乎所有涉及估价诉求的案例都在"磋商阶段"通过各种方式解决，并没有成立专家小组。

涉及海关估价事项的 WTO 争端解决案例摘要参见附录 7。

---

① WTO《争端解决案例更新》，WT/DS/OV/33(2008 年 6 月 3 日)。

第 6 章

结论

在写这本书的时候，《协定》已经出台 15 年了。适用该《协定》的 153 个 WTO 成员，代表了经济发展的各个层级，充分体现了各国（地区）进口贸易的多样性。如果考虑其前身《GATT 估价守则》，这些估价规则已经在国际实务中运用了 30 多年。那么 WTO 成员如何看待《协定》？它主要的不足之处是什么，如果有的话，还有什么可以改进的？共同的海关估价规则的未来是什么呢？

§ 6.1　发展中国家和发达国家的分歧

自 20 世纪 70 年代末东京回合谈判时，关于 WTO 海关估价制度的主要疑问可能就已经存在了，即该制度是否完全适应了发展中国家和最不发达国家的需求。如前面章节所述，对《协定》或其前身《GATT 估价守则》所做的主要修改均因发展中国家而起，是因为担心《协定》不足以保护这些国家免受进口商欺诈。这些发展中国家税率普遍较高、政府收入更为依赖关税，因此欺诈行为对其影响尤为严重。于是，在东京回合谈判中，发展中国家成功地将《议定书》纳入其中，允许发展中国家除其他保护条款之外，还可以在一定的过渡期内继续使用最低限价制度。在乌拉圭回合谈判中，成员们通过了《关于海关有理由怀疑申报价格真实性或准确性的情况的决定》，以便在涉嫌欺诈时明晰和平衡海关和进口商之间的举证责任。近些年来，经发展中国家提议，对《协定》做出了多项修改来对付欺诈行为，例如，各国海关之间交换信息的约束性规则，以审查进口商的申报价格。①

---

① 参见章节 4.3.4。其他近期"反欺诈"提案包括取消目前从完税价格中扣减买方佣金和由进口国提供的工程和设计服务费用，以及授权使用国内市场价格和出口市场价格作为价格基础。海关估价委员会向贸易谈判委员会提交的《关于实施部长级宣言第 12 款相关事项》报告，G/VAL/49（2002 年 11 月 25 日）。

　　《协定》是否受到发达国家和发展中国家分歧的困扰呢？对这个问题，有一种尖锐的批评观点指出，《协定》是由发达国家设计并为了发达国家的利益而去完善其特定的贸易体系的，并不适合一些发展中国家的情况。[①]

　　该批评观点认为：在发达国家，关税税率低，关税仅占政府收入的一小部分；少数大型的综合性贸易商在国家进口中占据重要份额；[②] 在所有进口货物中，大宗货物占比很高。在这种贸易环境中，"成交价格"制度即以进口商申报的货物价格作为估价基础是比较可行的，因为进口商没有那么多的动机去欺骗政府，而且即便没有发现欺诈行为，对政府收入的影响也没有那么大。另外，这些发达国家已经拥有了相关的机构、技术和程序去管理和实施此类制度。例如，后续稽查和会计审查技能、要求和实行进口商保存记录的法律、自动申报系统、风险分析和布控以便能发现欺诈活动等。该批评观点还认为，许多发展中国家的贸易体系和现实情况是非常不同的，他们的进口商大多是从事小规模货物交易的随机型贸易商，而海关也普遍存在基础设施有限且管理能力落后的情况。

　　还有一种观点认为《协定》是由少数发达国家制定并强加于其他国家的，对于这种观点，一直存在争议，认为其存在一定的主观性，并没有完整地体现东京回合谈判的历史过程。[③] 如章节1.2.2所述，最后演变成《GATT估价守则》的初始谈判文稿是欧共体代表草拟的，采纳了源自发达国家如美国、加拿大和澳大利亚等国的估价制度的概念。因而批评观点认为，该文本带有"贸易发达国"的味道，例如，特殊关系交易

[①] 参见J.M.芬格和P.舒勒编写的《执行乌拉圭回合谈判承诺：发展带来的挑战》（1999年10月）；海关估价委员会《2002年5月7日会议纪要》，G/VAL/M/28（2002年7月18日）。

[②] 例如，在美国，81万家进口商申报货物，其中3000家的进口值几乎占进口货物总值的75%。参见美国海关和边境保护局《CDP贸易战略：2009-2013财政年度》第6页。

[③] 参见G/VAL/M/28（美国和欧共体代表的评述）。

评估、协助的估价和特许权使用费的处置等，由于发达国家拥有参与外包和类似的全球生产过程的大型跨国进口商，这些规定对他们更为重要。但是，在东京回合谈判的后期，发展中国家更多地参与进来也是不争的事实，东京回合谈判设法通过的《议定书》，赋予发展中国家推迟实施全部或部分《协定》的权利，我们上面已经谈论过。最后的文本可能并没有解决当时发展中国家和最不发达国家遇到的所有甚至是核心的海关问题，但确实针对他们的特殊情况做了重要的让步。

除了谈判进程中的不同意见之外，《协定》更适合发达国家的情况吗？各国政府有理由担心不断变化的制度直接影响其税收且无法预知结果，又没有足够的手段来预防欺诈和税收流失。但是对比其他备选制度来评价《协定》时，就必须考虑它对发展中国家和发达国家的贸易商都起到的积极作用。WTO制度旨在为贸易商提供更为公平和透明的规则，因为它是以进口商的商业记录为基础，而不是以海关确定的名义价格或政府当局确定的价格清单为基础。[1]《协定》条款和《关于海关有理由怀疑申报价格真实性或准确性的情况的决定》对海关拒绝或提高申报价格的权力做出了限制。除了《协定》明确规定的情形之外，海关必须以包括折扣在内的进口商与其供应商谈判的实际交易作为估价依据，而不能以海关关员或政府当局认为货物值多少钱作为货物价格。此外，对海关自由裁量权的限制看起来也有利于小型贸易商，因为自由裁量权可能导致索要回馈，而小型贸易商通常比大型公司更容易受到腐败的困扰。[2]

---

[1] 在本书第204页注释①所引用的文章中，作者建议，价格清单估价制度可能更适合发展中国家，只要该清单对外发布且定期审核，也可能与进口商合作，因为这样便于海关管理。同时，这些作者也认识到，除非是较少的几种商品，实际上不太可能去确定（并持续更新）一个多种产品的价格清单。可以想象一下维护一个贸易中所有商品的价格清单，管理会多么复杂：《协调制度》商品分类体系有5000个左右的产品分类。

[2] 参见《金融与发展》，1998年第35期，第7页，"反腐败和发展"，C.W.格雷和D.考夫曼著。

§ 6.2 海关现代化需求

但是，对《协定》的批评有一个基本要点必须得到承认。今天海关专家认识到，有效的海关管理，无论是海关估价领域还是其他海关业务，都需要运用风险管理技术、后续稽查、与贸易商和其他海关进行信息交换，这些都是《京都公约》中所描述的现代化海关的通关程序和管理措施。这种海关现代化，意味着开发人力资源、重构海关组织、与贸易商建立新型工作关系、变更法律法规、应用信息技术等，这些对发展中国家而言花费巨大，而发展中国家可能有其他更为紧迫的优先事务。于是，在这种海关现代化缺位的情况下，一国可能名义上采用WTO估价规则，其实为保护税收，在实施中并未按照《协定》条款和原则运作。例如，依赖价格清单和价格资料库，经常拒绝进口商的申报价格而诉诸使用合理方法估价等。

执行中的挑战

对发展中国家而言，他们认为：

①海关难以获取相同或类似货物的价格数据，尤其是在旧货（电器、资本设备、汽车、服装）、租赁设备、样品、新产品的进口估价方面。

②进口商提交或保存的单据和记录不完整或不可信，尤其是"水客""皮包公司"或其他非正规贸易商的进口货物，或从邻国自由贸易区进口的货物。

③低报价格、两套发票和其他进口商欺诈。例如，使用现金支付以逃避追查；仅披露全部支付款项中的一部分。

---

④缺乏相关的海关专业技能和信息来源，尤其是在技术性估价规则、会计审查和后续稽查、反欺诈调查方面；技术性的复杂的关联方转让定价模式验证。

⑤（经过培训的）海关人员的高转岗率。

⑥不完善的法律支持体系。例如，违反估价规定的处罚制度及可供海关审查的进口商记录保存制度。

⑦政府制定的税收目标。

⑧信息技术缺乏或不足。尤其是为维护有效的价格参考信息和价格风险管理所需的技术应用和资料库。

⑨在海关或政府内部缺乏对支持实施所需的行政/管理变革的一定程度的认可；拒绝变化。

⑩在适用某些WTO规则方面不够明确或存在困难，尤其是关于买方佣金、独家代理/经销的特别折扣、转让定价、价格资料库使用、涉嫌欺诈的举证责任等方面的WTO规则。

资料来源：WTO估价研讨会《发展中国家报告（2003—2007）》。

因为认识到发展中国家所面临的挑战，所以《协定》鼓励发达国家协助发展中国家实施"双边议定条款"。①不过，《协定》在这一点上并不是约束性的，因为没有要求发达国家做出明确的承诺，而且如果发达国家不给予协助也不能免除发展中国家在《协定》项下的义务。此外，

---

① 《协定》条款20.3："根据发展中国家成员要求，发达国家成员应按双方议定的条件向其提供技术援助。在此基础上，发达国家成员应拟定技术援助计划，内容可涵盖人员培训、协助制定实施措施、关于海关估价方法相关信息的提供以及关于实施本《协定》的建议等。"

在 20 世纪 70 年代后期东京回合谈判时，当时文本中纳入了技术援助的规定，但各方尚未充分意识到为支持有效实施新估价制度所需的海关现代化变革的内容会如此之多，当然也包括发展中国家所需的支持实施的类型和程度。许多发达国家成员和国际组织确实提供了海关估价方面的技术协助，但是所提供的协助及受援对象是由施援方出于政治的、战略的或其他国家因素的考量而做出的决定，并不是一个全面合作方案的组成部分。

§ 6.3 新法律规则

无论是否回应发展中国家在实施中反馈的问题，至少在可预见的未来，《协定》不太可能发生根本性的改变。一般来说，考虑到很难在 153 个成员间达成共识[1]，因此 WTO 成员看起来不愿意开放《协定》来重新谈判，也不愿意去破坏一个 15 年或更长一段时期以来各国海关和成千上万的贸易商们一直使用和依赖的制度体系。值得关注的是，自《东京回合守则》以来，当出现任何重大的立法变化时，都是以部长级会议决定或者 WTO/GATT 海关估价委员会的解释性决定的形式来发布，而不是修改《协定》文本本身。

虽然没有对《协定》进行修改，但是发达国家和发展中国家在执行中的差距正在不断缩小。在对发展中国家开展技术援助工作时，我们已经发现海关关员对 WTO 估价规则的理解日益深刻。这可能要归因于多年来施援方提供的培训和技术援助计划，以及通过网络可以获取更多的信息和技术性资料，还有在区域和国际论坛上与同事们交换意见，或者仅

---

① 译者注：截至 2021 年 WTO 官方网站更新的成员为 164 个。

仅是日常工作中根据《协定》处理估价问题的实践经验。此外，许多发展中国家致力于内涵更为丰富的海关现代化建设，改进流程和制度，不断向上面所描述的"发达国家"模式靠拢。许多国家还加入了《京都公约》，用 WCO 的话来说，这是"21 世纪现代化和高效的海关作业蓝图"。

海关现代化建设所需的成本和技能对一些发展中国家来说仍然是个难题。但是通过正式的 WTO 行动可能找到解决的办法。这个行动不是在海关估价规则领域，而是 2004 年 8 月与多哈回合关联启动的一轮 WTO 谈判中达成的"贸易便利化"协定。

这些贸易便利化谈判的基本主题就是"进一步促进货物流动、放行和清关，包括过境货物"规则[①]。上述新协定可能要求所有 WTO 成员实施以风险管理为基础的海关管理体系，包括使用后续稽查，当怀疑进口商申报价格的真实性或准确性时各国海关之间的信息交换机制，以及其他一些建议。换言之，为全面有效实施《协定》，统一的海关作业流程是非常重要的。

当然，仅仅对 WTO 成员施加这些新的规则和义务并不能解决发展中国家在实践中所面临的挑战。"贸易便利化"协定的创新之举在于，将会明确发展中国家和最不发达国家的承诺以发达国家和国际组织提供充分有效的技术援助和能力为条件。因此，如果发展中国家和最不发达国家所需的技术援助没有到位，那么他们就没有义务实施这些新措施，也不会在 WTO 争端诉讼程序中被其他成员追究责任。因此，提供技术援助使得"贸易便利化"协定取得实际成果是符合发达国家和先进的发展中国家的利益的，他们也是这些谈判的主要支持者。

---

① WTO《多哈工作方案：总理事会 2004 年 8 月 1 日通过的决定》，WT/L/579（2004 年 8 月 2 日）（附录 4）。

§ 6.4 展望未来

那么，WTO估价制度的未来是什么？

从长远来看，由于WTO或区域性市场准入谈判成功地进一步削减了进口关税，海关估价问题应该有所减少，不再富有争议。如果最终取消关税和边境税，那么对于估价规则的需求及在适用规则中所产生的争议将会随之消失。但是，除非直到自由贸易理想实现的那一天，在此之前始终需要一个共同的估价规则制度。国际贸易界仍然会选择《协定》作为估价规则来平衡贸易便利化和政府税收两者的需求，大概率将会以现有的形式继续发挥作用。

与其他任何谈判和妥协的产物一样，WTO估价规则并不完美。《协定》的一些规定不够清晰。例如，委员会已经意识到仅特许权使用费一项问题就需要发布13个咨询性意见。然而，这些WCO和WTO的解释性决定也证明了《协定》确实提供了一种机制（即WCO和WTO委员会），来让成员们探讨和解决此类不明晰的问题或者估价技术和政策方面的其他问题。对《协定》而言，更为艰巨的挑战是，有效实施WTO估价制度需要海关具备上面所说的行政和执法能力。综上所述，各WTO成员及彼此之间正在努力通过海关现代化进程来应对挑战，期望所有国家将来能够在同一水准上实施《协定》，从而充分实现其预期的成效。

附录 1

《WTO 估价协定》文本

一般介绍性说明

1.本《协定》下完税价格的首要基础是第 1 条所定义的"成交价格"。第 1 条应与第 8 条一起理解。第 8 条特别规定,如果某些被认定为完税价格组成部分的特定要素由买方负担,但未包括在进口货物的实付、应付价格中,则应对实付、应付价格做出调整;第 8 条还规定,成交价格中应计入以特定货物或服务的形式而非以货币的形式由买方转给卖方的某些对价。第 2 条至第 7 条规定了在根据第 1 条规定不能确定完税价格时确定完税价格的方法。

2.如根据第 1 条的规定不能确定完税价格,则海关和进口商通常应进行磋商,以期根据第 2 条或第 3 条的规定确定价格的基础。例如,一方面进口商有可能掌握相同或类似进口货物完税价格的信息,而进口地海关却不掌握此类信息;另一方面,海关可能掌握相同或类似进口货物完税价格的信息,而进口商却不容易获得此类信息。双方在保护商业秘密的前提下进行磋商,可使信息得到交流,以便确定海关估价的适当依据。

3.在不能根据进口货物或相同或类似货物的成交价格确定完税价

格时，第5条和第6条规定了确定完税价格的两个依据。根据第5条第1款，完税价格以货物按进口时状态向进口国内无特殊关系买方销售的价格为基础确定。如进口商提出请求，进口商还有权要求对进口后经进一步加工的货物也根据第5条的规定确定完税价格。根据第6条规定，完税价格根据计算价格确定。这两种方法的适用都会带来某些困难，因此，按照第4条规定，进口商有权选择这两种方法的适用顺序。

4.上述各条规定均无法适用的情况下，应根据第7条确定商品完税价格。

各成员：

考虑到多边贸易谈判；

期望促进《GATT 1994》目标的实现，并确保发展中国家在国际贸易中获得更多利益；

认识到《GATT 1994》第7条规定的重要性，并期望对这些规定进行具体阐述，以便进一步确保执行中的统一性和确定性；

认识到需要建立一个公平、统一和中性的海关估价制度，以防止使用武断或虚构的完税价格；

认识到海关确定货物完税价格的基础应尽可能采用被估价货物[1]的成交价格；

认识到完税价格应依据符合商业惯例的简单、公正的标准，且估价制度应不区分供货来源而普遍适用；

认识到估价制度不应用于反倾销。

特此协议如下。

---

[1] 译者注：被估价货物（Goods being Valued）指完税价格有待确定的货物。以下简称"被估货物"。

第一章　海关估价规则

────────────── **第1条** ──────────────

1.进口货物的完税价格应为成交价格，即该货物出口销售至进口国时依照第8条的规定进行调整后的实付、应付价格，只要：

（a）不对买方处置或使用该货物设置限制，但下列限制除外：

　　（i）进口国的法律或政府主管机关强制执行或要求的限制；

　　（ii）对该货物转售地域的限制；

　　（iii）对货物价格无实质影响的限制。

（b）销售或价格未受到某些使被估货物的价值无法确定的条件或因素的影响。

（c）卖方不得直接或间接得到买方进口后对该货物转售、处置或使用而获得的任何收益，除非该收益能够依照第8条的规定进行适当调整，计入完税价格。

（d）买方和卖方无特殊关系，或在买方和卖方有特殊关系的情况下，其成交价格根据本条第2款的规定是可接受的。

2.（a）在根据本条第1款确定成交价格是否可接受时，买卖双方之间存在第15条所规定的特殊关系这一事实本身并不构成该成交价格不能接受的理由。在此情况下，应对销售环境进行审查，只要此种关系并未影响价格，即应接受该成交价格。如根据进口商提供的信息或其他相关信息，海关有理由认为此种关系影响了价格，则海关应将其理由告知进口商，并给予进口商进行反馈的合理机会。如进口商提出请求，则海关应以书面形式将其理由告知进口商。

（b）在关联方之间的交易中，只要进口商证明成交价格非常接近同时或大约同时发生的下列价格之一，则该成交价格应被接受，并依照本条第1款的规定确定完税价格：

（ⅰ）出口销售至同一进口国的相同或类似货物售予无特殊关系买方的成交价格；

（ⅱ）根据第5条的规定确定的相同或类似货物的完税价格；

（ⅲ）根据第6条的规定确定的相同或类似货物的完税价格。

在适用上述测试价格时，应适当考虑在商业水平、数量水平、第8条所规定的调整要素等方面存在的有证据支持的差异，以及在买卖双方无特殊关系的销售中卖方承担的费用与在买卖双方有特殊关系的销售中卖方不予承担的费用之间的有证据支持的差异。

（c）第2款（b）项所列的价格测试应由进口商发起使用，且仅用于价格比对。不得以第2款（b）项规定的测试价格替代海关估价。

--- 第2条 ---

1.（a）如进口货物的完税价格不能根据第1条的规定确定，则完税价格应采用与被估货物同时或大约同时出口销售至同一进口国的相同货物的成交价格。

（b）在适用本条时，应以与被估货物处于相同商业水平、数量基本相同的相同货物的成交价格，确定完税价格。如未发现前述相同货物，则可使用不同商业水平和/或不同数量的相同货物的成交价格，并应对因不同商业水平和/或不同数量而产生的差异做出调整。只要此类调整是基于确凿的证据做出，且该证据能够清晰地证明调整的合理性和准确性，而无论该调整是否导致价格的提高或降低。

2.如成交价格包括第8条第2款所指的成本和费用，而进口货物与相同货物之间由于距离和运输方式的不同而在此类成本和费用方面产生了显著差异，则应对成交价格做出调整。

3.在适用本条时，如果存在一个以上的相同货物成交价格，则应使用最低的成交价格确定进口货物的完税价格。

第3条

1.（a）如进口货物的完税价格不能根据第1条和第2条的规定确定，则采用与被估货物同时或大约同时出口销售至同一进口国的类似货物的成交价格，确定完税价格。

（b）在适用本条时，应以与被估货物处于相同商业水平、数量基本相同的类似货物的成交价格确定完税价格。如未发现前述类似货物，则可使用不同商业水平和/或不同数量的类似货物的成交价格，并应对因不同商业水平和/或不同数量而导致的差异做出调整。无论该调整是否导致价格的提高或降低，只要此类调整是基于确凿的证据做出，且该证据能够清晰地证明调整的合理性和准确性。

2.如果成交价格包括第8条第2款所指的成本和费用，而进口货物与类似货物之间由于距离和运输方式的不同而在此类成本和费用方面产生了显著差异，则应对成交价格做出调整。

3.在适用本条时，如存在一个以上类似货物的成交价格，则应使用最低的成交价格确定进口货物的完税价格。

第4条

如进口货物的完税价格不能根据第1条、第2条和第3条的规定确定，则完税价格应根据第5条的规定予以确定；如完税价格也不能根据第5条规定予以确定，则应根据第6条的规定予以确定。如进口商提出请求，可将第5条和第6条的适用顺序予以颠倒。

───────────── 第5条 ─────────────

1.（a）如进口货物、相同或类似进口货物在进口国按进口时的状态销售，则根据本条规定，进口货物的完税价格应依据与其进口同时或大约同时将该进口货物、相同或类似进口货物以最大销售总量售予无特殊关系买方的单位价格确定。但需扣除下列项目：

（ⅰ）与在进口国销售同级别或同种类货物有关的通常支付或议定支付的佣金，或通常作为利润和一般费用的加成数额；

（ⅱ）在进口国内发生的运输和保险的通常费用及相关费用；

（ⅲ）如有规定[①]，第8条第2款所指的成本和费用；

（ⅳ）在进口国因进口或销售货物而应付的关税和其他国内税。

（b）如进口货物、相同或类似进口货物均未在与被估货物进口的同时或大约同时进行销售，则完税价格仍应遵守第1款（a）项的规定，依据进口货物、相同或类似进口货物在被估货物进口后90天内的最早时间以进口时的状态在进口国销售的单位价格予以确定。

2.如进口货物、相同或类似进口货物均非以进口时的状态在进口国销售，则在进口商的请求下，完税价格应以进口货物经进一步加工后以最大销售总量售予进口国内无特殊关系买方的单位价格为基础确定，同时应考虑加工后的增值部分和第1款（a）项规定的扣减项目。

───────────── 第6条 ─────────────

1.按照本条规定，进口货物的完税价格应以计算价格为基础确定。计算价格应由下列金额组成：

───────────────────

① 译者注：《协定》第8条第2款规定，WTO成员可选择对有关运输费用是否计入完税价格进行明确。本文此处意指，根据WTO成员各自的规定，第8条第2款涉及的相关运费有可能需要扣减。

（a）生产进口货物所使用的原料以及制造或其他加工的成本或价值；

（b）利润和一般费用，相当于出口国生产商生产制造的、向进口国出口的、与被估货物同级别或同种类货物的销售中通常所反映的利润和一般费用；

（c）反映该成员根据第8条第2款做估价选择必需的所有其他费用的成本或价值。[①]

2.就确定计算价格而言，任何成员不得要求或强迫不居住在其领土内的任何人向其呈验或允许其查阅任何账目或其他记录。但是，经生产商同意，并在提前通知相关国家政府且后者不反对调查的前提下，货物的生产商为适用本条规定确定完税价格所提供的信息可由进口国主管部门在另一国进行审核。

第7条

1.如进口货物的完税价格不能按照《协定》第1条至第6条的规定予以确定，则应使用符合《协定》和《GATT 1994》第7条的原则和总则的合理方法，以进口国可获得的数据为基础确定完税价格。

2.按照本条的规定，完税价格不得以下列内容为依据确定：

（a）进口国生产的货物在该国的销售价格；

（b）规定为海关估价目的而采用两种备选价格中较高价格的制度；

（c）出口国国内市场上的货物价格；

[①] 译者注：《协定》第8条第2款规定，WTO成员可选择是否将运输及其相关费用、保险费计入完税价格。本文此处意指，根据WTO成员的国内立法，第8条第2款涉及的相关运保费有可能需要计入完税价格。

（d）依照第6条规定为相同或类似货物确定的计算价格以外的生产成本；

（e）出口至进口国以外其他国家的货物的价格；

（f）海关最低限价；

（g）武断或虚构的价格。

3.如进口商请求，应将根据本条规定确定的完税价格和确定该价格所使用的方法以书面形式告知进口商。

───────────── 第8条 ─────────────

1.根据第 1 条的规定确定完税价格，应在进口货物的实付、应付价格中计入：

（a）下列各项，只要由买方负担但未含在货物实付、应付价格中：

（i）佣金和经纪费用，买方佣金除外；

（ii）海关监管方面认为与货物视为一体的容器的费用；

（iii）包装费用，无论是人工费用还是材料费用。

（b）由买方以免费或低于成本的方式直接或间接提供的、用于进口货物的生产和出口销售的、按适当比例分摊的下列货物和服务的价值，只要该价值未包含在实付、应付价格中：

（i）进口货物包含的材料、部件、零件和类似货物；

（ii）在生产进口货物过程中使用的工具、冲模、铸模和类似货物；

（iii）在生产进口货物过程中消耗的材料；

（iv）生产进口货物所必需的、在进口国以外的其他地方进行的工程、开发、工艺、设计以及规划和制图。

（c）作为被估货物销售的条件，买方必须直接或间接支付的、与被估货物有关的特许权使用费，只要此类费用未包含在实付、应付价格中。

（d）卖方直接或间接从买方对该货物进口后的转售、处置或使用所得收益中获得的任何收益。

2.各成员在立法时，应对完税价格是否全部或部分地包括、或不包括下列各项内容做出规定：

（a）进口货物运至进口港或进口地的费用；

（b）与进口货物运至进口港或进口地的运输相关的装卸费和处理费；

（c）保险费。

3.根据本条规定计入实付、应付价格的费用应以客观和可量化的数据为依据。

4.除本条所规定的内容外，在确定完税价格时，不得将其他内容计入实付、应付价格。

──────────── **第9条** ────────────

1.如确定完税价格需进行货币换算，则使用的汇率应为有关进口国的主管部门正式公布的汇率，并且该汇率应尽可能有效地反映出在所公布汇率适用期间内以进口国货币表示的该种货币在商业交易中的现值。

2.所使用的汇率应为各成员规定的进口或出口时适用的汇率。

──────────── **第10条** ────────────

对于所有属秘密性质的信息或在保密基础上为海关确定完税价格而提供的信息，海关应严格按秘密信息处理，未经提供信息的个人或政府的特别许可，海关不得披露，除非在诉讼程序中要求予以披露。

─────────────────── 第11条 ───────────────────

1.各成员的立法应规定，在完税价格确定方面，进口商或其他纳税义务人拥有上诉而不受处罚的权利。

2.行使上述权利时，可向海关内部的一个部门提出，或向一个独立机构提出。各成员的立法均应规定进口商或其他纳税义务人拥有向司法机关提出上诉而不受处罚的权利。

3.应将上诉决定的通知送达上诉人，并以书面形式告知其做出该决定的理由。其他涉及进一步上诉的权利也应一并告知上诉人。

─────────────────── 第12条 ───────────────────

为实施本《协定》所颁布的法律、法规、司法决定和行政裁定，应由有关进口国按照《GATT 1994》第10条所规定的方式予以公布。

─────────────────── 第13条 ───────────────────

在确定进口货物的完税价格的过程中，海关如需推迟完税价格的最终确定，进口商应仍然可以从海关提取货物；如有此要求，进口商可以足够涵盖该货物最终应付税款的保证金、存款或其他适当方式提供充分的担保。各成员的立法应对此做出规定。

─────────────────── 第14条 ───────────────────

本《协定》附件1的注释为《协定》的组成部分，《协定》各条款应与各自的注释一并理解和适用。附件2和附件3也构成《协定》的组成部分。

─────── 第15条 ───────

1.在本《协定》中：

（a）"进口货物的完税价格"指海关对进口货物征收从价关税所使用的货物的价格；

（b）"进口国"指进口国家或进口关境；

（c）"生产的"包括种植的、制造的和开采的。

2.在本《协定》中：

（a）"相同货物"指在所有方面都相同的货物，包括物理特性、质量和声誉。外观上的微小差别不妨碍在其他方面符合定义的货物被视为相同货物。

（b）"类似货物"指虽然不是在所有方面都相同，但因具有相似的特性及相似的组成材料而具有相同功能并在商业上可以互换的货物。在确定货物是否类似时，应将货物的质量、声誉和商标纳入考虑。

（c）"相同货物"和"类似货物"不包括：涉及在"进口国"内进行的工程、研发、工艺、设计及规划和制图，且根据本《协定》第8条第1款（b）项（iv）目未将此类因素调整计入完税价格的货物。

（d）除非货物与被估货物在同一国家生产，否则不应视为"相同货物"或"类似货物"。

（e）只有在被估货物的生产者不生产相同货物或类似货物的情况下，方可考虑出不同的生产者所生产的货物。

3.在本《协定》中，"同级别或同种类货物"指属于某特定产业或产业部门生产的一组或一系列产品的货物，包括相同或类似货物。

4.就本《协定》而言，只有在下列情况下，方可被视为存在特殊关系的人[①]：

　　（a）他们互为商业上的高级职员或董事；

　　（b）他们是法律承认的商业上的合伙人；

　　（c）他们是雇主和雇员；

　　（d）任何人直接或间接拥有、控制或持有双方5%以上（含5%）发行在外且有表决权的股票或股份；

　　（e）其中一方直接或间接控制另一方；

　　（f）双方直接或间接由第三方控制；

　　（g）双方共同直接或间接控制第三方；

　　（h）他们属同一家族成员。

　　5.对于在商业上彼此联系的人，如一方为另外一方的独家代理人、独家经销人或独家受让人，如果他们符合本条第4款的标准，那么无论如何称谓都应被认定为存在特殊关系的人。

第16条

　　通过提出书面请求，进口商有权要求进口国海关以书面形式说明进口货物的完税价格是如何确定的。

第17条

　　对于企业为确定完税价格向海关提交的任何陈述、单证或申报，海关有权对其真实性或准确性进行审核。本《协定》的任何内容不得解释为对海关此项权利进行限制或提出质疑。

---

① 译者注：根据《协定》注释，"人"一词，在适当时包括法人。

第二章 管理、磋商和争端解决

———— **第18条** ————

机 构

1.特此设立海关估价委员会（本《协定》中简称"委员会"），委员会由来自每个成员的代表组成。委员会应选举自己的主席，通常应每年召开 次会议，或按本《协定》有关条款规定的其他情况召开会议。目的在于为各成员提供磋商机会，就成员涉及海关估价体系管理的、可能影响本《协定》执行或《协定》目标实现的事项进行磋商，同时履行各成员所指定的其他职责。WTO秘书处应担任委员会的秘书处。

2.应设立海关估价技术委员会（本《协定》中简称"技术委员会"），在海关合作理事会（本《协定》中称为"CCC"）的组织下，技术委员会应履行本《协定》附件2中所述的职责，并依照其中所规定的议事规则运作。

———— **第19条** ————

磋商和争端解决

1.《争端解决谅解》适用于本《协定》下的磋商和争端解决，本《协定》另有规定的除外。

2.如任何成员认为，由于另一成员或其他成员的行动而使其自身在本《协定》下直接或间接获得的利益丧失或减损，或阻碍本《协定》任何目标的实现，则该成员可请求与所涉成员进行磋商，就相关事项达成双方满意的解决办法。各成员应对另一成员提出的磋商请求给予积极考虑。

3.技术委员会应依请求向进行磋商的成员提供建议和协助。

4.为审查与本《协定》规定有关的争端事项而设立的专家组，可在争端一方的请求下或自行请求技术委员会对任何需要做技术性审议的问题进行审查。专家组应确定技术委员会对于特定争端的职权范围，并设定技术委员会报告审查结果的时限。专家组应将技术委员会的报告纳入考虑。如技术委员会无法就按照本款规定提交其审查的事项达成一致意见，则专家组应向争端各方提供表达意见的机会。

5.未经提供机密信息的个人、机构或主管机关的正式授权，向专家组提供的机密信息不得对外披露。如专家组被要求提供此类信息，但未获得发布此类信息的授权，则经提供该信息的个人、机构或主管机关授权，专家组可提供相关信息的非机密内容摘要。

第三章　特殊和差别待遇

—————— 第20条 ——————

1.不属于1979年4月12日订立的《关于实施GATT第7条的协定》参加方的发展中国家成员，可推迟适用本《协定》的规定，推迟时间不得超过《协定》在该国生效之日起5年。选择推迟适用本《协定》的发展中国家成员应将相关情况通知WTO总干事。

2.除第1款之外，不属于1979年4月12日订立的《关于实施GATT第7条的协定》参加方的发展中国家成员，可推迟适用第1条第2款（b）项（ⅲ）目和第6条，推迟时间不得超过其适用本《协定》所有其他规定起3年。选择推迟适用本款所列明的条款的发展中国家成员应将相关情况通知WTO总干事。

3.根据发展中国家成员的请求，发达国家成员应按双方议定的条件向其提供技术援助。在此基础上，发达国家成员应拟定技术援助计划，内容可涵盖人员培训、协助制定实施措施、关于海关估价方法相关信息的提供以及关于实施本《协定》的建议等。

第四章　最后条款

第21条
保　留

未经其他成员同意，不得对本《协定》的任何规定提出保留。

第22条
国家立法

1.各成员应保证，在不迟于其适用本《协定》的规定之日起，确保其法律、法规和行政程序符合本《协定》的规定。

2.各成员应将与本《协定》有关的本国法律法规的变更情况及其管理方面的变更情况通知委员会。

第23条
审　议

委员会应综合考虑本《协定》的目标，每年对《协定》的执行和实施情况进行审议，并将审议所涉期间的情况通知货物贸易理事会。

---------- 第24条 ----------

秘书处

本《协定》由WTO秘书处提供服务，明确由技术委员会负责的除外。技术委员会负责的部分，由海关合作理事会秘书处提供服务。

附件1 注 释

---------- 总 则 ----------

估价方法的适用顺序

1.第1条至第7条规定了如何根据本《协定》的规定确定进口货物的完税价格。估价方法按适用的顺序排列。第1条规定了海关估价的首要方法，只要满足该条规定的条件，即依照该条的规定确定进口货物的完税价格。

2.如不能根据第1条的规定确定完税价格，则应按顺序使用随后各条中最先能够确定完税价格的条款，确定进口货物的完税价格。除第4条规定外，只有在完税价格无法根据某特定条款确定时，方可按顺序使用下一条款的规定。

3.如进口商未请求颠倒第5条和第6条的使用顺序，则应遵循正常顺序。如进口商虽提出颠倒顺序的请求，但随后事实证明无法根据第6条的规定确定完税价格，而能够根据第5条确定完税价格的，则应根据第5条的规定予以确定。

4.如完税价格无法根据第1条至第6条的规定确定，则应根据第7条的规定确定。

公认会计原则的使用

1. "公认会计原则"指在特定时间某国国内关于下列内容的公认的一致意见或具有实质性权威支持的意见：何种经济来源和债务应记为资产和债务、资产和债务的何种变化应予记录、如何衡量资产和债务及其变化、何种信息应予披露及如何披露，以及应编制何种财务报表等。这些标准可以是普遍适用的概括性准则，也可以是具体的做法和程序。

2. 就本《协定》而言，各成员海关应使用符合该国公认会计原则且符合所涉条款要求的信息。例如，根据第 5 条的规定确定通常的利润和一般费用时，应使用符合进口国公认会计原则的信息；根据第 6 条的规定确定通常的利润和一般费用时，应使用符合生产国公认会计原则的信息。又如，在确定第 8 条第 1 款（b）项（ii）目所规定的发生在进口国内的要素价值时，应使用符合该国公认会计原则的信息。

第 1 条的注释
实付、应付价格

1. 实付、应付价格指买方为进口货物向卖方或为卖方的利益已经支付或将要支付的价款总额。支付未必采取资金转移的形式，可采取信用证或可流通票据的形式。支付可以是直接的，也可以是间接的。间接支付的一个例子是买方全部或部分偿付卖方所欠债务。

2. 对于买方自行从事的活动，除按本《协定》第 8 条规定应对其费用进行调整的外，即使可能被视为对卖方有利，也不应认定为对卖方的间接支付。因此，在确定完税价格时，此类活动的费用不得计入实付、应付价格。

3. 完税价格不得包括下列费用或成本，只要这些费用或成本可与进口货物的实付、应付价格相区别：

（a）厂房、机械或设备等进口货物进口后发生的建设、安装、装配、维修或技术援助费用；

（b）进口后的运输费用；

（c）进口国的关税和其他国内税。

4.实付、应付价格指为进口货物支付的价格。因此，买方向卖方支付的、与进口货物无关的股息或其他费用不构成进口货物完税价格的组成部分。

第1款（a）项（ⅲ）目

在各项限制中，不会导致实付、应付价格不可接受的限制是对货物价格无实质影响的限制。例如，卖方要求汽车的购买者在代表新产品年度开始的某一固定日期前不得出售或展出这些汽车。

第1款（b）项

1.如销售或价格受某些条件或因素的制约，从而使货物的完税价格无法确定，则该交易价格不得视为成交价格。例如：

（a）卖方以买方也将向其购买指定数量的其他货物为条件而确定进口货物的价格；

（b）进口货物的价格取决于进口货物的买方向进口货物的卖方销售其他货物的价格；

（c）依据与进口货物无关的支付形式确定的价格。例如，进口货物是以卖方将收到一定数量的制成品为条件而提供的半制成品。

2.但是，与进口货物的生产和销售有关的条件或因素不得导致成交价格被拒绝接受。例如，买方向卖方提供在进口国进行的工程和设计，这一事实不得导致成交价格根据第1条被拒绝接受。同样，如买方自行从事进口货物的市场营销活动，即使需经卖方同意，这些活动的价值也不构成完税价格的一部分，不应导致成交价格被拒绝接受。

第2款

1.第2款（a）项和（b）项规定了确定成交价格是否可接受的不同方法。

2.第2款（a）项规定，如买方和卖方之间存在特殊关系，则应审查进口货物的销售环境。只要特殊关系未影响成交价格，就应当接受货物的成交价格作为完税价格。但这并不意味着应对所有买卖双方存在特殊关系的交易进行审查。只有在怀疑价格是否可接受时，才需要进行此类审查。如海关没有对价格是否可接受产生怀疑，则应接受其成交价格且无须要求进口商提供进一步信息。例如，海关过去已对该关联交易进行过审查，或海关可能已获得买卖双方的详细信息，并且可能已经通过审查，或者根据相关信息确认特殊关系并未影响价格。

3.如海关需要进一步审查，否则无法接受成交价格，则应给予进口商机会，允许其向海关提供销售环境审查所必需的进一步详细信息。在这种情况下，海关应当审查与交易相关的各个方面，包括买卖双方组织其商业关系的方式和制定所涉价格的方法，以便确定特殊关系是否影响价格。如审查表明，即使买卖双方存在《协定》第15条所规定的特殊关系，但双方的交易如同无特殊关系一样，则可证明价格并未受到特殊关系的影响。例如，如定价方式与所涉产业的正常定价惯例一致或与卖方售予无特殊关系买方的定价方式相一致，则可证明该价格未受特殊关系的影响。进一步举例来说，如能证明价格足以收回全部成本加利润，且该利润反映了该公司在某一代表期间内（如按年度计）销售同级别或同种类货物所实现的总体利润水平，则可证明该价格未受影响。

4.第 2 款（b）项规定，进口商有举证机会，进口商如能证明其成交价格与海关以往已接受的测试价格非常接近，那么根据《协定》第 1 条的规定，成交价格是可接受的。如符合第 2 款（b）项规定的测试价格，则无须根据第 2 款（a）项审查特殊关系对成交价格的影响。如海关已获得充分信息，无须进行进一步详细审查即可确信成交价格符合第 2 款（b）项所规定的测试价格之一，则海关无理由再要求进口商证明成交价格符合测试价格。在第 2 款（b）项中，"无特殊关系买方"指在任何特定情况下与卖方均无特殊关系的买方。

第 2 款（b）项

在确定一价格是否"非常接近"另一价格时，必须考虑许多因素。这些因素包括进口货物的性质、产业本身的性质、货物进口的季节以及价格上的差异是否具有商业意义。由于这些因素可因情况不同而不同，无法对每种情况采用一个统一标准，如一固定的百分比。例如，在确定成交价格是否非常接近第 1 条第 2 款（b）项中规定的测试价格时，对一种货物来说价格上较小的差异可能是不可接受的，而对另一种货物来说价格上较大的差异却可能是可以认可的。

———— 第 2 条的注释 ————

1.在适用第 2 条时，海关应尽可能使用与被估货物处于相同商业水平、数量基本相同的相同货物的销售。如无法找到此类销售，则可使用在下列三种情况中任何一种条件下发生的相同货物的销售：

（a）相同商业水平但不同数量的销售；

（b）不同商业水平但数量基本相同的销售；

（c）不同商业水平和不同数量的销售。

2．在确认三种情况中任一种销售后，应视情况对下列因素做出调整：

（a）仅对数量因素；

（b）仅对商业水平因素；

（c）商业水平和数量因素。

3．"和/或"的措辞允许在上述三种情况中任一情况下，在使用相关销售和做出必要调整方面可以有灵活性。

4．就第 2 条而言，相同进口货物的成交价格指按第 1 款（b）项和第 2 款的规定做出调整的、已根据第 1 条被认可的完税价格。

5．针对不同商业水平或不同数量做出调整的一个条件是：调整必须依据确凿的证据做出且该证据能够清楚地证明调整的合理性和准确性，而无论此种调整是导致价格提高还是降低。例如，包含不同商业水平或不同数量水平的价格列表的有效价格清单。又如，一票被估进口货物包含 10 个单位，而存在成交价格的唯一相同进口货物包含 500 个单位，并且已知卖方给予数量折扣，则可通过卖方的价格清单，使用 10 个单位的销售价格对申报价格进行调整。这并不要求相同货物必须是按 10 个单位进行销售的，只要按其他数量销售的价格进行核对，确认该价格清单是真实的即可。但是，如不存在此种客观标准[①]，则无法根据第 2 条的规定确定完税价格。

─────────── **第 3 条的注释** ───────────

1．在适用第 3 条时，海关应尽可能使用与被估货物处于相同商业水

---

① 译者注：指价格清单。

平、数量基本相同的类似货物的销售。如无法找到此种销售，则可使用在下列三种情况中任何一条件下发生的类似货物的销售：

（a）相同商业水平但不同数量的销售；

（b）不同商业水平但数量基本相同的销售；

（c）不同商业水平和不同数量的销售。

2.在确认三种情况中任一种销售后，应视情况对下列因素做出调整：

（a）仅对数量因素；

（b）仅对商业水平因素；

（c）商业水平和数量因素。

3."和/或"的措辞允许在上述三种情况中任一情况下，在使用相关销售和做出必要调整方面可以有灵活性。

4.就第3条而言，类似进口货物的成交价格指按第1款（b）项和第2款的规定做出调整的、已根据第1条被接受的完税价格。

5.针对不同商业水平或不同数量做出调整的一个条件是：调整必须依据确凿的证据做出且该证据能够清楚地证明调整的合理性和准确性，而无论此种调整是导致价格提高还是降低。例如，包含不同商业水平或不同数量水平的价格列表的有效价格清单。又如，一票被估进口货物包含10个单位，而存在成交价格的唯一类似进口货物包含500个单位，并且已知卖方给予数量折扣，则可通过卖方的价格清单，使用10个单位的销售价格对申报价格进行调整。这并不要求类似货物必须是按10个单位进行销售的，只要按其他数量销售的价格进行核对，确认该价格清单是真实的即可。但是，如不存在此种客观标准[①]，则无法根据第3条的规定确定完税价格。

---

① 译者注：指价格清单。

第5条的注释

1."货物最大销售总量的单位价格"是指在货物进口后的第1层级商业水平下以最大数量销售给无关联方的价格。

2.例如，货物按价格清单进行销售，采购数量越人则价格越优惠。

销售量	单位价格	销售笔数	各价格总销售量
1~10个单位	100	5个单位的10笔 3个单位的5笔	65
11~25个单位	95	11个单位的5笔	55
25个单位以上	90	30个单位的1笔	80
		50个单位的1笔	

单一价格销售的最大数量是80，因此，最大总量对应的单位价格是90。

3.又如，有两笔销售，在第1笔销售中按95个货币单位的单位价格出售了500个单位的货物，在第2笔销售中按90个货币单位的单位价格出售了400个单位的货物。在此例中，按一个特定价格出售的最大单位数量是500，因此，最大总量的单位价格是95。

4.再如，下列按不同价格、不同数量销售的情况：

（a）销售

销售量	单位价格
40个单位	100
30个单位	90
15个单位	100
50个单位	95
25个单位	105
35个单位	90
5个单位	100

（b）总计

总销售量	单位价格
65	90
50	95
60	100
25	105

在此例中，按一个特定价格销售的最大单位总量是65，因此，最大总量的单位价格是90。

5.在第1款所述的销售中，如进口国的买方存在以直接或间接、免费或低于成本的方式提供用于进口货物的生产和销售的、第8条第1款（b）项所列的任何要素，则在根据第5条确定单位价格时不应将此类销售纳入考虑。

6.应注意的是，第5条第1款中所指的"利润和一般费用"应视为一个整体。用于此项扣减的数据应依据进口商或以进口商名义提供的信息，除非进口商提供的数据与在进口国销售同级别或同种类进口货物时所获得的数据不一致。如进口商的数据与此类数据不一致，则利润和一般费用的金额可依据进口商或以进口商名义提供的信息以外的有关信息予以确定。

7."一般费用"包括销售所涉货物的直接或间接费用。

8.因销售货物而应付的地方税，如未根据第5条第1款（a）项（iv）目的规定予以扣除，则应根据第5条第1款（a）项（i）目的规定予以扣除。

9.在根据第5条第1款的规定确定佣金或通常的利润和一般费用时，关于某些货物是否与其他货物属"同级别或同种类"的问题，必须根据每个案例的情况具体分析。应审查包括被估货物在内的、能够提供必要信息的、范围最窄的一组或一系列同级别或同种类进口货物在进口国的销售情况。就第5条而言，"同级别或同种类货物"既包括从与被估货物相同国家进口的货物，也包括从其他国家进口的货物。

10.就第5条第1款（b）项而言，"最早日期"应为进口货物或相同或类似进口货物的销售数量达到足以确定单位价格的日期。

11.如使用第5条第2款规定的方法，则对进一步加工增值所做的扣减应基于与此项工作成本有关的客观量化数据。公认的行业公式、配方、施工方法及其他行业惯例可作为计算的依据。

12.众所周知，如进一步加工后的进口货物失去其特性，则第5条第2款规定的估价方法通常不再适用。但是，有可能出现的情况是，虽然进口货物失去其特性，但是加工增值金额的确定不存在不合理困难。还有可能出现的情况是，虽然进口货物保持其特性，但在进口国所销售货物中只占了很小的一部分，此情况下使用这种估价方法便有失公允。鉴于以上情况，每个案例均应具体情况具体分析。

第6条的注释

1.原则上，完税价格根据本《协定》的规定、依据在进口国可获取的信息予以确定。然而，在确定计算价格时，可能需要审查被估货物的生产成本和其他需自进口国外获得的信息。此外，在大多数情况下，货物的生产商不属进口国主管部门的管辖范围。使用计算价格法的情形一般限于买卖双方存在特殊关系，且生产商已准备向进口国的主管部门提供必要的成本核算信息，并为后续可能需要开展的审查提供便利条件。

2.第6条第1款（a）项所指的"成本或价值"应依据生产商或代表生产商提供的有关被估货物生产方面的信息予以确定。应以生产商的商业往来账目为依据，前提条件是此类账目与该货物生产国的公认会计原则相一致。

3."成本或价值"应包括第8条第1款（a）项（ii）目和（iii）目中所列要素的费用。此外，还应包括根据第8条注释规定按适当比例分摊的、第8条第1款（b）项所列的、由买方直接或间接提供并用于进口货物生产的任何要素。在进口国中发生的第8条第1款（b）项（iv）目所列要素的价值，只有在由生产商承担此类费用时方可计入。应当明确在确定计算价格时，本款中所指要素的费用或价值不得重复计算。

4.第6条第1款（b）项所指的"利润和一般费用"应依据生产商或其委托方提供的信息确定，除非生产商提供的数据与出口国生产商为向进口国出口所制造的、与被估货物同等级或同种类货物的销售数据不一致。

5.应注意，"利润和一般费用"必须视为一个整体。因此，在任何特定情况下，虽然生产商的利润较低而一般费用较高，但是将生产商的利润和一般费用作为整体仍有可能与同等级或同种类货物销售中通常反映的数据相一致。例如，某产品在进入进口国市场时，生产商接受零利润或低利润，以抵消投放市场产生的高额的一般费用，则可能出现此种情况。如生产商能够证明由于特殊的商业环境而使进口货物销售利润偏低，只要生产商能以合理的商业理由证明，且生产商的定价政策反映了该行业通常的定价政策，则应考虑生产商的实际利润额。还可能存在以下情况，生产商因不可预见的需求量下降而被迫临时降低价格，或生产商销售货物是为补充在进口国生产的一系列货物，并接受低利润以保持竞争力。如生产商的利润和一般费用与出口国生产商为向进口国出口所制造的、与被估货物同等级或同种类货物销售中通常反映的数据不一致，则可依据该货物生产商或其委托方所提供的信息以外的其他信息确定利润和一般费用。

6.在使用生产商或其委托方所提供的信息以外的其他信息确定计算价格的情况下，如进口商提出请求，则进口国主管机关应在遵守第10条规定的前提下，将该信息的来源、使用的数据以及计算方法告知进口商。

7.第6条第1款（b）项所指的"一般费用"涵盖第6条第1款（a）项所未包括的生产和销售出口货物的直接或间接费用。

8.某些货物是否与其他货物属"同等级或同种类"，必须依照实际情况具体问题具体分析。根据第6条确定通常利润和一般费用时，应审查包括被估货物在内的、能够提供必要信息的、向进口国出口销售中范围最窄的一组或一系列货物。就第6条而言，"同等级或同种类货物"必须来自与被估货物相同的国家。

──────────── **第7条的注释** ────────────

1.根据第7条规定确定的完税价格，应在最大限度内以已确定的完税价格为依据。

2.根据第7条使用的估价方法，应该是对第1条至第6条规定方法的合理灵活应用，并应当符合第7条的目的和规定。

3.部分合理灵活应用的例子如下：

（a）相同货物──可以灵活解释相同货物应与被估货物同时或大致同时出口的要求；在被估货物出口国以外的国家生产的相同进口货物可以作为海关估价的依据；可以使用根据第5条和第6条的规定所确定的相同进口货物的完税价格。

（b）类似货物──可以灵活解释类似货物应与被估货物同时或大致同时出口的要求；在被估货物出口国以外的国家生产的类似进口货物可以作为海关估价的依据；可以使用根据第5条和第6条的规定所确定的类似进口货物的完税价格。

（c）倒扣价格法——可以灵活解释第5条第1款（a）项中关于货物应按"进口时的状态"销售的要求；可以灵活掌握"90天"的要求。

第8条的注释
第1款（a）项（i）目

"买方佣金"指进口商向其代理人为代表其在国外购买被估货物过程中所提供的服务而支付的费用。

第1款（b）项（ii）目

1.第8条第1款（b）项（ii）目所列要素分摊到进口货物的问题涉及两个因素，即要素本身的价值和价值分摊到进口货物的方式。这些要素的分摊应以合理合情的方式并依照公认的会计原则进行。

2.关于要素的价值，如进口商以一特定成本自无关联卖方获得该要素，则该要素的价值即为该成本。如该要素由进口商或由其关联方生产，则要素价值为生产该要素的成本。如该要素以往被进口商使用过，则无论该要素是由进口商获得的还是由其生产的，在计算该要素的价值时，需将最初获得或生产该要素的成本向下调整，以反映其曾被使用的事实。

3.有关要素的价值一经确定，需要将该价值分摊到进口货物中。具体操作中存在多种可能性。例如，进口商希望一次性缴纳全部价值的税款，则该价值可分摊到第1批货物中。又如，进口商可要求将该价值分摊至第1批货物发运时已生产的货物中。再如，进口商可要求将价值分摊到已签订合同或有确切承诺的预计生产的全部货物中。所使用的分摊方法将取决于进口商所提供的单证。

4.举例说明：一进口商向生产商提供了一件用于生产进口货物的模具，并与生产商签订了购买10000个单位进口货物的合同。到第1批1000

个单位的货物到港时，生产商已生产了4000个单位的货物。进口商可要求海关将该模具的价值分摊到1000个单位、4000个单位或10000个单位中。

第1款（b）项（iv）目

1.第8条第1款（b）项（iv）目中所列的调整要素应以客观、可量化的数据为依据。为了减轻进口商和海关的负担，应尽可能使用买方商业记录系统中容易获得的数据。

2.对于由买方提供且由买方购买或租赁的这类要素，计入的价值即为购买或租赁的成本。对于在公开渠道内可获得的这类要素均不应计入，但获得这些要素复制品的费用除外。

3.计算应计入价值的难易程度取决于相关公司的结构、管理方式以及其会计方法。

4.例如，自几个国家进口多种产品的一公司可能保存其在进口国以外的设计中心的记录，从而可以准确显示应归属于某一特定产品的成本。在此类情况下，可根据第8条的规定直接做出适当调整。

5.在另一种情况下，一公司可能承担了进口国以外的设计中心的费用，并将其作为一般管理费用记账，而不分摊到具体产品。在这种情况下，可根据第8条的规定对进口产品价格做出合理调整，将设计中心的总费用分摊到从该设计中心获益的全部产品，并按单位基数将所分摊的费用计入进口产品价格。

6.当然，以上情况如发生变化，则需要在确定合理分摊方法时考虑不同的因素。

7.如所涉要素的生产涉及许多国家并发生在一段时间内，则调整应限于在进口国以外该项要素的增值部分。

第1款（c）项

1.第8条第1款（c）项所指的特许权使用费，可包括对专利、商标和版权等所支付的费用。但是，在进口国复制进口货物的权利所需的费用不得计入进口货物的实付、应付价格。

2.买方为获得进口货物分销或转售权利而支付的费用，如不构成进口货物向进口国出口销售的条件，不得计入进口货物的实付、应付价格。

第3款

如根据第8条的规定需要计入完税价格的要素不存在客观、可量化的数据，则成交价格不能根据第1条的规定确定。例如，某项特许权使用费是以某特定产品在进口国以升为单位的销售价格为基础支付的，而该产品是按千克进口的，并在进口后被制成溶液。如特许权使用费部分针对进口货物，部分针对与进口货物无关的其他因素（例如，进口货物与国产成分混合而无法单独区分，或特许权使用费无法与买卖双方之间的特殊财务安排区分开来），则试图将特许权使用费计入完税价格是不适当的。但是如该项特许权使用费的金额仅针对进口货物，并且可量化，则可计入实付、应付价格。

———— 第9条的注释 ————

就第9条而言，"进口时间"可包括申报进口的时间。

———— 第11条的注释 ————

1.第11条规定进口商有权就海关对被估货物所做的估价决定进行上诉。上诉首先可向上一级海关提出，但进口商最后有权向司法机关起诉。

2."不受处罚"指不得仅因为进口商选择行使上诉权而对其罚款或威胁进行罚款。支付正常的诉讼费用和律师费用不得视为罚款。

3.但是,第11条的任何规定不得阻止成员要求进口商在上诉前全额缴纳海关已审定的税款。

--- **第15条的注释** ---

第4款

就第15条而言,"人"一词,在适当时包括法人。

第4款(e)项

就本《协定》而言,如一方在法律上或经营上处于限制或指导另一方的地位,则应当认为前者控制后者。

附件2 海关估价技术委员会的职责和程序

1.按照本《协定》第18条的规定,应在CCC下设立技术委员会,以确保在技术层面上统一解释和适用本《协定》。

2.技术委员会的职责应包括下列内容:

(a)审查各成员在海关估价日常管理中产生的具体技术问题,并依据所提交的事实就适当的解决办法提供咨询意见。

(b)根据请求,研究与本《协定》有关的估价法律、程序和做法,并形成研究报告。

(c)按年度对本《协定》的实施情况和运行中的技术性问题的相关情况进行总结并发布年度报告。

（d）针对成员或委员会所要求的、有关进口货物海关估价的任何事项提供信息和建议。此类信息和建议可采取咨询意见、评论或解释性说明的形式。

（e）根据成员请求，对其提供技术援助，以期提升本《协定》的国际认可度。

（f）对专家组根据本《协定》第19条提交的事项进行审查。

（g）行使委员会可能指定的其他职责。

总　则

3.技术委员会应尽力在合理的较短时间内完成有关具体问题的工作任务，特别是各成员、委员会或专家组提交的工作任务。根据第19条第4款的规定，专家组应规定技术委员会提交报告的具体时限，技术委员会应在此时限内提交其报告。

4.技术委员会的活动应得到CCC秘书处适当的协助。

代　表

5.各成员均有权派代表参加技术委员会。各成员可指派一名代表和一名或多名候补代表作为其在技术委员会的代表。参加技术委员会的成员在本附件中称为"技术委员会成员"。技术委员会成员的代表可设顾问协助工作。WTO秘书处也可以观察员身份参加此类会议。

6.已成为CCC成员，但未成为WTO成员的，在技术委员会会议上可指派一名代表和一名或多名候补代表。此类代表应以观察员身份参加技术委员会的会议。

7.经技术委员会主席同意，CCC秘书长（在本附件中称"秘书长"）可邀请既不是WTO成员也不是CCC成员的政府以及国际政府间组织和贸易组织的代表以观察员身份出席技术委员会会议。

8.技术委员会会议的代表、候补代表和顾问的提名应通知秘书长。

技术委员会会议

9.技术委员会应视情召开会议，每年不少于2次。每次会议的日期应由技术委员会在上一次会议中决定。在技术委员会任何成员提出请求并经技术委员会成员超过半数同意的情况下，或紧急情况下，经主席请求，可以改变会议日期。尽管有本条第1句的规定，但技术委员会应在必要时召开会议，以便审议专家组根据本《协定》第19条规定提交的事项。

10.技术委员会会议应在CCC总部召开，另有决定的除外。

11.秘书长应至少提前30天将技术委员会每届会议的召开日期通知技术委员会全体成员及第6点和第7点所包括的成员，紧急情况除外。

议　　程

12.每届会议的临时议程应由秘书长制定，至少在每届会议前30天通知技术委员会全体成员及第6点和第7点所包括的成员，紧急情况除外。议程应包括上届会议中技术委员会批准纳入的所有议题、主席自行提出的所有议题以及秘书长、委员会或技术委员会的任何成员要求纳入的所有议题。

13.技术委员会应在每届会议召开时确定其议程。会议期间，技术委员会可随时改变议程。

官员和议事规则

14.技术委员会应从其成员代表中选举一名主席、一名或多名副主席。主席和副主席的任期为1年。任期届满的主席和副主席有资格再次参选。不再代表技术委员会成员的主席或副主席，其委任应自行终止。

15.如主席未能出席会议或其中一部分会议，则会议应由一副主席主持。此种情况下，后者应拥有与主席相同的权力和职责。

16.会议主席应以主席身份而不以技术委员会成员代表的身份参加技术委员会的会议议事。

17.除行使本规则所授予主席的权力外，主席还应宣布每次会议的开幕、闭幕、引导讨论和给予发言权，并按照本规则掌控会议议程。如一发言人的评论与所议事项无关，则主席可要求其遵守规则。

18.在任何事项的讨论中，每个代表均可提出关于议事程序的问题。在此情况下，主席应立即宣布裁决。如该裁决受到质疑，则主席应将其提交会议做出决定，除非被否决，否则裁决有效。

19.秘书长或由秘书长指定的CCC秘书处官员应履行技术委员会会议的秘书工作。

法定人数和投票

20.技术委员会成员代表超过半数即构成法定人数。

21.技术委员会的每个成员拥有一票表决权。出席会议的成员中至少有三分之二投赞成票时，技术委员会才能通过某项决议。无论就一特定事项的表决结果如何，技术委员会都有权向委员会和CCC汇报该事项，充分表达各方意见。尽管有以上规定，但是对于专家组提交的议题，技术委员会应经协商一致做出决定。如技术委员会未能就专家组提交的议题达成一致，则技术委员会应提交一份报告，详述该议题的事实，并表明各成员的意见。

语言和记录

22.技术委员会的官方工作语言为英文、法文和西班牙文。使用官方工作语言中的任何一种所做的发言或声明应立即译成其余两种官方语言，除非所有参会代表均同意无须进行翻译。使用其他语言所做的发言或声明均应按照前述相同条件，译成英文、法文和西班牙文，此种情况下，有关代表应提供英文、法文或西班牙文的译文。技术委员会的正式文件只能使用英文、法文和西班牙文。供技术委员会审议的备忘录和信函必须使用以上3种官方语言之一。

23.技术委员会应对每次会议撰写会议报告，如果主席认为必要，还应撰写会议纪要或简要记录。主席或主席指定人员应在委员会和CCC的各次会议上汇报技术委员会的工作情况。

附件3

1.《协定》第20条第1款关于发展中国家成员可以推迟5年适用本《协定》的规定，在实践中对某些发展中国家成员可能是不够的。在此情况下，发展中国家成员可以在《协定》第20条第1款规定的期限结束之前提出延长该期限的请求，如提出请求的发展中国家成员能够提出正当理由，各成员应给予充分考虑。

2.发展中国家目前如根据官方设定的最低限价确定货物的完税价格，可能希望在限定范围内和过渡性基础上保留该项权力；在上述条款和条件下，各成员可以同意。

3.发展中国家如认为《协定》第4条关于应进口商请求颠倒适用顺序的规定会给其造成困难的，可能希望按下列条件对第4条提出保留：

"……政府保留做出如下规定的权利：即只有在海关同意关于颠倒第5条和第6条顺序的请求时，《协定》第4条的有关规定方可适用。"如发展中国家提出此类保留，各成员应根据《协定》第21条的规定予以同意。

4.发展中国家可能希望按下列条件对《协定》第5条第2款提出保留："……政府保留做出如下规定的权利：即无论进口商是否提出请求，《协定》第5条第2款的规定应依照该款有关注释的规定予以适用。"如发展中国家提出此类保留，各成员应根据《协定》第21条的规定予以同意。

5.一些发展中国家在根据《协定》第1条的规定对独家代理人、独家经销人和独家受让人的进口货物进行审核时可能会遇到困难。如果发展中国家成员在实践中遇到这样的问题，可以向技术委员会请求帮助，技术委员会应对相关问题进行研究，寻求解决办法。

6.第17条表明，在适用《协定》时，海关为确定完税价格可能需要对企业提交的任何陈述、单证或申报价格的真实性或准确性进行审查。因此，该条认可海关具有审查的权利，例如，为确定完税价格而对进口商向海关申报或提交的价格要素的完整性和准确性进行审查。各成员在遵守各自法律和制度的前提下，有权要求进口商全面配合海关的审查工作。

7.实付、应付价格是指作为卖方销售进口货物的条件、由买方向卖方或者为履行卖方的义务而向第三方已支付或将支付的全部款项。

附录2

WTO乌拉圭回合谈判部长级决定

世界贸易组织

G/VAL/1

1995年4月27日

海关估价委员会

与海关估价相关的马拉喀什部长级决定和文本

根据部长们在马拉喀什提出的建议，向海关估价委员会（本附录中称为"委员会"）提交下列决定和文本供审议通过：

I. 关于海关有理由怀疑申报价格真实性或准确性的情况的决定

海关估价委员会：

重申根据《关于实施GATT 1994第7条的协定》（以下称《协定》）成交价格是确定完税价格的首要基础；

认识到海关可能需要应对以下情况：贸易商为证明申报价格提供了具体材料或单证，而海关有理由怀疑其真实性或准确性；

强调在处理此类情况时，海关不应损害贸易商的合法商业利益；

《协定》第17条和附件3第6点及技术委员会的有关决定。

决定如下：

1.在申报提交后，海关如有理由怀疑贸易商为证明该申报所提供的具体材料或单证的真实性或准确性，可要求进口商提供进一步说明，包括提供单证或其他证据，以证明申报价格是依照《协定》第8条规定调整后的进口货物实付、应付的价款总额。海关在收到进一步的信息后或未获答复的情况下，如仍有理由怀疑申报价格的真实性或准确性，则在谨记《协定》第11条规定的同时，可认为进口货物的完税价格无法根据《协定》第1条的规定确定。在做出最终决定之前，海关应将其怀疑进口商提供的具体材料或单证真实性或准确性的理由告知进口商，如进口商请求，应以书面形式告知，并给予进口商做出回复的合理机会。在做出最终决定时，海关也应将其决定及相关理由以书面形式告知进口商。

2.《协定》实施中，按共同商定的条件，一成员方为另一成员方提供协助，是完全适当的。

II. 关于最低限价及独家代理人、独家经销人和独家受让人的进口问题的决定文本

海关估价委员会决定如下：

1.如一发展中国家提出保留符合《协定》附件3第2点条件的官方最低限价并提出正当理由，委员会应予以充分考虑。

如一项保留请求获得批准，则在适用《协定》附件3第2点条件时应充分考虑有关发展中国家的发展、财政和贸易需要。

2.（1）一些发展中国家对确定独家代理人、独家经销人和独家受让人进口货物完税价格中可能存在的问题表示关注。根据《协定》第20条第1款，发展中国家成员可最长推迟5年适用《协定》。因此，适用该规定的发展中国家成员可利用这段时期进行适当的研究，并采取其他必要措施为《协定》的实施提供便利。

（2）考虑到这一点，委员会建议CCC依照《协定》附件2的规定，协助发展中国家成员对其关注的问题开展研究，包括独家代理人、独家经销人和独家受让人的进口问题。

附录3
WTO/GATT海关估价委员会决定

世界贸易组织

G/VAL/5

1995年10月13日

海关估价委员会

关于《关于实施GATT 1994第7条的协定》注释和管理的决定

海关估价委员会在1995年5月12日会议上通过以下关于《协定》的解释和管理的决定，见文件 G/VAL/W/1 的 A、B 两部分，这些决定最初是由海关估价委员会在东京回合谈判通过。A 部分的决定未经任何修改，由 WTO 海关估价委员会通过，B 部分的决定则根据 WTO 情况做出调整。WTO 海关估价委员会决定，在总理事会就该问题做出决定之前，不对 B.3 部分的文件 G/VAL/W/1 所规定的解除文件限制的程序做任何变动。

———— A. 关于《协定》注释的决定 ————

A.1《协定》条款8.1（b）（iv）中"UNDERTAKEN"一词的含义

东京回合委员会于1983年3月3日通过（VAL/M/6，第18点）。

海关估价委员会同意将本《协定》第8条第1款（b）项（iv）项中

"undertaken（进行）"一词理解为"carried out（完成）"。应注意《协定》法文版和西班牙文版不受此影响。

A.2《协定》条款8.1（b）（iv）中的"DEVELOPMENT"一词的语言一致性问题（VAL/M/13）

在1985年5月9日至10日召开的东京回合委员会会议上，主席做了如下发言：

"鉴于已经进行的磋商，我建议，将以下发言录入会议纪要，在不违背《协定》项下权利和义务的情况下，如果有需要，委员会各成员可重新审议有关事项。"

《协定》各缔约方认为，《协定》第8条第1款（b）项英文版的"development"、法文版的"travaux d'études"和西班牙文版的"creación y perfeccionamiento"一词应理解为未包括"research（研究）"（英文版）、"recherche"（法文版）和"investigacion"（西班牙文版）的含义，见WTO文件 VAL/W/24/Rev.第6点。然而，缔约方阿根廷认为，《协定》条款8.1（b）西班牙版的"creación y perfeccionamiento"不能被解释为允许任何价值从"creación y perfeccionamiento"中扣除。

A.3关于进口货物完税价格中的利息费用处理的决定（VAL/6/Rev.1）

东京回合委员会于1984年4月26日通过（VAL/M/9,第38点），于1984年9月24日订正（仅法语和西班牙语文本）（VAL/M/10,第17点）。

《关于实施GATT第7条的协定》各缔约方同意：

在融资约定中，由买方承担的、与购买进口货物有关的利息费用，如符合以下条件，则不应视为完税价格的一部分：

（1）利息费与货物的实付、应付价格相区分；

（2）有书面形式的融资安排；

（3）需要时，买方能同时证明：

——此类货物确实按申报的实付、应付价格销售；

——约定的利率不高于融资所在国当时此类交易的一般利率水平。

不论融资是由卖方、银行、其他法人，还是自然人提供，本决定都适用。如可行，本决定还适用于对货物按成交价格以外的估价方法进行估价的情况。

各缔约方应将本国开始执行本决定的日期通知海关估价委员会。

A.4 关于载有供数据处理设备用软件的介质的估价决定

东京回合委员会于1984年9月24日通过（VAL/M/10，第7点）。

海关估价委员会做出如下决定：

1.需要重申的是，成交价格是根据《关于实施GATT第7条的协定》确定完税价格的首要基础，将其适用于载有供数据处理设备用软件的进口介质，是完全符合《协定》的。

2.鉴于此类"载有供数据处理设备用软件的进口介质"情况特别[①]，并且各缔约方的做法也不尽相同，因此，如各缔约方采取以下做法，也视为符合《协定》:

在确定载有数据或指令的软件的进口介质的完税价格时，应仅考虑介质本身的成本或价值。只要数据或指令的成本或价值与介质的成本或价值相区分，就不应计入完税价格。

本决定中"介质"一词的范围不包括集成电路、半导体及包含上述

---

① 参见VAL/M/10第5点。

电路或装置的类似设备或物品；"数据或指令"的范围不包括声音、电影和录像。

3.采纳本决定第2点做法的缔约方，应将开始实施的日期告知委员会。

4.采纳本决定第2点做法的缔约方，应在最惠国待遇基础上实行，不得对继续使用成交价格做法的缔约方有所损害。

A.5对第2条注释和第3条注释第1点法语文本的订正

参见1990年3月20日东京回合委员会会议（VAL/M/26,第24点）。

建议对于法语文本第2条注释和第3条注释的第1点，第1句话中用"celui"替代"la vente",第2句话改为"En I'absence d'une telle vente……differente"(VAL/W/49/Add.4),对此无反对意见。

— B.关于《协定》行政管理和海关估价委员会工作程序的决定 —
（该决定已根据WTO情况做出调整）

B.1　根据《协定》做出的保留

东京回合委员会1981年1月13日通过（VAL/M/1，第36点和附件2）。

1. 在1995年1月1日之前加入《协定》的成员根据《协定》第21条所做的保留，应被视为获得其他成员同意，除非持反对意见的成员于1995年2月1日前通过WTO秘书处（以下简称"秘书处"）通知海关估价委员会。如果一个或多个成员于1995年2月1日前向秘书处提出请求，该时间限制可再延长30天。

2. 在1995年1月1日及之后加入《协定》的成员，应被视为接受此前各成员已经接受的所有保留。在1995年1月1日及之后加入《协定》的成员所做的保留，应被视为已经其他成员同意，除非持反对意见的成员自《协定》对做出保留的成员生效之日后30天期限届满之前（通过秘书处）通知海关估价委员会。如果一个或多个成员在上述确定的期限届满前向秘书处提出请求，该时间限制可再延长30天。

3. 对于根据《协定》附件3第2点做出的保留，做出保留的成员应在适当时候（通过秘书处）向海关估价委员会提交一份提案，说明其希望保留最低海关限价（或类似制度）的条款和条件。海关估价委员会将讨论该提案，以就此类保留的条款和条件达成协议。协议应尽快达成，无论如何不得迟于该成员已经依据《协定》第20条第1款可能开始实施《协定》的日期。

4.保留不得生效，如果：

——对于根据《协定》第21条做出的保留，另一成员在第1款或第2款规定的时限内提出反对意见，或

——对于根据《协定》附件3第2点做出的保留，直到所涉成员开始实施《协定》仍未就保留的内容（条款和条件）达成协议。

如果存在接受或不接受保留的少数派意见，应希望加入保留的成员请求，委员会应对该情况进行审查，以便寻求双方均可接受的解决办法。

5. 发展中国家成员按照《协定》附件3第3点或第4点做出的保留，应被视为经其他成员同意。

B.2　根据《协定》第22条，通知和分发本国立法

东京回合谈判委员会1981年1月13日通过（VAL/M/1，第37点）。

1. 各成员应尽快以3种官方语言之一向秘书处提交其国内海关估价立法（法律、法规等）的完整文本，秘书处将以其所提交的语言文本作为委员会文件分发给其他成员。如果委员会成员普遍希望也可获取某一成员的WTO其他官方语言文本，则该文本将被翻译后作为委员会文件分发。如果一国法律文本不是WTO官方语言版本，则该法律原文也应提交给秘书处供审查。

2.当然，发展中国家成员依据《协定》第20条第1款和第2款制定其国内立法的，应将立法文本在其开始适用《协定》条款之前提交给秘书处。

3.WTO海关估价委员会在1995年5月12日会议上决定，对于东京回合谈判签字方且其立法已经通过审查的成员，可向秘书处致函说明其根据《东京回合海关估价守则》通知的立法在《协定》依然有效，并特别备注包含该立法的文件。然后秘书处将该通知列入WTO文件（G/VAL/M/1，第29~35点）进行分发。

B.3　事项清单

东京回合谈判委员会于1981年5月5日通过（VAL/M/2，第2点）。

1.委员会决定,各成员应当书面反馈事项清单。[①]

2.WTO委员会在1995年5月12日会议上确定,对于作为东京回合谈判签字方且其立法已经通过审查的成员,可向秘书处致函说明其对事项清单的反馈在《协定》下依然有效(G/VAL/M/1,第26~39点)。

B.4   技术援助信息

东京回合谈判委员会1985年5月9日至10日通过(VAL/M/13,第8点):

"……关于上一次海关估价委员会会议提出的是否需确保技术援助活动更加透明,以便感兴趣的发展中国家可以获得更多的信息,也有利于其做好规划(VAL/M/1,第18点),海关估价委员会同意将技术委员会编写的此类活动的资料文件作为WTO文件提供……"

附件   事项清单

1.《协定》第1条的相关问题:

(a)关联方交易。

(i)对于关联方交易是否有特别的规定?

(ii)是否以公司之间价格表面上的事实作为认为各自价格受到影响的理由?

(iii)此前提到的如进口商请求应以书面形式告知理由的规定是什么?[第1条第2款(a)项]

(iv)第1条第2款(b)项是如何执行的?

(b)灭失或受损货物的价格。

---

① 该清单转载于本文附件。

关于灭失或受损货物的估价，是否有任何特别的规定或实际安排？

2.《协定》第4条允许进口商选择颠倒第5条和第6条适用顺序的规定是如何执行的？

3.《协定》第5条第2款是如何执行的？

4.《协定》第6条第2款是如何执行的？

5.关于《协定》第7条的问题：

（a）为使估价符合第7条要求制定了什么规定？

（b）根据第7条确定的完税价格如何通知进口商？

（c）是否对第7条第2款中禁止使用的价格做出规定？

6.《协定》第8条第2款规定的选择项是如何处置的？如果适用FOB的话，工厂交货价也可以接受吗？

7.《协定》第9条第1款要求的汇率在哪里发布？

8.已经采取何种措施来确保符合《协定》第10条规定的保密要求？

9.关于《协定》第11条的问题：

（a）进口商或其他任何人可享有何种上诉权？

（b）如何告知他有进一步上诉的权利？

10.按照《协定》第12条的要求，发布以下信息：

（a）（i）相关的国内法律；

（ii）与《协定》相关的适用法规；

（iii）与《协定》相关的普遍适用的司法决定和行政裁定；

（iv）在实施或适用规则中所指的一般法或特别法。

（b）是否准备发布进一步的规则？会涵盖哪些主题？

11.关于《协定》第13条的问题：

（a）相关立法中如何体现第13条（最后一句）的义务？

（b）是否规定了其他的解释？

12. 关于《协定》第16条的问题：

（a）相关国内立法是否规定海关应对如何确定完税价格做出书面说明？

（b）关于上述要求，是否有其他进一步的规定？

13. 如何纳入《协定》的注释？

14. 如何执行《关于进口货物海关完税价格中的利息费用处理的决定》？

15. 对于适用《关于载有供数据处理设备用软件的介质的估价决定》第2点的国家，如何执行该项规定？

——对于上述所有问题，需注明参考资料。

附录4

世界海关组织：价格资料库指南

世界海关组织

G/VAL/54/Suppl.1

2004年10月13日

海关估价委员会

原文：英语/法语/西班牙语

海关估价技术委员会对其与申报价格准确性的关切相关的
工作职责范围的回复（G/VAL/51）

附录

所附2004年10月7日来文以及技术委员会主席转来的函件，正分发给各成员。

布鲁塞尔，2004年8月27日

根据《多哈决定》条款8.3规定的技术委员会授权，并继技术委员会于2003年5月向海关估价委员会通报的授权回复之后，谨随函附上技术委员会第18次会议及WCO总理事会2004年6月会议通过的《关于开发和应用本国价格资料库作为风险评估工具的指南》（本附录中简称《指南》）。

海关估价技术委员会主席

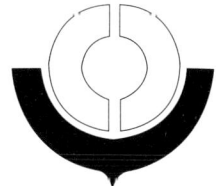

WCO　　　　　　　　　　　　　　OMD①

关于开发和应用本国价格资料库作为风险评估工具的指南

序言

导言

资料库应用

资料库应用注意事项

资料库的数据采集

资料的有效性

比对检查的可能性

监督机制

序言

1.《指南》涉及有关一国价格资料库（本附录以下简称"资料库"）建设和应用的各种问题。海关可应用本国资料库作为风险评估手段，与其他风险手段相结合来评估有关进口货物完税价格申报的真实性或准确性方面存在的潜在风险。资料库中的信息应当是近期数据，反映此前进口货物的完税价格及其他相关信息。这些价格数据不得作为进口货物的替代价格用以确定进口货物的完税价格，也不得用于设立最低限价机制。此外，认识到价格的差异性包括大幅降价是国际贸易的组成部分，

① 译者注：OMD 为"世界海关组织"的法文简写。

根据《多哈决定》6.1，就申报价格的真实性或准确性而言，申报价格与资料库价格之间的差异本身并不能作为判别潜在风险的可靠指标。

2. 使用资料库的海关应当建立监督机制，确保资料库是用作风险评估手段，且其存储的信息定期更新。

导言

3.《关于实施 GATT 1994 第 7 条的协定》，通常称之为《WTO 估价协定》(《协定》) 引入了一个公平、统一和中性的进口货物海关估价制度，符合商业惯例，禁止使用武断或虚构的完税价格。

4. 根据该制度，对货物估价应尽最大可能地依据进口货物的成交价格，即货物出口销售至进口国时依照《协定》第 8 条规定进行调整后的实付、应付价格。

5. 如果完税价格不能使用成交价格方法确定，《协定》规定依次使用其他 5 种方法。

6. 海关有权质疑申报价格的真实性或准确性。采取适当的风险评估和管理措施可以使海关以务实的方式来行使该项权力，其中包括可以应用资料库。

7. 资料库中的数据应当根据切实可行的保密规定做好管理。

8.《〈京都公约〉(修订) 总附约指南》第 6 章 (海关监管) 文本中，风险评估和风险管理的概念定义如下。

风险评估：通过与预定标准、目标风险水平或其他标准比对来评估风险水平，系统性地确定风险管理的优先事项。

风险管理：系统性地应用管理程序和方法，为海关提供必要的信息，对风险货物和物流实施管理。

9. 在海关估价文本中，上述理念的应用要求风险评估机制必须进行风险筛选并锁定风险目标。就完税价格的真实性或准确性而言，对所有进口商品适用简单的统计或价格指标作为衡量潜在风险的手段是不合适的。开发和应用资料库必须考虑上述风险评估和管理作业。

资料库应用

10.资料库仅可作为海关的风险评估工具，特别设计用以评估进口货物申报价格的真实性或准确性方面存在的潜在风险。

11.海关通常可以使用资料库管理系统来对申报价格和此前接受过的完税价格进行比对。考虑到价格存在差异是国际贸易的正常现象，因此任何此类比对的结果本身并不足以作为全面和充分的潜在风险指标。因此，货物的申报价格与资料库价格之间的巨大差异可以构成潜在风险因素，但在确定对申报价格的下一步行动时（如果有的话），必须将该差异与其他潜在风险指标统筹考量，例如，证明材料缺失、进口商此前出现过问题等。

12.如果应用合适的资料库技术显示，在设定好的条件下存在潜在风险，那么海关可以采取相应的措施。例如，海关可以对特定的进口商的业务进行审查并采取适当的监控措施。在其他有具体迹象显示申报价格的真实性或准确性存在风险的情况下，且对海关有理由怀疑其申报价格的真实性或准确性的所有相关风险要素进行考量后，可采取WTO海关估价委员会《多哈决定》6.1规定的程序。

13.海关不能仅仅因为申报价格与资料库价格之间存在差异就拒绝申报价格，而是应当将资料库价格与海关应用的其他指标相结合，仅将其作为一个潜在的风险指标，只是一个辅助海关强化或消除对申报价格的真实性或准确性质疑的初步提示性的信息。

14.也可应用资料库作为风险评估手段来进行比对审查，以捕中特定的进口报关单进行审核。

15.通常，资料库应该是一个更为广泛的资料库的组成部分，该资料库包含与进出口业务的其他方面相关的风险评估，例如，原产地、税则号列、进出口商风险画像等。

16.各国海关应结合各自需要，确定哪些人员经授权可使用资料库。

17.在风险评估方面，任一阶段都可能使用到资料库：提交进口报关单前，提交报关单时（核实申报数据），通关全过程及/或者货物放行后。

资料库应用注意事项

18.海关不得：

（1）使用资料库作为进口货物的替代价格或作为设立最低限价的机制来确定进口货物的完税价格；

（2）仅基于申报价格与资料库价格之间的差异即拒绝申报价格；

（3）为应用资料库，无视《协定》第13条的规定（关于进口货物凭足额担保放行）；或

（4）使用资料库替代其他方法（如后续稽查等），来评估申报价格的真实性或准确性。

资料库的数据采集

19.在估价风险评估政策的框架内，资料库的数据采集应当根据相关成员的风险管理政策的发展情况而有所不同，且应当依据WCO海关数据模型的相关要素。

20.在确定申报价格的真实性或准确性方面，资料库作为风险评估手段是否有用取决于数据的可靠性和相关性。因此，数据应当包括此前进口货物根据《协定》确定的完税价格，还应包括适用的估价方法（例如，成交价格、计算价格等），完税价格中包含的要素（例如，协助、

特许权使用费、卖方佣金等）及进口报关单的其他数据，如是否为关联交易，也应当纳入其中。

21.资料库采集的数据通常是此前进口货物的报关单数据及其证明文件。资料库也可采集其他相关和可信的数据用于风险评估。

22.在一个自动化资料库中，所有数据最终都可通过关键字进行查询。例如，搜索"原产地"，应当至少可以查阅一段时期内所有从该国进口货物的信息；甚至，可以提供从该国出口的同类型货物的一系列信息。

数据的有效性

23.为有效发挥其风险评估手段的作用，资料库中的数据应为近期数据且及时更新。如何界定近期和及时，取决于所涉商品、价格波动频率及其他相关要素。

比对检查的可行性

24.可应用资料库进行比对检查，从而锁定可能存在潜在风险的进口货物，并借此选定相关进口报关单进行审查。

25.因此，如果之前曾根据《协定》条款1.1（d）和1.2及15.4认定买方/进口商与其供货方/卖方存在特殊关系且影响价格，并因此拒绝申报价格，则该系统可以筛选出所有之后进口的该买方/进口商和卖方/供应商之间交易的报关单，以便海关审查是否仍然存在特殊关系，如果存在，是否仍然影响价格。

26.同样，如果之前曾根据《协定》条款8.1（a）的规定认定已付佣金（非买方佣金）与买方/进口商和卖方/供应商的交易相关且据此对申报价格进行了调整，则系统应该可以筛选出所有之后进口的该买方/进口商和卖方/供应商之间交易的报关单，以便海关审查是否仍然存在该类款项支付，如有，则相应调整申报价格。

27.这同样适用于《协定》的其他一些条款（适用第1条的条件，买方提供的货物和服务，特许权使用费，转售收益等）。

监督机制

应用资料库的海关应当建立监督机制，以确保其仅作为《指南》所描述的风险评估之用，并确保资料库的信息定期且持续更新。

附录5

世界海关组织：反价格欺诈的措施

世界贸易组织

G/VAL/54

2003年5月16日

海关估价委员会

原文：英语/法语/西班牙语

海关估价技术委员会对其与申报价格准确性的关切相关的
工作职责范围的回复（G/VAL/51）

附录

所附文件是海关估价技术委员会对海关估价委员会发出的与部长级决定（WT/MIN（01）/17）条款8.3相关的工作的职责范围的回复。

世界海关组织

海关估价技术委员会　　　　　　　　　　　　　　　　VT0330E1

第16次会议

布鲁塞尔，2003年5月2日

海关估价技术委员会对其与申报价格准确性的
关切相关的工作职责范围的回复

1.技术委员会已经审查了《多哈决定》授权提出的WTO文件（G/VAL/51）规定的条款8.3职责范围的所有要点，其中强调了海关在防范欺诈方面加强成员海关之间合作的重要性。

2.技术委员会认识到，各成员应当具备必要的法律和行政体系，以便有效实施《协定》。这个体系包括：①便利如实地准确申报价格的法律支持体系；②鼓励守法自律和处置不合规行为的全面的惩戒制度；③赋予进口商上诉权利的法律体系；④关于估价合规管理的政策和程序；⑤行政和技术能力；⑥应对特殊贸易部门（如非正规部门）的策略；⑦与商界的合作伙伴关系。

后面的第20~27点将进一步探讨这些问题。

3.考虑到这一重要基础，技术委员会按照职责范围的要求对海关估价委员会做出如下答复：

1）审查委员会所考虑的实践手段的技术性或其他相关事项，以解决对申报价格准确性的关切，包括交换出口价格信息，涵盖但不限于以下各点：

•附件G/VAL/W/102中格式所包含的各项要素，可能要注意技术委员会的当前工作（例如，正在由技术委员会审议的《海关估价信息交换指南草案》）。

4.技术委员会审查了附件G/VAL/W/102中格式所包含的各项要素。关于A部分：请求方海关将提供细节（1~18项），技术委员会的意见是对需提供的细节不做硬性规定，关键是请求方海关应提供辨识出口交易所需的最少的数据要素。

5.要求印度对B部分第4点做出特别澄清（请求方海关要求的

其他信息，请具体说明）。技术委员会注意到印度对此做出的说明是，该点旨在涵盖进口国海关根据情况可能需要的其他信息或协助。例如，当怀疑发票真实性时为核实发票的真伪所需的必要信息。

6.另外，还要求印度就 C 部分第 2 点做出澄清，该点指出被请求方海关提供的信息可能会在司法程序中披露。印度认为这一点提醒我们注意《协定》第 10 条，该条规定即使未获得提供信息的政府或个人的特别许可，仍然获准按照司法程序要求披露秘密信息。有几个代表团支持印度的观点，并指出《多哈决定》（条款 8.3）特别提到第 10 条，如果交换信息不得用于司法程序，那么这些信息将毫无用处。另外几个代表团认为，第 10 条并不包括由出口商向出口国海关提供的信息。另外，这些代表团还认为，在秘密信息用于进口国司法程序之前，应当得到出口国海关同意。尽管如此，技术委员会仍同意，必须根据可行的保密规定来考虑信息的保密性。

7.在遵循符合上述第 4~6 点所述意见的前提下，技术委员会完成了对附件 G/VAL/W/102 中各要素的审议。

8.技术委员会已经完成对《海关估价信息交换指南》（本附录中简称《指南》）的审查。该《指南》旨在促进各国海关之间的估价信息交换。内容包括：①关于进口国海关在向出口国海关提出信息请求之前所采取的价格核实行动的清单；②推荐了一套对进出口国海关均适用的估价信息交换程序。《指南》中的某些内容，即为确认进口国提出信息请求的相关货物的细节说明，这与附件 G/VAL/W/102 的 A 部分所载内容大体一致。技术委员会编写的《指南》副本随附件，作为本回复的一部分。

•信息交换安排的双边办法

9.在很多情况下，双边办法被认为是信息交换的理想手段。双边办法无论是对估价还是对其他海关事务都非常有用。它为解决当事方的特殊需求提供了一定的灵活性，例如，特定的期许、保密及安全保障等。许多成员都已经在双边基础上签订了各种海关互助协定，并取得积极成果。这些协定很多时候是为发现或核实涉嫌欺诈的情况提供协助。WCO编制了双边协定模板，可以作为双方在所有海关事务方面开展行政互助或信息交换的双边协定谈判的基础。特别是双边协定模板的第3条第2点包括了信息的规定，以确保正确确定完税价格。

10.信息交换双边办法在实践中可能会遇到一些困难，例如：①签订双边协定可能会经历一个艰难和复杂的过程，尤其是和所有贸易伙伴谈判；②双方之间不同的行政能力和贸易水平可能会阻碍在平等基础上进行谈判和执行双边协定；③必须高度重视信息的保密，而这可能会限制海关当局按其意愿交换信息的能力。

11.鉴于上述情况，有几位代表认为双边办法不应是唯一或理想的解决办法，在很多情况下更倾向于采用多边途径进行信息交换。

•在最终确定和/或核实货物价格中海关使用的技术或程序

12.技术委员会已经明确了若干确定和核实货物价格的技术和程序。这些技术和程序在货物进口前开始，并持续到所有进口后审查完毕为止。这些技术和程序包括，但不限于以下内容：

（1）使用特定的价格申报单格式。

（2）在口岸进行核实，包括货物的价格申报单、证明文件或记录，或必要时对货物本身进行检查，以便确保完税价格的真实性和准确性。

（3）价格风险管理：价格风险管理的目标是将价格欺诈管控的重点放在锁定风险最高的领域，从而有效配置资源。这涉及识别价格欺诈及其趋势和手法等风险领域的过程，以便实施适当的一般和特殊监管来确保合规。海关需要制定特别的信息策略来提升其整合、分析和使用一系列相关信息源的能力。应用本国价格资料库可以作为估价风险评估的手段之一（对职责范围第 2 点的回复）。

（4）与进口商对话：就申报价格相关事项的问题和关切，保持与进口商的积极对话，通常可以消除对申报价格准确性及涉嫌欺诈的怀疑。

（5）当海关有理由怀疑申报价格的真实性或准确性时，适用海关估价委员会决定 6.1 和技术委员会关于适用以上决定 6.1 的案例研究 13.1 规定的办法。

（6）估价管理的后续稽查技能：该过程使海关关员可以在货物清关后，通过检查进口商持有的账簿、记录或其他相关商业数据，审查申报价格的真实性或准确性。

（7）反欺诈调查的调查和情报技术，需要估价 / 通关职能与调查和情报职能之间开展密切配合。

13. 技术委员会编写的《海关估价管理手册》为各成员海关如何维护适当的管理机制和程序提供指导，以确保正确实施估价管理。

14.《海关估价管理手册》规定了价格申报管理及使用《协定》规定的各种估价方法核实货物完税价格的手段，以确保：①满足使用成交价格方法的条件；②申报价格包括买方为进口货物而实付、应付的价款总额；③申报价格包括根据《协定》第 8 条做出的所有必要的调整；④需要时，正确使用其他估价方法。这些手段包括应用估价规则，审查价格申报单和证明文件的程序，以及进一步质疑申报价格的真实性或准确性的技巧，例如，如何对进口商开展实地稽查。

15.《海关估价管理手册》还探讨了核实更为复杂的要素的方法，例如，关联交易、买方佣金、协助及特许权使用费。《海关估价管理手册》还包括一份税收风险领域的清单和一个估价管理的电子化模型，并着重介绍了估价管理的不同组织形式。

• **信息交换的传递方式和理想时限**

16.技术委员会同意，信息请求应当采用书面或电子版格式。被请求方海关可以要求对电子版需求进行书面确认。如情况所迫，可以口头提出需求，但应尽快通过书面或电子方式进行确认。

17.信息交换的理想时限无法固定，因为回复的时间很大程度上取决于所需信息的性质、来源的可获得性及信息收集和传输的技术发展水平。因此，及时有效地回复信息请求是非常重要的，但也应视情况具有一定的灵活性。

18.尽快对信息请求进行回复是非常重要的，最好是在双方商定的时限内。

• **出口价格信息交换联络点的作用**

19.设置联络点对于快速、简便和有效交换信息至关重要。为协助请求方官员传递信息请求，各国海关应当确定合适的办公室，最好设在总部层级，以便负责估价信息交流。WCO将对各成员海关联络点的信息进行集中管理。

进一步的相关考虑

20.如本回复第2点导言所述，技术委员会认识到，海关法律和行政体系应包含几个必要的组成部分，即：

• **一个法律支持体系，便利如实准确申报价格**

21.这个法律遵循体系应：①要求进口商如实准确地申报完税价格；②将此申报责任赋予进口商，包括进口商自我评估义务；③要求进口商保存账簿、记录和证明文件，海关可以进行查阅。

• 一个全面的惩戒制度，鼓励守法自律，惩戒不合规行为

22.该制度应包括：①法律处罚和执行的规定，根据不合规的严重程度对其进行处置；②减免处罚的规定，如进口商主动告知海关其错误或违规行为且主动予以纠正；③阻止低报价格的规定，例如，赋予政府按申报价格采购货物的权力，或为守法进口商提供便利（如减少查验）。

• **赋予进口商上诉权的法律体系**

23.根据《协定》第11条，赋予进口商上诉权的申诉机制，包括向司法机关提出上诉的最终权利，将会有助于确保完税价格确定的透明性和公平性，并在海关内部形成协调统一的估价实践。

• **价格合规的政策和程序**

24.根据《协定》第12条，这应当包括估价政策和程序的制定和公布，以及商界的参与，使得估价更加透明和公平。这将推动深入地理解估价法规，提升合规水平，鼓励如实准确申报。这些政策和程序也应适用于合规规定。

• **行政和技术能力**

25.各成员海关必须尽最大努力制定合适的工作规划，以提升行政和技术能力，从而使用有效和高效的程序和手段来解决对申报价格真实性或准确性的关切（对职责范围第4点的回复）。

• **应对特殊贸易部门的策略**

26.需要制定适当的策略来应对海关面对的复杂情况，例如，"非正规"贸易部门、独家代理交易和跨国公司内部的转让定价。

• **与商界的合作**

27.建立商界与海关的相互信任。应当制订培训计划来确保企业和海关双方都能全面理解《协定》及其对贸易流多样化的可适应性。

2）加快努力完成关于开发和使用价格资料库作为风险评估手段的

指南。海关估价委员会亦促请技术委员会就其他国际组织开展的类似工作开展协调合作。

28.技术委员会继续努力完成关于开发和使用价格资料库作为风险评估手段的指南，目前正在审议文件草案。在编写该草案时，WCO秘书处联络了联合国贸易和发展会议，希望在海关数据自动化系统方面获取联合国贸易和发展会议的有益经验。另外，很多成员提交了他们在价格资料库方面的经验。2003年4月24日至25日WCO还举办了一次专题研讨会，成员们就如何使用数据库作为风险评估手段进行了交流。

29.技术委员会完成最终指南文本后，将提交给海关估价委员会。

3）考虑其他机构的相关工作，说明在涉及海关估价领域的欺诈或涉嫌欺诈情况中海关使用的合适的手段、机制和做法；说明在海关估价信息交换中区分此类情况的可行性。

在涉及欺诈或涉嫌欺诈的情况中海关的手段、机制和做法

30.此前本回复中探讨的在处理涉及欺诈和涉嫌欺诈的多种手段是非常有用的。海关应采取若干手段、机制和做法，这对于防范或尽量减少欺诈动机和情况是至关重要的。这些应包括：①适当的一般性的法律框架，包括赋予一般性的行政权力；②适当的运作顺畅的海关业务流程和管理；③国际贸易和商业惯例的知识；④进口审查、风险分析和监管能力；⑤后续监管；⑥后续稽查能力和实施稽查的力量；⑦对进口商进行风险画像和追踪的内部信息系统，并保存适当记录；⑧内部信息系统，将经济运营方在进口方面的义务与其财务属性的任何进一步的义务相关联考虑；⑨检查进口商会计或财务（包括银行）记录的手段；⑩对欺诈海关行为实施制裁和处罚的法律制度；⑪放行货物和保障税收的担保制度；⑫识别涉嫌欺诈案件的自动化筛选系统；⑬双边和/或多边

行政互助协定，以帮助收集欺诈成立的证据。

31.对于WCO及其委员会就估价欺诈和涉嫌欺诈制定的各种应对手段，各国海关应充分利用，并提升运用能力。很多措施目前仍在编写中，但将在2003年底前完成。包括：

（1）后续稽查过程。

（2）对估价欺诈的风险分析过程。

（3）打击使用虚假或两套发票的商业欺诈活动的运作范本。

（4）一份出版物，内容是根据《协定》管控欺诈的关键要素。

（5）反商业欺诈措施手册。

（6）商业欺诈手册（高级海关关员适用）。

（7）商业欺诈调查员手册。

区分欺诈和涉嫌欺诈

32.各国海关应当在国内立法中对欺诈做出界定。《关于防范、调查和惩处违反海关法罪的行政互助国际公约》（通常称为《内罗毕公约》）条款1（c）中有一个关于欺诈的国际定义："一人欺骗海关，以全部或部分逃避支付进出口关税和其他税，或逃避适用海关法规定的禁限措施，或违反海关法获取任何利益的违反海关法罪。"另外，"违反海关法罪"在条款1（b）中定义为任何违反或企图违反海关法的行为。

33.对于欺诈和涉嫌欺诈之间的区别，取决于欺诈成立所需证据的举证责任，以及为履行责任获取的证据。本国法律应明确欺诈成立所需证据的举证责任。如果有足够的证据来满足举证责任，则涉嫌欺诈就会被确认为欺诈成立。对于价格欺诈的情况，《协定》中没有禁止一国（地区）实施严格的强制规定。

4）就各国海关之间的合作互助原则和做法提供数据和信息，包括适合解决申报价格准确性的关切的切实可行的技术援助和能力建设活动。

各国海关之间的合作互助原则和做法

34. 各国海关之间的合作互助可以采取多种形式，包括诸如研讨会和合作培训项目之类的活动，以建立具体的合作机制，解决共同关切的具体问题。对于违反海关法及打击欺诈的问题，各国海关之间开展合作互助的首选方式包括：海关合作协定和行政互助协定。这些协定为互信、互认和良好架构的互助提供了具体的基础，可以解决一系列海关事务，包括与正确确定完税价格相关的问题。这些协定可以确保解决各方的真实需求，同时确保与各方权利相关的所有必要的保障得以考虑。

35. 在海关估价领域，各国海关之间开展合作，最主要的就是能够分享估价协定实际运用中的经验，以及交流《协定》管理中的最佳实践。

36. 为协助技术委员会回应"就……各国海关之间合作互助的做法提供数据和信息"的需求，WCO秘书处就价格信息交换的现行做法分发了一份问题表，收到了50多个成员和观察员的回复，显示各国海关之间进行价格信息交换是一种常见的做法，大多数回复认为运作良好。

可能适合解决申报价格准确性的关切的
切实可行的技术援助和能力建设活动

37. 提供技术援助和能力建设项目，对于提升能力应对实施估价规则所面临的挑战具有重要的作用，以确保完税价格申报及其管理为保障税收提供坚实的基础。技术委员会完全同意强化能力建设，这是当前国际层面举措的主要组成部分。技术援助和能力建设工作要适应受援国的具体需求，这是非常重要的。

现有的技术援助形式

38.海关已制定了重点突出的技术援助和能力建设项目来建立：

（1）全面理解估价协定制度。

（2）适当和透明的国内法律、法规和政策。

（3）现代化后续稽查制度。

（4）现代化风险管理方案。

（5）现代化担保制度。

（6）计算机系统。

（7）行政/司法上诉程序。

（8）涉嫌欺诈案件调查程序。

（9）就上述职能对海关人员进行充分培训。

（10）推进守法自律的业务流程。

（11）双边或多边行政互助协定。

39.另外，下列材料可用于协助海关解释和适用《协定》：

（1）《海关估价管理手册》。

（2）《海关估价培训基础教程》

40.此外，技术委员会还制定了另一种方法，即在技术委员会的其他会议上召开专题会议，协助海关相互交流在实施和适用协定估价方面的实践经验。每一个专题会议都会讨论代表们确定的一个或一系列主题。截至目前，技术委员会的3次专题会议的主题包括：

（1）风险评估在估价风险管理中的应用（2000年5月）。

（2）后续稽查中的估价管理（2001年5月）。

（3）实施和适用《协定》的行政管理注意事项（2000年5月）。

41.这些会议会特邀成员及私营部门汇集一堂发言。成员们对此予以高度评价，认为更加切身地传授了《协定》应用中的知识和经验教训。

42.WCO秘书处和其他援助组织（包括各成员海关）向最不发达国家和发展中国家成员提供的国家的或区域的估价技术援助，以及WCO伙伴计划，是富有成效的。其他国际组织与WCO合作，能够为估价领域注入更多活力［如美国国际开发署（USAID）］。另外，技术委员会注意到成员海关提供的技术援助既有双边的，也有区域性的。

43.技术委员会强调，所有的能力建设项目应当以这种方式进行，即根据对一国海关初步分析研究的结果，来为其量身定做个性化的培训方案。

能力建设新举措

44.目前WCO秘书处正在制定WCO《海关能力建设框架方案》。该框架方案旨在协助各成员提升能力，在当今国际贸易环境下成为更加有效和高效的现代化海关组织，并推动援助组织和政府提供支持。

45.《海关能力建设框架方案》将包含7个独立而又相互联系的部分，包括估价，旨在：

（1）推动各国政府、国际组织和援助机构认识到有效的海关管理的重要性。

（2）为在发展中国家海关开展能力建设项目的WCO官员、各成员方的海关专家及私营部门顾问推荐一份标准化的分析和项目设计及执行指南。

（3）推广WCO公约、文件和最佳实践做法。

（4）为WCO和各成员海关高级官员提供一个信息化和市场化手段（使海关高级官员们能够更好地掌握必要的信息以充分参与和援助机构及其他政府官员的讨论或协商）。

（5）协助援助组织如世界银行/国际货币基金组织去理解和准确分析海关能力建设需求，并设计出卓有成效的方案。

46.技术委员会也注意到，WCO《海关能力建设纲要》已提供给所有成员。该纲要旨在说明和描述目前通过WCO秘书处可以获取的能力建设项目的范围。

可能适合于解决对申报价格准确性的关切的
其他潜在能力建设举措

47.在能力建设工作中，建议海关就具体案例"结对"开展工作并进行指导。此外，让进口商和商会参与工作也是至关重要的。

48.最后，商界在向进出口国海关提供正确、准确和真实信息方面，担负着主要角色和主体责任。为使商界能够更好地履行责任，应考虑采取以下措施：

（1）与合适的国际组织合作，来研究和确定一些方法，以确认（或核实）向海关提交的发票的正确性，并就此类发票设计一套建议包含的内容数据。目的是为了从进口商处获取对进口货物更为完整的描述，从而可以更加直接地确认（如需要）此前曾核实过的交易。当《协定》第1条不适用而越来越多地适用第2条和第3条时，可使用此类信息，也可用做测试价格。

（2）审查申报价格的采用情况，并就加强进口商提供可靠数据的义务提出合适的建议。

（3）研究海关对非正规贸易管理中，非正规贸易部门对海关估价的作用和影响（包括经济方面的）。找出在该领域管理中遇到的问题，并制定一个国际或国家的解决策略。

（4）在保护商界和海关秘密的前提下，与私营部门合作，包括地方商会，就商业实践技能和贸易趋势为当地海关关员制定和提供培训方案。

结语

49.技术委员会很高兴对海关估价委员会提出的职责范围问题做出回应，并时刻准备着应技术委员会需求在此方面开展进一步的工作。

附件 海关估价信息交换指南

序言

本《指南》旨在便利海关之间的估价信息交换。内容包括：一份清单，载明进口国海关在要求出口国海关提供信息之前，应采取的价格核实行动和一套适用于进出口国双方海关的估价信息交换的建议程序。

根据《协定》条款，海关对货物估价应尽可能地以货物的成交价格为基础。如果（考虑到海关估价委员会决定6.1和技术委员会案例研究13.1）进口国海关有理由怀疑申报价格的真实性或准确性，海关可决定不得依据《协定》第1条规定确定进口货物的完税价格。

当海关有理由怀疑申报价格的真实性或准确性并怀疑涉嫌欺诈时，海关之间可进行估价信息交换。估价信息不得作为确定完税价格的依据。

信息交换仅仅是有效价格管理手段的一个部分，它应当成为一个更加全面的措施的组成部分。成功的估价管理有赖于海关改革和现代化的长期战略。海关尤其应该依托一套监管机制，应用在以情报为基础的风险分析和后续稽查中，这对于优化海关估价管理制度至关重要。同时还需要强化有针对性的能力建设和技术援助。

请求方海关在提出估价信息请求时，应充分考虑对于被请求方而言相关的资源和费用问题。信息需求可带来的财务利益与提供信息所花费的努力之间应当相称，避免性价比不高的信息请求。

根据本《指南》程序提供的信息应被视为符合现行保密规定。

进口国海关在要求出口国海关提供信息之前
应采取的价格审查行动清单

1.在要求出口国海关提供信息之前，请求方海关应尽可能确保已在进口国完成所有适当的审查程序。下面为请求方海关提供的一份清单，虽未全部收录但明确了所提需求的实质性内容。

对价格申报单或进口申报单的审查

（a）所有适当的单证均已向海关提交，且经过审查。可能包括：

（i）进口申报单；

（ii）提单；

（iii）商业发票；

（iv）销售合同；

（v）估价申报单；

（vi）支付凭证或银行记录；

（vii）其他法律文件，如许可或保修协议；

（viii）相关往来函件。

（b）已进行（海关）内部研究分析。可能包括：

（ⅰ）已经审查同一进口商此前的进口记录：

·进口申报单；

·申报价格；

·已付税款；

·估价方法；

·其他历史记录。

（ⅱ）已充分履行风险评估和风险分析程序；可能包括使用适当的资料库资源。

对进口商情况的检查

可能包括：

（a）已检查违反海关法的记录。

（b）已检查税务守法情况。

（c）已搜索 WCO 标准化数据库。

与进口商沟通

（a）已书面告知进口商海关质疑的理由。

（b）已要求进口商补充其他的信息，并告知其所提交证据的层级，包括进出口商之间的所有往来函件的副本。

（c）如有必要，约谈进口商。

后续稽查期间实施的审查（视情况需要）

（a）审查与交易相关的财务记录。

（b）审查贸易商的系统。

（c）检查商业记录，包括合同。

（d）已约谈进口商。

2.在尽可能地遵循相关清单事项之后，如果仍有理由怀疑申报价格的真实性或准确性且怀疑涉嫌欺诈，可履行以下建议程序，寻求出口国海关的协助。

估价信息交换的建议程序

1.请求出口国海关提供的估价相关信息，应限于为审查进口商申报的完税价格的真实性或准确性所必需的信息。请求提供的信息可以包括向出口国海关提交的出口申报单上的货物价格。

2.推荐使用行政互助双边或多边协定，来具体明确海关之间估价信息交换的条件。

3.应为此目的指定适当的办公室来对接估价信息交换事宜。相关海关应将指定的办公室告知WCO秘书长，秘书长通过WCO成员网站向成员提供指定办公室的相关信息。

4.信息请求应当以书面或电子格式提出。被请求方海关可以要求对电子格式的请求做书面确认。当确有需要时，也可口头提出信息请求。此类请求应当尽快做书面确认，或者如果双方海关同意，也可进行电子确认。

5.信息请求应当明确：

（a）请求的目的和所需信息的类型。

（b）请求方海关按照"清单"所采取的措施。

（c）识别货物及其出口报关单所需的必要信息，可能包括：

（i）货物的详细情况（品名、数量、商品编码、运输标记、件数、发票号等）；

（ii）进口商/买方/收货人的姓名和地址；

（iii）出口商/卖方/发货人的姓名和地址；

（iv）运输方式和运输单证编号；

（v）离港/出口日期和地点；

（vi）抵达/进口日期和地点；

（d）请求方海关认为有用的其他信息。

6.被请求方海关应于工作时间尽快将收到请求的情况通知请求方海关。

7.应当尽快提供所请求的信息，最好是根据出口国国内法律和行政法规，在海关权限和现有资源范围内，以双方商定的时间范围为基础。对请求信息的回复应当尽可能充分准确地提供所需信息。回复也可视情包含以下内容：

（a）出口货物是否曾做过鉴定。

（b）是否曾核实过出口报关单证。

（c）是否有海关磋商记录。

（d）是否从其他相关政府机构获取相关信息。

（e）是否曾与出口商/卖方/发货人商谈。

8.如果被请求方海关不能快速提供信息，则应当通知请求方海关不能或延迟提供信息的理由。

附录6

WTO《关于通知要求的技术合作手册》

世界贸易组织

WT/TC/NOTIF/VAL/1

1996年9月9日

原文：英语

《关于通知要求的技术合作手册》

《关于实施GATT 1994第7条的协定》

1.《关于通知要求的技术合作手册》的"通知要求"一章包括《关于实施GATT 1994第7条的协定》所规定的通知义务。其中有以下5个部分：

第1部分：通知要求概述

第2部分：通知义务清单

第3部分：指南和格式文件

第4部分：通知的模版

第5部分：《协定》文本

2.对于申请加入的国家，提交通知的截止期限将根据他们各自加入协议来确定。

注意事项：《关于通知要求的技术合作手册》并不是对《协定》各个项下通知义务的法律解释。它是秘书处编写来协助各成员履行其通知义务的。

VAL—I

《关于实施 GATT 1994 第 7 条的协定》通知要求概述
A. 立法的通知要求

I 非《东京回合海关估价守则》签约方成员

（i）国内立法的通知和分发

关于通知的全面完整的法律规定见 WTO 海关估价委员会 1995 年 5 月 12 日第一次会议通过的一项决定，同意非《东京回合海关估价守则》签约方的成员应执行东京回合海关估价委员会制定的关于"国内立法的通知和分发"程序（G/VAL/5 para.B.2（i）和（ii）)：

——各成员应当尽快以 WTO 3 种官方语言之一向秘书处提交其海关估价方面的国内法律的完整文本（法律、法规等），秘书处将以其所提交的语言文本作为海关委员会文件分发给其他成员。如果委员会成员普遍希望也可获取某一成员的 WTO 其他官方语言文本，则该文本将被翻译后作为委员会文件分发。如果一国法律文本不是 WTO 官方语言版本，则该法律原文也应提交给秘书处供审查。

——当然，已经依据《协定》第 20 条第 1 款和第 2 款制定其国内法律的发展中国家成员，应在其开始适用《协定》规定之前向 WTO 海关估价委员会提交立法文本。

（ii）法律法规及其管理的变更

《协定》第 22 条第 2 款规定的通知要求是关于成员的海关估价法律法规出现任何变化或修订的情况，明确"各成员应通知委员会其与《协定》相关的法律法规及其管理中的任何变更"。

（iii）事项清单

WTO 海关委员会在 1995 年 5 月 12 会议上同意，继续实施事项清单制度，该制度由东京回合海关估价委员会确定作为对国内法律进行初步审查的基础。WTO海关估价委员会也同意，非《东京回合海关估价守则》签约方的成员应在其开始适用海关估价制度之时或之后尽快提交对事项清单的回复。

II 《东京回合海关估价守则》签约方成员

对于《东京回合海关估价守则》签约方成员，其法律已经过审查，WTO海关估价委员会在1995年5月12日会议上同意，此类成员可向秘书处发送函件，说明其法律及对《东京回合海关估价守则》项下的通知事项清单的回复依然有效。WTO海关估价委员会在1996年4月25日会议上还同意，此类成员仅应在其对《东京回合海关估价守则》项下的通知事项清单的回复不再有效的情况下提交其对通知事项清单的回复。根据《协定》第22条第2款的规定，成员的海关估价法律法规出现任何修订情况，均应通知委员会。

B.发展中国家成员诉诸特殊和差别待遇条款的通知

I 非《东京回合海关估价守则》签约方成员

第20条第1款允许非《东京回合海关估价守则》签约方的发展中国家成员延迟实施《协定》，延长期限自《协定》对其生效之日起最长不超过5年。该规定进一步明确"选择推迟适用本《协定》的发展中国家成员应将相关情况通知WTO总干事"。相关发展中国家成员最好应于加入《协定》之时提交通知。

《协定》第20条第2款允许非《东京回合海关估价守则》签约方的发展中国家成员延迟实施《协定》的某些条款，自其实施《协定》的所有其他条款之后延期不超过3年。希望诉诸该条款的发展中国家成员应"应将相关情况通知WTO总干事"。该通知最好不迟于相关发展中国家成员开始实施《协定》之前提交。

对于已经根据《协定》第20条第1款规定诉诸5年延长期的发展中国家成员，附件3第1点允许其申请延长该期限。该类请求应于《协定》第20条第1款规定的延期届满之前向WTO海关估价委员会提交。

对于"目前如根据官方设定的最低限价确定货物的完税价格"的发展中国家，《协定》附件3第2点允许其做出保留，以使其可以根据成员们可能接受的条款或条件，在有条件和过渡期的基础上保留该类价格。WTO海关估价委员会在1995年5月12日会议上同意，采用东京回合海关估价委员会关于此类保留措施的程序。

对于《协定》附件3第2点项下的保留，已做出保留的成员应在适当的时候（通过秘书处）向委员会提交计划书，说明其希望在何种条款和条件下保留最低限价（或类似制度）。WTO海关估价委员会将讨论该计划书，以期对此类保留的条款和条件达成协议。协议应尽快达成，无论如何不得迟于成员已经依据《协定》第20条第1款可能开始实施《协定》之日。

希望做出此类保留的发展中国家成员应当在其加入《协定》之时做出。然后应向WTO海关估价委员会提交计划书，说明其希望在何种条款和条件下保留该制度。计划书应在相关发展中国家成员实施《协定》之前尽早提交，从而使WTO海关估价委员会有充足的时间就其条款和条件达成协议。

《协定》附件3第3点允许发展中国家成员保留海关拒绝进口商申请颠倒《协定》第5条和第6条适用顺序的权利。对该项保留的通知最好应于加入《协定》之时或相关发展中国家成员开始适用《协定》之前提交。

《协定》附件3第4点允许发展中国家成员保留海关适用《协定》第5条第2款的权利，无论进口商是否有此要求。对该项保留的通知最好应于加入《协定》之时或相关发展中国家成员开始适用《协定》之前提交。

II　《东京回合海关估价守则》签约方成员

对于《东京回合海关估价守则》签约方的成员，根据1995年1月31日总理事会通过的《在〈WTO协定〉下继续实施1979年〈关于实施GATT第7条的协定〉中发展中国家延迟实施和保留的规定的决定》（WT/L/38），在《东京回合海关估价守则》下诉诸延迟实施和/或保留的通知在《协定》下依然有效。

VAL—11 《关于实施 GATT 1994 第 7 条的协定》通知义务

序号	通知要求	措施类型	期限	格式	通知方	接收方
1	《关于实施 GATT 1994 第 7 条的协定》，条款 20.1	延迟实施《协定》	自《WTO 协定》对相关成员生效之日起	无	WTO 成员——特指（非《东京回合海关估价守则》缔约方的发展中国家成员）	WTO 总干事
2	《关于实施 GATT 1994 第 7 条的协定》，条款 20.2	延迟实施《协定》条款 1.2（b）(iii) 和第 6 条	自《WTO 协定》对相关成员生效之日起或在《协定》其他条款之前适用	无	WTO 成员——特指（非《东京回合海关估价守则》缔约方的发展中国家成员）	WTO 总干事
3	《关于实施 GATT 1994 第 7 条的协定》，条款 22.2	法律/法规和行政安排变更（关于《协定》第 22 条通知的语言：海关估价委员会印发的文件）	自变更之日起	无	WTO 成员——特指①	海关估价委员会
4	《关于实施 GATT 1994 第 7 条的协定》附件 3 第 1 点	推迟实施《协定》的延迟期限	在《协定》条款 20.1 所述期限届满之前	无	WTO 成员（诉诸条款 20.1 的非《东京回合海关估价守则》缔约方和《东京回合海关估价守则》缔约方且比 5 年延迟期尚未届满的发展中国家成员）	海关估价委员会

① 译者注：指那些法律法规和行政管理发生变化的成员。

续表

序号	通知要求	措施类型	期限	格式	通知方	接收方
5	《关于实施 GATT 1994 第 7 条的协定》附件 3 第 2 点	保留最低限价	自《WTO 协定》对相关成员生效之日起	无	WTO 成员——特指（发展中国家成员）	海关估价委员会
6	《关于实施 GATT 1994 第 7 条的协定》附件 3 第 3 点	关于《协定》第 4 条的保留（估价方法的依次顺序）	自《WTO 协定》对相关成员生效之日起	无	WTO 成员——特指（发展中国家成员）	海关估价委员会
7	《关于实施 GATT 1994 第 7 条的协定》附件 3	关于《协定》条款 5.2 的保留（经进一步加工的进口货物价格）	自《WTO 协定》对相关成员生效之日起	无	WTO 成员——特指（发展中国家成员）	海关估价委员会
8	《关于实施 GATT 1994 第 22 条：关于国内立法通知和分发的决定（WTO 海关估价委员会 1995 年 5 月 12 日通过）	《东京回合海关估价守则》下立法通知依然有效（如果是该情况）	即时（《协定》生效后）尽快	无	WTO 成员（不包括推迟适用《协定》的发展中国家成员和《东京回合海关估价守则》缔约方）	海关估价委员会
			即时（适用《协定》之前）	无	《东京回合海关估价守则》缔约方	海关估价委员会
			即时（尽快）	无	推迟适用《协定》的发展中国家成员	海关估价委员会

续表

序号	通知要求	措施类型	期限	格式	通知方	接收方
9	《关于实施 GATT 1994 第 7 条的协定》 事项清单决定（WTO 海关估价委员会 1995 年 5 月 12 日和 1996 年 4 月 25 日通过）	事项清单的回复	即时（在相关成员开始适用《协定》之时或之后尽快）	G/VAL/W/5（附件）	WTO 成员（不包括推迟适用《协定》的发展中国家成员和《东京回合海关估价守则》缔约方）	海关估价委员会
10	《关于实施 1994GATT 第 7 条的协定》 关于进口货物完税价格中利息费用的处理决定（G/VAL/5 para.A.3，WTO 海关估价委员会 1995 年 5 月 12 日通过）	自成员适用该决定之日起	即时	无	WTO——特指	海关估价委员会
11	《关于实施 GATT 1994 第 7 条的协定》 关于载有供数据处理设备用软件（件）的介质的估价决定（G/VAL/5 para.A.4，WTO 委员会 1996 年 5 月 12 日通过）	适用该决定第 2 段所述做法的日期	自适用之日起	无	WTO——特指	海关估价委员会

附录 7

WTO 争端解决案例摘要——海关估价①

WTO 争端解决案例——海关估价

1995—2009

---

① 截至 2009 年 5 月，向 WTO 争端解决机构提交协商请求的 WTO 争议中，有一项是根据 GATT 第 7 条或《WTO 估价协定》提交的法律诉求。

回应方	申诉方	估价申诉	结果/情况	案例编号	发起时间
泰国	菲律宾	使用"武断的预先确定的价格"去计算进口商为从海关监管区提离进口香烟而需缴纳的保证金，也以此确定最终估价金额。 没有向进口商提供解释说明，也没有公布确定进口香烟价格的依据和方法。 披露秘密信息。	应菲律宾请求设立小组（2008 年 11 月）	DS371	2008 年 2 月 7 日
泰国	欧盟	使用"武断的价格"对从欧盟进口的酒精饮料和其他产品进行海关估价。 "武断价格"（"评估价格"）被诉称是用倒扣方法计算得出的，即用泰国市场上此类货物的批发价格，扣减标准化的利润和相应的国内税而得，并不考虑进口商提供的成交价格。该诉求还指出，海关确定了宽泛的利润率和一般费用的标准，却从未解释或披露确定这些标准的来源依据。	协商中	DS370	2008 年 1 月 25 日

续表 1

回应方	申诉方	估价申诉	结果/情况	案例编号	发起时间
哥伦比亚	巴拿马	对原产于或从与哥伦比亚签订自由贸易协定之外的所有国家进口的某些货物，使用海关指导价格或评估价格进行海关估价。	2009 年 4 月 27 日发布小组决定（WT/DS366/R），裁定巴拿马胜诉。小组认为，哥伦比亚使用指导价格进行海关估价与《协定》规定不符，没有依次适用《协定》第 1,2,3,5,6 条规定的估价方法。小组还认为，哥伦比亚使用指导价格，要求两个价格中较高的价格或最低限价作为标的货物的完税价格，与《协定》条款 7.2（b）和 "f"（f）不符，因此，此估价方法不能作为 "与《协定》条款 7.1 的原则和一般规定相符的海关估价的合理方法"。	DS366	2007 年 7 月 12 日
哥伦比亚	巴拿马	对于原产于或从巴拿马及其他特定国家或关境进口的某些货物，使用指导价格或评估价格进行海关估价。	已通知达成双方同意的解决办法。哥伦比亚撤销了相关措施，双方达成《海关合作和交换协定》，2006 年 12 月 1 日。	DS348	2006 年 7 月 20 日
墨西哥	危地马拉	使用官方设立的最低限价对选定商品进行海关估价。	已通知达成双方同意的解决办法（没有说明具体条款），2005 年 8 月 29 日。	DS298	2003 年 7 月 22 日
阿根廷	巴西	依据海关最低限价确定进口家禽的完税价格。	该估价事项未提起进一步诉讼。WTO 小组提交并裁定该项争议仅涉及《反倾销协定》下的索赔，WT/DS241/R（2003 年 4 月 22 日）。	DS241	2001 年 11 月 7 日

续表2

回应方	申诉方	估价申诉	结果/情况	案例编号	发起时间
比利时	美国	使用参考价格对进口大米实施估价，且海关估价决定缺乏透明度。	已通知达成双方同意的解决办法。比利时"依据新的证据重新确定争议所涉关税"，因此双方同意该问题已得到解决，2002年1月2日。	DS210	2000年10月12日
罗马尼亚	美国	使用官方设定的最低限价对所选商品进行海关估价。	已通知达成双方同意的解决办法（2001年10月2日）。罗马尼亚同意：(i)不使用最低参考价格来确定完税价格；(ii)实施一项"特别法律案"，重申只有《协定》和《关于海关有理由怀疑申报价格真实性或准确性的情况的决定》所规定的估价方法；(iii)价格资料库系统仅作为风险评估过程中的一种手段，不得用于确定是否接受申报价格。美国同意向罗马尼亚提供风险资源，并明确了提供风险评估方面技术援助的方式方法。	DS198	2000年5月20日
巴西	美国	使用官方设定的最低限价对所选商品进行海关估价。	搁置，但没有要求成立小组，也没有收到达成双方同意的解决办法的通知。	DS197	2000年5月30日
巴西	欧盟	使用最低限价对所选商品进行海关估价，且实施最低限价的措施未予公布。	搁置，但没有要求成立小组，也没有收到达成双方同意的解决办法的通知。	DS183	1999年10月14日

续表3

回应方	申诉方	估价申诉	结果/情况	案例编号	发起时间
欧盟	印度	依据欧盟制定的《累计回溯制度》（CRS）在确定进口大米关税上造成限制，违反《协定》第1~7条、11条和附件1的规定。	搁置，但没有要求成立小组，也没有收到达成双方同意的解决办法的通知。	DS134	1998年5月27日
阿根廷	美国	申诉阿根廷实施"最低特别关税"率或从价税率两者中较高的税率，阻碍某些纺织品、服装和鞋类制品进口。"最低特别关税"通过从价税率（WTO约定税率）与相同税号货物的平均进口价格相乘来确定。另外，美国还认为，阿根廷在"确定平均进口关税"时使用"进口平均价格"替代实际成交价格，违反了GATT第7条中禁止使用的其他估价方法。"从而损害了……承诺的任一种价格（因为使用了第7条禁止使用的方法，从而损害了第7条承诺可以使用的估价方法—译者注）"及禁止使用"武断的或虚构的价格"的规定。	WTO小组确定，阿根廷征收的最低特别关税违反GATT第7条规定（WT/DS56/R 1997年11月25日）。没有对海关估价申诉做出裁定（WT/DS56/R 1997年11月25日）。上诉机构维持了小组报告的决定，WT/DS56/AB/R（1998年3月27日）	DS56	1996年10月4日

续表 4

回应方	申诉方	估价申诉	结果/情况	案例编号	发起时间
欧盟	乌拉圭	与 DS17 理由相同。	已完结和/或搁置。	DS25	1995 年 12 月 12 日
欧盟	泰国	欧盟法规违反了 GATT 条款和《协定》。	已完结和/或搁置。	DS17	1995 年 10 月 3 日
欧盟	美国	欧盟使用 "参考价格制度" 确定某些进口谷物的关税。	已完结。未对估价诉求做出决定。美国撤回设立小组的请求,因为欧盟已通过法规,未执行双方就此问题达成的协议。	DS13	1996 年 11 月 21 日
欧盟	加拿大	欧盟使用 "参考价格" 而不是成交价格来确定进口大麦的关税。	已完结和/或搁置。1995 年设立小组,但未采取进一步行动。	DS9	1995 年 6 月 30 日

附录8

WTO官方网站和文件①

─────────── **WTO官方网站导航**① ───────────

WTO官方网站（https://www.wto.org/）是围绕"门户"来构建的，指向不同的栏目（见图1②）。

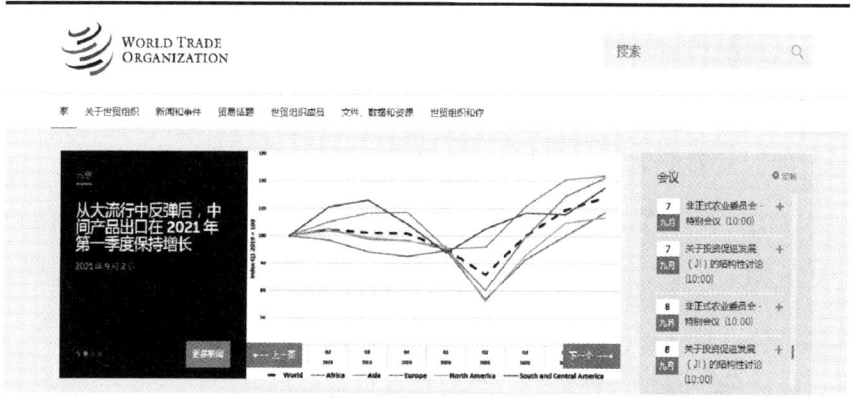

图1　WTO官方网站首页（中文）

每个门户提供链接查询栏目项下的所有资料。此文本中的参考资料为你提供资料查询指引。它是通过门户，以路径的形式，从网站主页或其他任一页右上角的导航链接进入。

例如，要查询海关估价相关资料，你可以浏览下列门户和链接：https://

---

① 改编自WTO官方网站简介——了解WTO（2007）。

② 译者注：本附录中网站图片截取了WTO官方网站2021年网页，便于读者参考，特此说明。

www.wto.org>trade topics>goods>customs valuation。

你可直接点击链接或通过下拉菜单［当你将光标停在网站上任一网页的顶部"贸易话题（Traed topics）"链接时，大多数浏览器都会显示］方式遵循该路径（见图2）。

图2　海关估价（Customs valuation）所在路径（中文）

点击"海关估价（customs valuation）"链接，进入海关估价门户（见图3）。

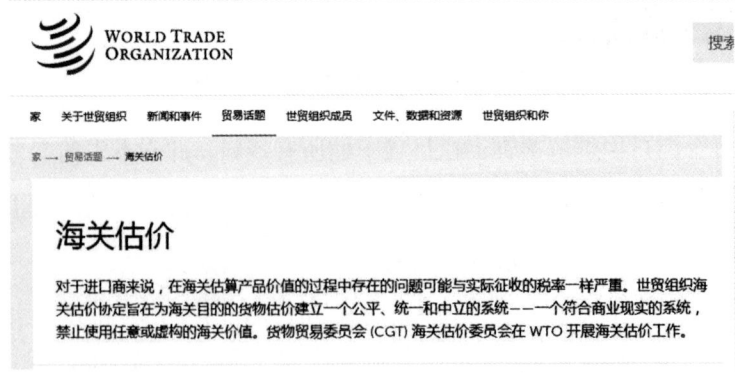

图3　海关估价（Customs Valuation）门户（中文）

海关估价门户包括预先设置的搜索项，可以用来查找估价相关文件。这些预先设置的搜索项可以在估价门户中标记为"在线搜索文档（Search Documents Online）"的方框中找到链接。点击这些链接会自动从"文档在线"中检索相关文件，然后可以选择和下载你感兴趣的文件（见图4）。

在线搜索文档
这些链接会打开一个新窗口：等待结果出现。

☐ 海关估价委员会向货物贸易委员会提交的年度报告（文件代码不同）　>搜索 > 帮助
☐ 海关估价委员会会议纪要（文件代码G/VAL/M/*）　>搜索　>帮助
☐ 海关估价委员会工作文件（文件代码 G/VAL/W/*）
选择一年... ∨　>搜索
☐ 委员会通过的决定和建议（文件代码各不相同）　>搜索　>帮助

其他官方海关估价文件

Search Documents Online
Customs Valuation 文件使用代码 G/VAL/*（其中 * 需要附加值）
这些链接打开一个新窗口：等待结果出现。

>帮助下载这些文件

☐ 1994年关税及贸易总协定第七条实施协定实施和运作年度审查（文件代码不同）
>搜索
☐ 涉及海关估价的争议（咨询请求）（文件代码不同 G/VAL/D/*）　>搜索

图4　在线搜索文档（Search Documents Online）（中文）

WTO海关估价文件标号[①]

1.参考标号

所有的WTO文件都指定使用一个唯一的参考标号。

这个标号类似在图书馆使用的呼叫号或货架号，用来识别书籍或其他借阅物品。根据WTO文件命名规则（或分类体系），依据文件发布的系列（它的主题或类型），该标号或多或少会有些复杂。

以下是WTO海关估价文件标号的示例：

G/VAL/54/Suppl

G/VAL/N/1/ROM/2

G/VAL/M/30/Add.1

2.标号的构成

每个标号都是由字母、数字和后缀组成。字母用于标识集合、系列、类型以及文档状态，数字用于标识顺序号列。还使用ISO三个字母标准代码来标识成员（例如，POL代表波兰，ZWE代表津巴布韦等）。所有文件按照发布的时间顺序来编号，有些文件可能有多个标号。

例子：G/VAL/M/30/Add.1

说明：

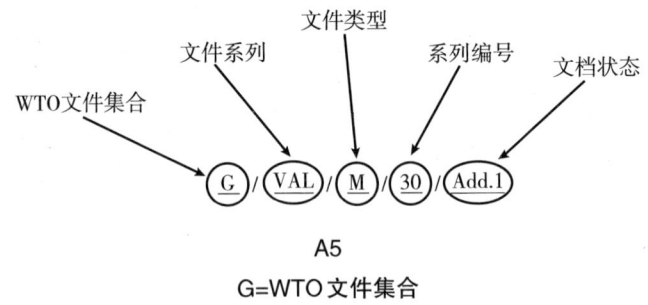

A5

G=WTO 文件集合

---

① 改编自关于WTO官方文件《常见问题》及其"文件在线"上的网络宣传物（2004年6月），可通过WTO文件门户网页的"帮助"链接查阅。

G=WTO 文件集合

WTO 文件目前分成 7 个集合，每个部门的活动是一个集合，秘书处的行政事项是一个集合。标识这些集合的字母都使用文件标号的第 1 个字母：

G　　货物贸易（1994）

IP　　知识产权（1995）

JOBS　非正式的限制类文件（1999）

S　　服务贸易（1994）

TN　　贸易谈判（2002）

WT　　WTO 监督机构（1995）

OFFICE　秘书处行政（1995）

大多数与海关估价相关的 WTO 文件都在"货物贸易"集合里（即"G"）。

VAL=贸易系列

每个文件集合都是由一个共同框架内的文件类别组成。不同类别的文件称为系列。本书引用的文件系列包括：

WTO 文件系列：

G/VAL　　海关估价

TN/TF/　　贸易便利化

WT/DS/　　争端解决

GATT/乌拉圭回合文件系列：

MTN.GNG/　　货物谈判组（乌拉圭回合）

NTM/　　非关税措施和数量限制（关税与贸易总协定）

东京回合谈判守则文件系列：

VAL/　　海关估价

M=文件类别

文件标号中使用标准缩写来标识那些共有某些属性的文件，例如，共同结构或特定类型的数据：

GEN　　通用

INF　　信息

M　　纪要

N　　通知

Q　　问题和答复

R　　某些文件系列的报告，R也用来标识会议纪要

W　　工作文件

30=系列编号

顺序编号。在这个例子中，系列编号代表该文件是已发布的海关估价会议纪要中的第30份。

Add.1=文档状态

标号使用下列后缀来标识文档状态：

Add. 附录

Corr. 更正

Rev. 修订

Suppl. 增补

索　引